『源氏物語』のリアル

紫式部を取り巻く貴族たちの実像

繁田信一

Shigeta Shinichi

PHP新書

はじめに

ある少女の『源氏物語』体験

王朝時代を生きた貴族女性の一人は、『源氏物語』を読《よ》み耽《ふけ》っているとき、こんなことを思ったのだとか。

「皇后《こうごう》さまになれることと引き換えでも、これを読むのはやめられないわ」

それは、彼女の少女時代のことだというが、その頃の彼女は、それほどまでに『源氏物語』に夢中だったのである。

皇后といえば、女帝（女性の天皇）が存在しなかった王朝時代においては、女性の望み得る最高の地位であった。それゆえ、当時の女性たちであれば、特に貴族の家に生まれた女性たちであれば、思春期に「皇后さまになれたなら、どんなにすばらしいかしら」と、皇后の地位に憧れを抱《いだ》くことも、けっしてめずらしくはなかっただろう。

ところが、そんな皇后の地位でさえも、右の少女にとっては、『源氏物語』と比べれば、それほど価値のあるものではなかったらしい。その頃の彼女は、そんな感性を持ってしまうほどまでに、『源氏物語』に夢中だったのである。

その様子について、彼女自身は、後年、次のように述懐している。

日中なら、もちろん一日中でも、それ以外のことは全て放り出して、ただただ『源氏物語』を読み続けていたし、夜も、目が覚めている限りは、照明を近くに置いて、とにかく『源氏物語』を読み続けていたから、……

おそらく、彼女は、身だしなみを整えることも忘れ、それどころか、食事を摂《と》ることさえも忘れて、とにかく貪《むさぼ》るように『源氏物語』を読み続けていたのだろう。その間、もしかすると、両親や乳母《めのと》をはじめとする周囲の大人たちからは、幾度《いくど》となく、叱《しか》られたり小言《こごと》を言われたりもしたのかもしれない。が、そうした声も、彼女を『源氏物語』から引き離すことはできなかったのだろう。

そして、彼女は、ついには、『源氏物語』の内容をすっかり覚えてしまったのだという。

おそらく、この少女は、『源氏物語』の巻々《まきまき》を、ただ最初から最後まで読み進めただけではなく、何度も何度も読み直してさえいたのだろう。殊更《ことさら》に気に入った巻などは、それこそ、文章を暗記してしまうほど読み返していたのかもしれない。彼女が『源氏物語』という作品に注いだ情熱は、とんでもない熱量であった。

しかし、この少女は、王朝時代において、変わり者のお嬢《じょう》さんだったわけではあるまい。当時、彼女のように『源氏物語』にすっかり心を奪われた少女は、あちらこちらの貴族家に幾人《いくにん》もいて、多くの大人たちに手を焼かせていたのではないだろうか。

そもそも、彼女が『源氏物語』に興味を持ったのは、彼女の周囲の大人の女性たちが、退屈していた彼女に『源氏物語』のところどころを話して聞かせたからであった。

つまり、彼女の周囲の大人の女性たちも、『源氏物語』を読んだことがあったのである。とすれば、そうした女性たちにしても、かつては、『源氏物語』に夢中になって周囲の大人たちを困らせる少女だったのかもしれない。

『更級日記』『紫式部日記』に見る『源氏物語』の広まり

さて、既にお気付きの方も多いのではないかと思うが、右の『源氏物語』に心を奪われた少女というのは、若き日の菅原孝標女《すがわらのたかすえのむすめ》である。そして、右に紹介した逸話《いつわ》は、全て、『更《さら》級日記《しなにっき》』に見えるものとなる。

『更級日記』の作者が、世に「菅原孝標女」と呼ばれるのは、彼女の名前が伝わっていないからに他ならない。本人の名前は不明ながらも、その父親が菅原孝標《すがわらのたかすえ》であることだけは判明しているので、われわれは、やむなく、彼女を「菅原孝標女」と呼ぶのである。

それでも、われわれは、『更級日記』の内容から、孝標女の生没年を知ることはできる。同書の記述から類推するに、彼女が生まれたのは、一条《いちじょう》天皇の寛弘《かんこう》五年（一〇〇八）のこととなり、彼女が世を去ったのは、後冷泉《ごれいぜい》天皇の康平《こうへい》二年（一〇五九）のこととなる。したがって、平安時代の中頃の十世紀および十一世紀を「王朝時代」と呼ぶならば、菅原孝標女は、王朝時代の後半の前半を生きた女性であったことになろう。

そして、孝標女が生きた王朝時代の後半の前半というのは、紫式部《むらさきしきぶ》の『源氏物語』が、古典文学としてではなく、現代文学として読まれていた時代であった。われわれには千年の歳月を経た古典の中の古典である『源氏物語』も、孝標女には、彼女の時代の現代文学だったのである。いや、孝標女にとっての『源氏物語』は、流行小説でさえあったかもしれない。しかも、それは、当時において大ベストセラーとなった流行小説であった。

孝標女が生まれた寛弘五年というのは、奇《く》しくも、一条天皇第二皇子《おうじ》でやがて後一条《ごいちじょう》天皇として即位することになる敦成《あつひら》親王が生まれた年でもある。そして、同年の十一月一日、敦成親王には外祖父《そとおおじ》（母方の祖父）にあたる藤原道長《みちなが》の私邸で行われたのは、この皇子の誕生を祝う饗宴であったが、『紫式部日記』には、この宴席の模様が詳細に記されている。もちろん、紫式部が件《くだん》の酒宴を見聞することになったのは、彼女が女房《にょうぼう》として仕《つか》えたのが、道長の長女にして一条天皇の中宮《ちゅうぐう》として敦成親王を産んだ藤原彰子《あきこ》であったためである。

ただ、その饗宴は、紫式部にとっては、やや不快なものであったかもしれない。というのも、彼女は、宴席の最中《さなか》、ある貴公子《きこうし》に厄介《やっかい》なかたちで絡《から》まれたからである。彼女に絡んできたのは、王朝時代を代表する文化人で寛弘五年には中納言《ちゅうなごん》の官職を帯びていた藤原公任《きんとう》であったが、彼は、紫式部の姿を見付けるや、「このあたりに若紫《わかむらさき》はいませんか？」と言ってきたのである。これに対して、紫式部はというと、「光源氏さまのような素敵な殿方《とのがた》もいらっしゃらないところに、紫《むらさき》の上《うえ》がいるわけないいじゃない！」と心の中で毒づきながら、無視を決め込んだのだという。

これは、紫式部にとって、迷惑な出来事であったと同時に、名誉な出来事でもあったろう。なぜなら、これによって、彼女は、男性までもが、しかも、一流の文化人であるような男性までもが、『源氏物語』の読者となっていることを、直接に知り得たからである。

そして、『源氏物語』という作品は、既に王朝時代において、それほどまでに多くの読者を獲得していたのであった。

『源氏物語』の中の王朝時代のリアル

では、なぜ、王朝時代の人々は、『源氏物語』に夢中になったのだろうか。

現代においては、『源氏物語』の読者であることは、ちょっとした自慢の種になる。『源氏物語』を読んでいるということは、われわれの間では、教養の高さを表すこともあれば、精神的な余裕の大きさを表すこともある。それが経済的なゆとりを表すこともあるだろう。

こうした話をすると、嫌な顔をする人もいるかもしれないが、現実問題として、『源氏物語』を読むことを趣味とする方は、それによって幾《いく》らか自分の株《かぶ》が上がる経験をしていたりしないだろうか。初対面の人に趣味を尋《たず》ねられたとき、「『源氏物語』を少々」と答えることに、少し優越感を持った人も、けっして少なくないはずである。

そして、『源氏物語』にそんな効果があるのは、それが古典であるからであろう。

古典文学を読むというのは、簡単なことではない。まして、『源氏物語』などは、千年もの昔に書かれた作品であるから、これが簡単に読めるわけがない。そして、多くの人間にとって、簡単に読めないような書物は、おもしろい書物ではあり得ない。それゆえ、現代人の多くが、『源氏物語』をおもしろいとは思わないのである。

しかし、それだからこそ、『源氏物語』の読者は、世間から高く見られることになる。そこにあるのは、わざわざ古典文学などという厄介なものに挑むことに対する敬意であろう。われわれ現代人にとっての『源氏物語』は、何をどうしても、古典文学でしかない。

ところが、王朝時代の人々にとっての『源氏物語』は、現代文学であり流行小説であった。だから、彼らは、『源氏物語』を読むにあたって、何も苦労することはなかった。菅原孝標女などは、ずっと寝そべったままで『源氏物語』を貪り読んでいたらしい。

したがって、王朝時代においては、『源氏物語』の読者が周囲の尊敬を集めることなど、全くの皆無であったろう。むしろ、当時であれば、孝標女のように他の全てを投げ出して『源氏物語』に没頭する少女など、叱責《しっせき》されるばかりだったのではないだろうか。

それにもかかわらず、王朝時代の人々が『源氏物語』に夢中になったのは、それが純粋におもしろかったからである。『源氏物語』は、当時の人々にとって、たいへんおもしろい流行小説だったのである。

そして、流行小説としての『源氏物語』のおもしろさの秘密は、リアルさにあった。

例えば、『源氏物語』の登場人物は、その全てが、王朝時代の人々には、いかにも実在していそうなリアルな存在なのである。

それは、物語の登場人物にも、誰かしらモデルがいる、というだけの話ではない。当時の読者たちは、身近な人物であれ、噂《うわさ》に聞くだけの人物であれ、歴史上の人物であれ、さまざまな実在の人物を思い浮かべては、登場人物たちと重ね合わせて、こっそり納得していたことだろう。しかも、そうして思い浮かべる人物は、登場人物のモデルにはなり得ない、『源氏物語』より遅く誕生した人物でもよかった。彼らは、とにかく、物語の登場人物を、現実の誰かに重ねることができたのである。

『源氏物語』のリアルの楽しみ方

さて、そうしたリアルさこそが、流行小説としての『源氏物語』の人気の秘密であったとして、本書においては、王朝時代の読者たちが、『源氏物語』を読みながら、どのような王朝時代のリアルを思い浮かべていたのかを、少しばかり探っていこうと思う。

とはいえ、そうしたリアルは、当然、多岐に渡っていようから、ここでは、特に人物に注目するのがいいだろう。すなわち、この本では、『源氏物語』の幾人かの登場人物たちをめぐって、王朝時代の読者たちが、実在の人物たちのうちの誰を重ね合わせて楽しんでいたのかを、現代人なりに考えてみたいのである。そうして、『源氏物語』に見える王朝時代のリアルを、人物を中心に探究していくことが、本書の趣旨となる。

ただ、本当に人物にしか着目しないというのでは、やはり、どうにもおもしろみに欠けようというものなので、幾つかの事件あるいは事柄についても、少しばかり、その王朝時代のリアルを探ってみたい。その試みは、この本においては、やや短めのコラムという扱いになるだろう。

ともかく、読者の皆さんには、是非とも、王朝時代の人々が『源氏物語』に見出した、王朝時代のリアルというものを、多少なりとも楽しんでいただきたい。

なお、本書の著者は、本書に関して、皆さんに全く自由な読み方で読んでもらえることを希望している。つまり、著者は、必ずしも第一章から順々に読んでいくということをしなくても、いっこうにかまわない、と考えているのである。

例えば、目次を見て、特におもしろそうな章があれば、まずは、その章から読んでいただきたい。あるいは、コラムが最も気になるという方には、先にコラムだけを読んでもらってても、それもまたよしである。もちろん、オーソドックスに読みたい方には、普通に第一章から読んでもらってもいい。

どうあれ、とにかく、皆さんの好きなように読んでもらえれば、著者としては、それで満足なのである。

　また、いま一つだけ、ちょっとした前置きを。

　本書においては、歴史上の人物たちの年齢を、全て数《かぞ》え年《どし》で示すこととするので、この点、ご留意を願いたい。

　数え年では、例えば、寛弘五年（一〇〇八）の九月十一日に生まれた後一条《ごいちじょう》天皇（敦成《あつひら》親王）も、月日は不明ながら同じく寛弘五年に生まれた源師房《もろふさ》および菅原孝標女も、同年の大《おお》晦日《みそか》までは等しく一歳とされる。そして、その翌日の寛弘六年の正月元日を以て、右の三人は、三人そろって二歳になるのである。

　明治時代以前の日本においては、このような数え年で年齢を把握することが当たり前であった。それゆえ、本書でも、王朝時代の人々の年齢は、数え年で捉《とら》えることにした次第である。ただ、この数え年は、われわれに馴染《なじ》みの満年齢とは、かなり勝手が違うので、その点、ご注意いただきたい。

目次

『源氏物語』のリアル

はじめに

第一章　色好みの貴公子たちのリアル

第二章　淑《しと》やかなる貴婦人たちのリアル

第四章 偉大なる帝王たちのリアル

第五章　男君を待ち続ける女君たちのリアル

第一章

色好みの貴公子たちのリアル

「源氏物語絵色紙帖　末摘花」

敦道親王《あつみち》――光源氏の恋愛術を操る皇子

光源氏の恋愛術

光源氏の恋愛をめぐっては、相手の女性を想《おも》い初《そ》めてから、その女性と男女の関係になるまでが、包み隠さず語られることは、かなりめずらしい。藤壺中宮《ふじつぼのちゆうぐう》との大恋愛でさえ、いつの間にか初めての逢瀬《おうせ》が持たれていたのであり、六条御息所《ろくじようのみやすどころ》との恋愛などは、詳しく描かれはじめたときには、既に倦怠期《けんたいき》に入っていたのである。

とすれば、光源氏には実に皮肉なこととなるだろうが、彼が意中の女性をものにする手口を知るうえでは、末摘花《すえつむはな》との恋愛こそが、貴重な事例となるかもしれない。

当時十八歳の光源氏が末摘花に想いを寄せはじめたのは、末摘花の姪《めい》で光源氏には乳母子《めのとご》となる大輔命婦《たいふのみようぶ》という女性の仲立ちがあってのことであった。とはいえ、大輔命婦としては、既に亡き常陸宮《ひたちのみや》が生前にたいそうかわいがっていた末娘について、今は琴《こと》だけを友として寂《さび》しく暮らしているということを、ただの世間話として光源氏の耳に入れたに過ぎない。が、光源氏は、この話に喰《く》い付《つ》く。常陸宮は、物語の中で「常陸《ひたち》の親王《みこ》」とも呼ばれるように、いずれかの天皇の皇子《おうじ》であり、その娘となれば、もちろん、皇孫女《こうそんじょ》である。そんな高貴な女性が、わずかに琴のみを慰《なぐさ》めに、ひっそりと暮らしているなどというのは、その折、新しい恋を求めていた光源氏には、まさに、琴線《きんせん》に触れる話であった。

こうして懸想《けそう》をはじめた光源氏は、当時の習慣に従って、まずは恋文を送り、その後も恋文を送り続ける。が、これに末摘花が応えることはなかった。光源氏が末摘花を想い初めて恋文を送りはじめたのは、春のことであったが、それから半年後の秋になっても、光源氏は、ただの一度も、末摘花から返事をもらうことができなかったのである。

すると、痺《しび》れを切らした光源氏は、ある晩、末摘花の家に押しかける。もちろん、それは、王朝時代の恋愛の作法に反することであり、それどころか、当時の社会常識にも反することであった。が、末摘花には、この強引な訪問を拒否することができない。なぜなら、押しかけてきたのが、皇子という尊貴な存在だったからである。皇孫女の末摘花でさえ、相手が皇子とあっては、もはや、この強引な訪問者を丁重に迎えるしかなかった。

だが、皇子の身分があればこその光源氏の横暴は、これだけでは終わらない。

光源氏を中心とする人物関係図

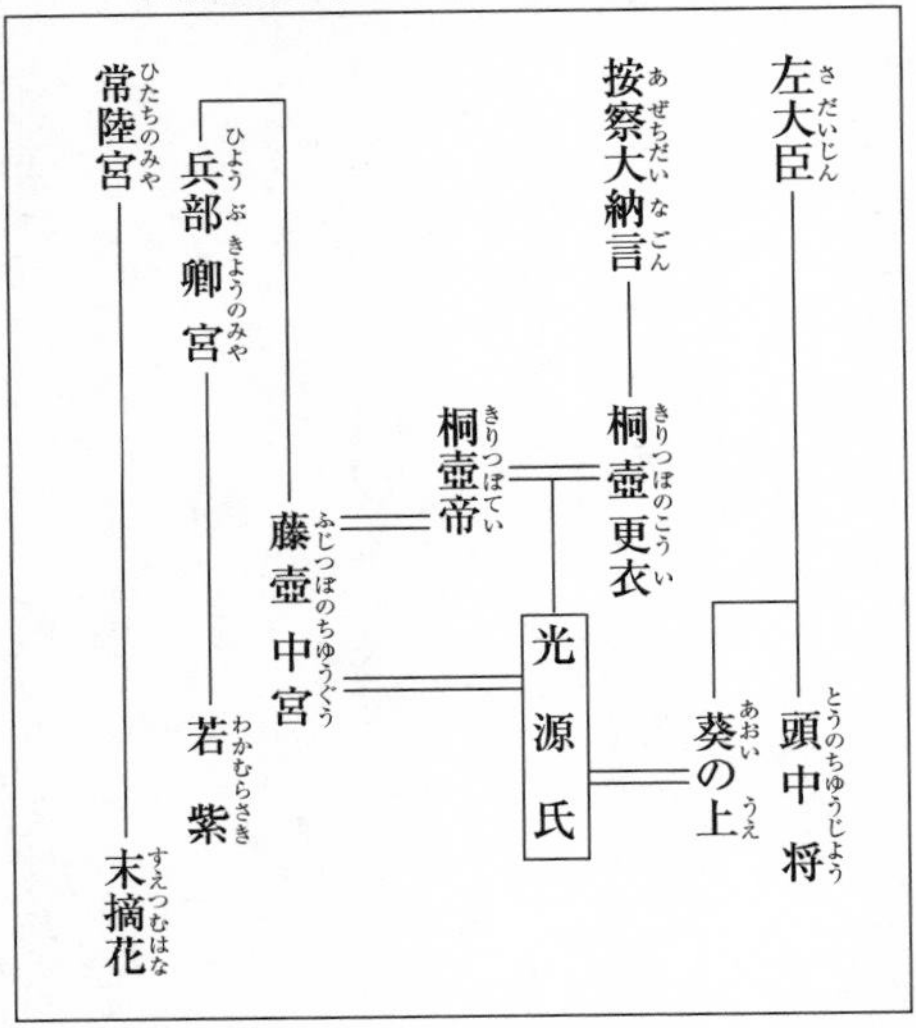

用意された座に着いた光源氏は、まずは、簾《す》と襖《ふすま》とを間に挟んで末摘花と対面する。ずいぶんと隔《へだ》てのある対面のようだが、当時においては、肉親でもなければ夫婦でもないような男女が対面するならば、これ以上に隔てられることが普通であった。ここでも、光源氏の皇子という身分が、末摘花の側にさらなる隔てを自粛《じしゆく》させたのである。

それでも、末摘花の心の隔てはなくならない。彼女は、光源氏が言葉を尽くして恋情《れんじよう》を訴えても、何一つ言葉を返さなかったのである。すると、これに焦《じ》れた光源氏は、簾と襖とを押《お》し退《の》けると、ついに、末摘花を押し倒して、強引に男女の関係を結ぶのであった。

これが、光源氏と末摘花との馴《な》れ初《そ》めである。

こんなものは、強姦《ごうかん》でしかなかろう。が、光源氏という貴公子《きこうし》は、皇子の身分に護《まも》られつつ、いつでも、このようなかたちで女性への想いを遂《と》げていたのかもしれない。

藤原道綱の懸想

とはいえ、現実の王朝時代の貴族男性たちにとって、想いを寄せる貴族女性と男女の関係になるというのは、けっして容易なことではなかった。

例えば、藤原道綱《みちつな》などは、特に若い時分には、恋愛において、連敗に次ぐ連敗を経験している。彼の若き日の懸想については、彼の母親の手記である『蜻蛉日記《かげろうにっき》』に詳しく記録されているが、それらの懸想のいずれもが、みごとなまでに彼一人の空回りに終わっているのである。

『蜻蛉日記』が伝える道綱の最初の懸想の相手は、大和守《やまとのかみ》を務めたことのある中級貴族の娘であった。旧暦では初夏となる四月、賀茂祭《かものまつり》の翌日のこと、当時十八歳の道綱は、賀茂社《かもしゃ》から内裏《だいり》へと帰還する勅使《ちょくし》たちの行列を見物《けんぶつ》するため、牛車《ぎっしゃ》に乗って平安京北郊へと出かける。そして、その帰り道、たまたま前大和守《さきのやまとのかみ》の娘が乗る牛車に遭遇した道綱は、なぜか、そのときから、前大和守の娘に対して、強い恋心を抱《いだ》きはじめたのであった。

そんな道綱が、翌日に早速にも前大和守の娘に送ったのは、次のような一首である。

「　思《おも》ひ初《そ》め　物《もの》をこそ思《も》へ　今日《きょう》よりは　あふひ遥《はる》かに　なりやしぬらむ　」

この和歌には掛詞《かけことば》の技法が用いられていて、「あふひ」の部分が、賀茂社のシンボルの「葵《あおい》」を意味するとともに、男女が結ばれる日を遠回しに言う「逢《あ》ふ日《ひ》」を意味する。したがって、一首の全体の心は、「あなたに懸想しはじめて悩《なや》んでいます。葵祭《あおいまつり》（賀茂祭《かものまつり》）の翌々日の今日からですと、次の葵祭ははるかに先のことになりますが、私があなたと結ばれる日もはるかに先のことになりましょうか」といったところであろうか。

よく知られているように、王朝時代においては、女性を見初《みそ》めた男性は、意中の女性に和歌を中心とする手紙を送るものであり、全ての恋愛は、そこからはじまるものであった。とすれば、道綱の行動も、恋する男性として全く普通のものであったことになる。

これに対して、前大和守の娘は、次のような手紙を返す。

「さらに思《おぼ》えず」

この短い文面を現代語に訳すならば、「少しも心当たりがありません」というところであり、さらに幾《いく》らか意訳するならば、「相手をお間違えではありませんか?」というところであろう。前大和守の娘は、道綱の懸想を、きれいにはぐらかしたのである。

また、これ以降にも、道綱と前大和守の娘との間では幾度かの手紙のやり取りがあったものの、毎回毎回、道綱の手紙は、和歌で熱い恋心を訴えたのに対して、前大和守の娘の手紙は、和歌で道綱の気持ちをさらりとはぐらかすばかりであった。

しかも、そんな手紙の往来も、同年の八月を最後にぱったりと途絶《とだ》えてしまう。

そして、これこそが、王朝時代の貴族男性たちの大多数にとっての、恋愛をめぐる現実であった。右の懸想の頃、道綱の父親の兼家《かねいえ》は、権大納言《ごんのだいなごん》の官職を帯《お》びる有力な上級貴族であったが、その御曹司《おんぞうし》の道綱でさえ、それも、たかだか前大和守という程度の中級貴族の娘を相手にしてさえ、なかなか手紙のやり取りから先に進めないものだったのである。

恋愛強者としての皇子

だが、光源氏が末摘花をものにしたようなかたちで、楽々と意中の女性をものにする男性は、現実の王朝時代にも、全くいなかったわけではない。光源氏が行使した恋愛術は、全くのフィクションでもないのである。

そして、そんな現実の恋愛強者はといえば、やはり、光源氏と同じく、天皇を父親として生まれた、最も高貴な男性たちであった。そう、それは、皇子たちに他ならない。

例えば、冷泉《れいぜい》天皇の第四皇子などは、二十三歳の四月の終わり頃、ある中級貴族層の女性と初めて男女の関係を持つのであったが、彼が相手の女性に初めて消息を送ったのは、同じ月の半ばのことであった。つまり、この皇子は、懸想をはじめてから、わずか十日ほどで一人の貴族女性をものにしたのである。

また、この皇子の恋愛術は、光源氏のそれと同じく、皇子の身分を持つからこそ許されるばかりの、ひどく強引なものであった。

その皇子も、最初のうちは、女性と手紙のやり取りをするだけである。もちろん、その手紙というのは、和歌を中心とするものであった。これなら、全く穏《おだ》やかな交際であろう。

ただ、その折、相手の女性が、それまで全く付き合いのなかった皇子との親密な手紙のやり取りに応じたのは、間違いなく、相手が皇子であるがゆえのことであった。王朝時代の人々の価値観からすれば、皇子から手紙をもらっておいて何も返事をしないなどというのは、けっして許されることではないのである。また、そのことは、当然、皇子自身もわかっていたことだろう。先ほどの藤原道綱の事例と思い合わせれば明らかなように、皇子というのは、上級貴族家の御曹司でさえ足元にも及ばないほどの恋愛強者だったのである。

そして、問題の皇子は、初めての消息から十日ほど後の夕方、早くも、女性の自宅へと押しかけた。それは、一応、その日に訪問することを、事前に相手の女性に伝えたうえでの訪問ではあったものの、やはり、「押しかけ」と表現すべき訪問であった。

まず、皇子が夕刻の訪問の旨《むね》を女性に伝えたのは、その日の昼のことである。となれば、女性の側からすれば、どう見ても、突然の訪問であろう。しかも、皇子から訪問を予告されたとあれば、女性の側には、これを断ることなどできるはずがない。もちろん、皇子も、訪問することを伝えた折、断られることなどあり得ないと信じていたはずである。したがって、この訪問は、どうしても、「押しかけ」でしかない。

そんな皇子も、女性の家に迎え入れられると、まずは、簾を挟んで女性と対面する。間に簾を挟んで対面することは、皇子が相手の場合でさえ、王朝時代の貴族女性たちにとっては、最低限の権利だったのである。そして、当時は、皇子であっても、その権利を尊重しなければならないものであった。

しかし、そうした我慢が続かないのが、王朝時代の皇子というものなのだろう。この皇子もまた、夜も更《ふ》けて、月が高く昇った頃、突然、簾をくぐり抜けると、そのまま女性を押し倒し、強引に男女の関係を結んだのである。

『和泉式部日記』の皇子

右に紹介したのは、実は、『和泉式部日記《いずみしきぶにっき》』の序盤の展開に他ならない。『和泉式部日記』は、ときに『和泉式部物語《いずみしきぶものがたり》』とも呼ばれるように、われわれが一般に「日記」という言葉から思い浮かべるような日々の記録であるよりは、むしろ、和泉式部を女君《おんなぎみ》とする恋愛物語である。とはいえ、同書の描き出す恋愛は、けっして、架空のものなどではない。それは、和泉式部が二十歳代の半ばに実際に体験した大恋愛なのである。

なお、和泉式部というと、恋多き女として知られる女性であるが、そんな彼女も、二十歳《はたち》ほどまでに橘道貞《たちばなのみちさだ》という中級貴族と結婚すると、しばらくは、普通に中級貴族家の奥方《おくがた》に収まっていた。また、この結婚と前後して、道貞は、和泉国《いずみのくに》の受領国司《ずりようこくし》である和泉守《いずみのかみ》を拝命《はいめい》しているから、道貞・和泉式部の家庭生活は、かなり豊かなものであったに違いない。やがて「小式部《こしきぶ》」として知られることになる娘が誕生したのも、この頃のこととなる。

しかし、不意に冷泉天皇第三皇子の為尊《ためたか》親王に見初められた和泉式部は、安泰な家庭生活を棄《す》てて、皇子との恋愛にのめり込んでしまう。もちろん、それは、身分違いの恋であり、『栄花物語《えいがものがたり》』に語られるように、和泉式部は、為尊親王ともども、世の不評を買うことになる。彼女の父親の大江雅致《おおえのまさむね》などは、聟《むこ》の道貞を気に入っていたこともあって、娘に勘当《かんどう》を言い渡しさえしたという。が、和泉式部が為尊親王との恋を諦めることはなかった。

そんな和泉式部から為尊親王を奪ったのは、親王の突然の死であった。彼は、長保《ちょうほ》四年（一〇〇二）の夏、おそらくは悪性の腫瘍《しゅよう》のために、二十六歳の若さで世を去ったのである。

そして、それから一年と経《た》たずしてはじまった和泉式部の新しい恋の相手は、為尊親王の弟宮であった。やがて『和泉式部日記』（『和泉式部物語』）として後世に伝えられることになる恋愛物語の男君《おとこぎみ》は、冷泉天皇第四皇子の敦道《あつみち》親王に他ならない。

ちなみに、第四皇子などというと、現代人には、玉座とは縁のない、政治的には全く無力な存在に思えてしまうかもしれない。が、彼が初めて和泉式部に消息を通じた長保五年（一〇〇三）四月当時の敦道親王は、かなりの重要人物であった。

その頃の玉座の主は、『枕草子《まくらのそうし》』や『紫式部日記《むらさきしきぶにっき》』でお馴染《なじ》みの一条《いちじょう》天皇である。また、その一条天皇の皇太子《こうたいし》に立てられていたのは、冷泉天皇第二皇子で敦道親王には兄宮《あにみや》にあたる居貞《いやさだ》親王（後の三条《さんじょう》天皇）であった。そして、一条天皇は、二十四歳と若く、居貞親王もまた、二十八歳と若かったが、この二人は、かなり病弱であって、病臥《びょうが》しては周囲をハラハラさせることが常であった。

天皇家略系図①
（●数字は即位した順番を示す）

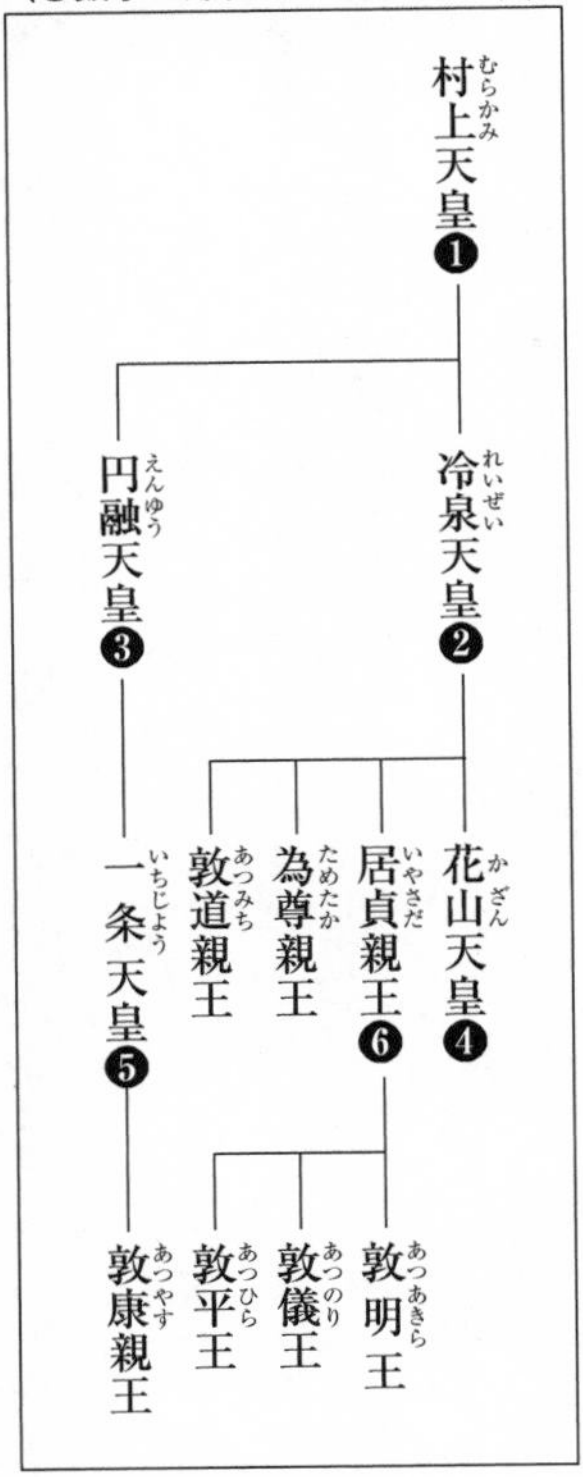

しかも、一条天皇の唯一の皇子であった敦康《あつやす》親王は、ようやく五歳になったところであり、また、居貞親王の長男も、まだ十歳にしかなっていない。さらに言えば、一条天皇に兄弟はなく、居貞親王のすぐ下の弟宮の為尊親王は、この前年に他界していた。

こうした事情からすれば、長保五年当時、天皇か皇太子かが急死するようなことでもあれば、二十三歳の敦道親王が新たに皇太子に立てられることは、十分にあり得ただろう。『和泉式部日記』の恋愛物語の男君は、それほどまでに有力な皇子だったのである。

敦道親王の恋愛術　その一

『和泉式部日記』によると、長保五年（一〇〇三）四月の下旬、和泉式部が敦道親王と手紙をやり取りするようになって十日ほどが経った頃、おそらくは日中にであろう、和泉式部のもとに届いた親王からの手紙は、次のようなものであった。

「語《かた》らはば　慰《なぐさ》むことも　ありやせん　言《い》ふ甲斐《かい》なくは　思《おも》はざらなん
あはれなる御物語《おんものがたり》聞《き》こえさせに、暮《く》れにはいかが」

右の和歌を現代語に訳すとすれば、凡《おおよ》そ、「お会いして亡《な》き兄宮（為尊親王）のことを語り合ったならば、互《たが》いに心慰められることもあるのではないでしょうか。私など話し相手にしても仕方がないとは思わないでください」といったところであろう。そして、この一首に添えられた言葉の方は、「亡き兄宮を偲《しの》ぶ話でも申し上げに、

敦道《あつみち》親王を中心とする人物関係図

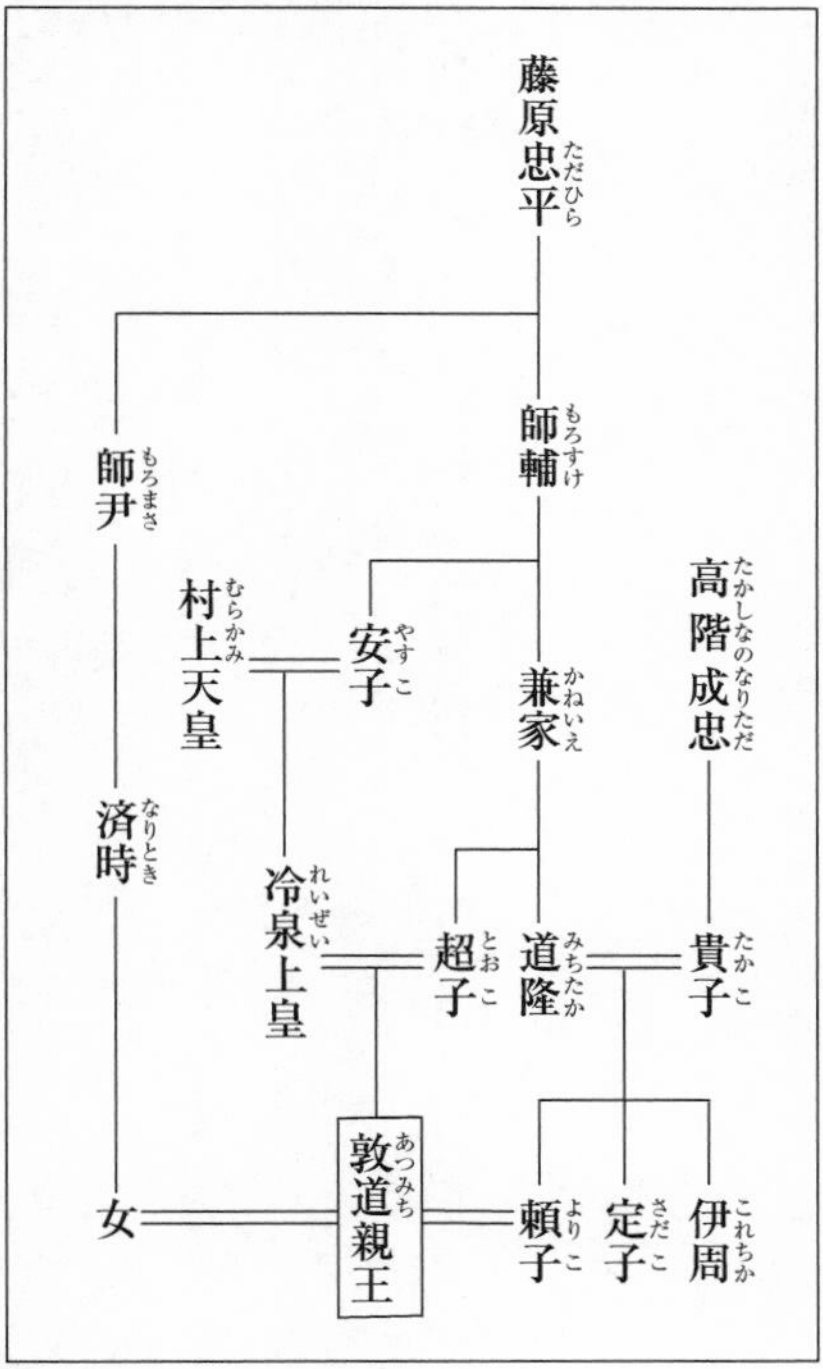

今日の夕方にでもお訪ねさせてもらうというのは、どうでしょうか」とでも訳されようか。

見ての通り、敦道親王は、手紙のやり取りをはじめて十日ほどにしかならない女性を相手に、いきなり訪問を予告したのである。しかも、前年に他界した為尊親王を口実にして。為尊親王は、和泉式部にしてみれば、死別した恋人である。

そして、その日の夕刻、敦道親王は、「あやしき御車《みくるま》にて御《おわ》しまいて」と語られるように、お忍びという様子で和泉式部の居宅を訪れる。ここに「あやしき御車（みすぼらしい牛車）」と言われているのは、ボロボロの牛車などではなく、普通の貴族が乗るような普通の牛車であろう。それでも、皇子が乗る牛車としては、十分に「あやしき御車」となる。

これに対して、和泉式部は、「いと便《びん》なき心地《ここち》（たいへん都合が悪いという気持ち）」を抱く。日中に予告があったとはいえ、いきなり面識のない男性が押しかけてきたのだから、これは、当然の反応だろう。が、彼女は、すぐに、「『なし』と聞《き》こえさすべきにもあらず」「ありながら帰《かえ》し奉《たてまつ》らんも、情《なさ》けなかるべし」と、居留守《いるす》を使うことも、お帰りを願うことも、自分には許されていないことを認識する。押しかけてきたのは、尊貴な身の皇子なのである。押しかけられた女性には、迎え入れる以外の選択肢はないのであった。

そこで、敦道親王を迎え入れる和泉式部であったが、彼女は、自身に「ものばかり聞《き》こえ

寝殿の見取図

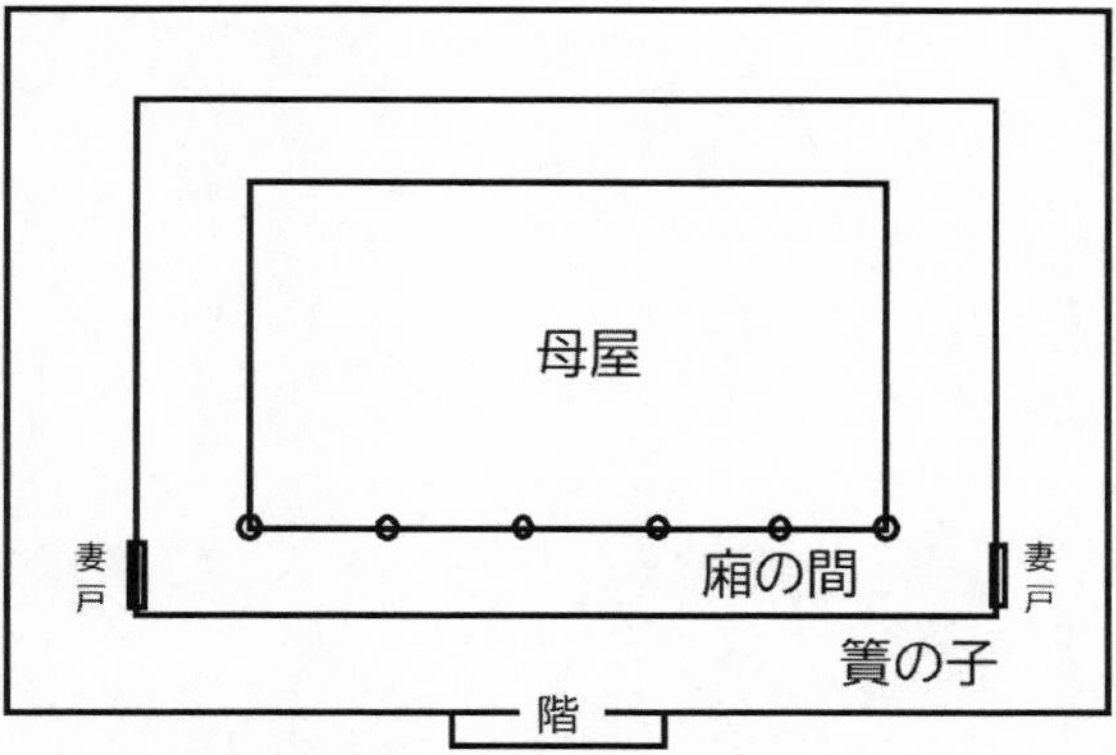

ん」と言い聞かせる。「ものばかり聞こえん」とは、「ただお話をするだけにしましょう」ということである。彼女としては、前の恋人との死別から一年も経たないうちに別の男性と男女の関係を持つのは避けたかったのだろう。ましてや、前の恋人の弟とは。

だが、迎える相手が皇子ともなると、特別待遇で迎えなければならない。このとき、親王の座が置かれたのは、「西《にし》の妻戸《つまど》に円座《わろうだ》差《さ》し出《い》でて、入《い》れ奉《たてまつ》る」と語られるように、寝殿《しんでん》の廂《ひさし》の間《ま》の一角であり、西側の妻戸を入ってすぐのところである。普通、女性が初対面の男性を迎えるとすれば、男性の座は、廂の間の外側の簀《す》の子《こ》に設けられるものであるが、皇子ともなると、初対面の女性のもとでも、初めから廂の間に通されることになる。すると、女性と皇子との間には、母屋《もや》と廂の間とを隔てる簾くらいしかなかったりする。これは、その気になった皇子には、いつでも女性を押し倒せるような位置関係である。

敦道親王の恋愛術　その二

末摘花のもとに押しかけた光源氏は、簾と襖とだけを間に挟んで末摘花と対面したが、それは、光源氏の座が、簀の子などではなく、廂の間の一角に設けられていたがゆえである。これも、皇子である光源氏には、当然の待遇であった。

それゆえ、敦道親王と和泉式部との間にも、簾の他に襖や几帳《きちょう》があったかもしれない。とはいえ、几帳など、持ち運びのできる暖簾《のれん》のようなものであるから、実力行使に出た男性にとっては、あってもなくてもそれほどの違いはあるまい。また、王朝時代には「障子《しょうじ》」と呼ばれていた襖にしても、現に光源氏があっさりと払《はら》い除《の》けたように、男性の乱暴を防ぐことができるような隔てにはなり得ない。したがって、王朝時代の女性たちは、男性を廂の間に通した場合、そこから先は、男性の側の理性に期待するしかなかったのである。

しかし、廂の間に通された敦道親王は、さすがに、いきなり強硬手段に訴えるようなことはしない。が、彼は、こんなことを言い出すのであった。

「古《ふる》めかしう奥《おく》まりたる身《み》なれば、かかるところに居慣《いな》らはぬを、いとはしたなき心地《ここち》するに、その御《おわ》するところに据《す》ゑ給《たま》へ」

（古風に家の奥に引《ひ》き籠《こも》っている身なので、このような廂《ひさし》の間《ま》に用意された座《ざ》には座《すわ》り慣《な》れておらず、ひどく気恥《きは》ずかしい気がするので、あなたのいらっしゃる母屋の中にいさせてください。）

初対面の女性に対して、何とも厚かましいことを要望したものである。男性と対面するに際して間に簾を挟むというのは、女性にとっては最低限の権利であるから、「あなたのいらっしゃる母屋の中にいさせてください」とは、ずいぶんな言いようであろう。しかも、この要求の根拠として、「古風に家の奥に引き籠っている身なので、このような廂の間に用意された座には座り慣れておらず」ということを持ち出すわけだが、これは、要するに、「皇子は廂の間などには座らない」と、かなり婉曲《えんきょく》的に言っているのである。皇子というのは、自身の尊貴さを、恋愛においてこそ、最大限に利用するものなのかもしれない。

しかし、和泉式部が敦道親王の右の要望を容《い》れることはなかった。簾による隔ては、皇子を相手としてさえ、女性に認められた最低限の権利なのである。彼女としては、ここは、言いなりになるべきところではなかった。

几帳

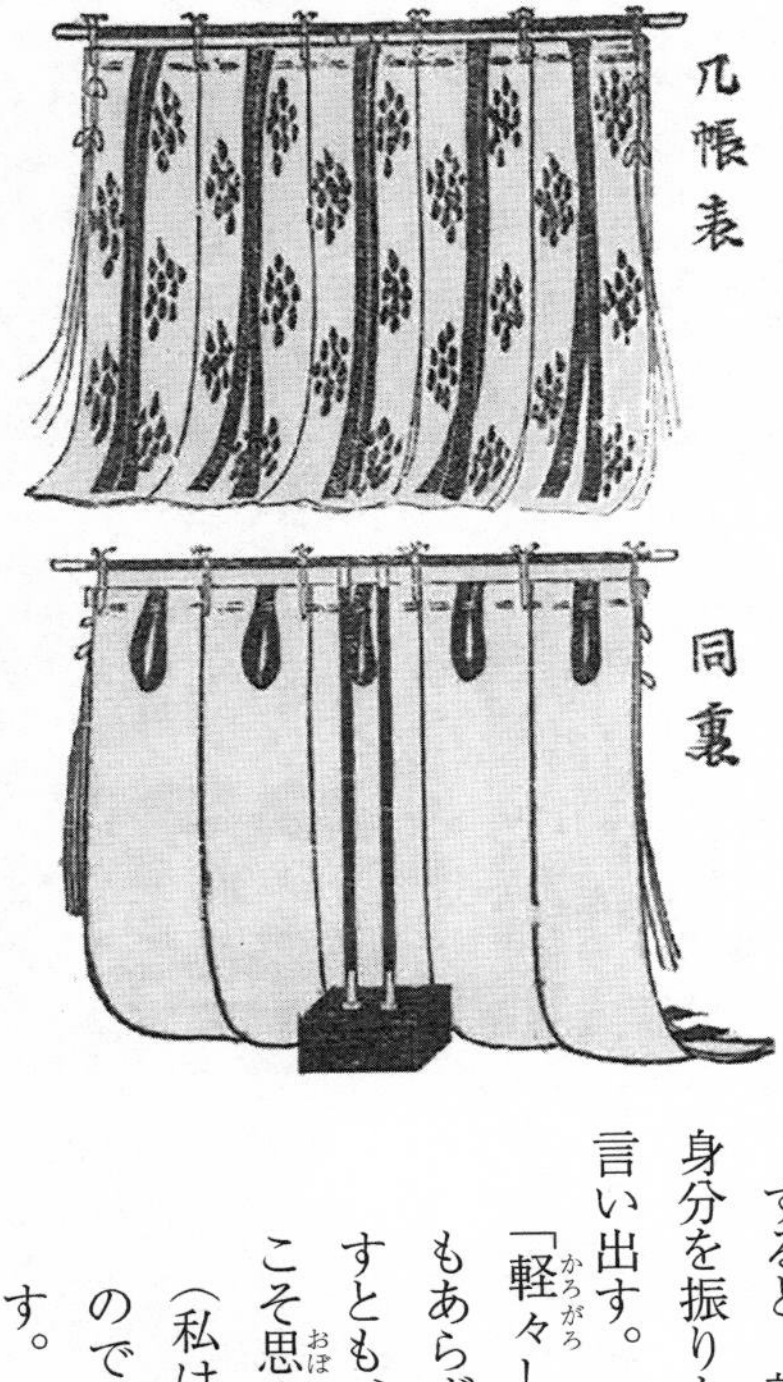

すると、敦道親王は、またしても身分を振りかざして、こんなことを言い出す。

「軽々《かろがろ》しき御歩《おんあり》きすべき身にてもあらず。情《なさ》けなきやうには思《おぼ》すとも、実《まこと》にもの恐《おそ》ろしきまでこそ思《おぼ》ゆれ」

（私は、軽々しく出歩くことのできる身分ではないのです。それに、思いやりに欠けるようにあなたはお思いになるかもしれませんが、私は、今、本当に自分でも恐《おそ》ろしく感じるほどに、あなたへの想《おも》いを募《つの》らせているのですよ。）

そして、彼は、「やをら滑《すべ》り入《い》り給《たま》ひぬ」と語られるように、いきなり簾をくぐって母屋へと入り込むのであった。その後のことは、もはや、語るまでもあるまい。

藤原実資《さねすけ》――最も頭中将らしい頭中将

頭中将が頭中将である必然性

光源氏の親友でもありライバルでもあった頭中将《とうのちゅうじょう》には、確かな名前がない。彼は、藤原氏ではあったようだが、その名は、物語の中では一度も言及されないのである。そして、彼の「頭中将」という呼び名は、彼が帯《お》びていた官職であって、彼自身の名前ではない。

ただ、王朝時代の『源氏物語』の読者たちには、頭中将という官職だけで、光源氏の友人の頭中将がどのような人物であるかを、かなり鮮明に思い描くことができたに違いない。頭中将というのは、それほどまでに彼にぴったりの官職なのである。

これについては、次に引く『枕草子《まくらのそうし》』の一段から話をはじめるべきだろう。

君達《きんだち》は、頭《とう》の中将《ちゅうじょう》・頭《とう》の弁《べん》・権《ごん》の中将《ちゅうじょう》・四位《しい》の少将《しょうしょう》・蔵人《くろうど》の弁《べん》・四位《しい》の侍従《じじゅう》・蔵人《くろうど》の少納言《しょうなごん》・蔵人《くろうど》の兵衛佐《ひょうえのすけ》。

王朝時代に「君達《きんだち》」と呼ばれたのは、名門貴族家の御曹司《おんぞうし》である。また、その「君達」が帯びるにふさわしい官職を列挙するのが、右の『枕草子』の一段である。そして、ここに見える官職それぞれの詳細は、次の如くとなる。

- 「頭《とう》の中将《ちゅうじょう》」　蔵人頭《くろうどのとう》を兼任する近衛中将《このえちゅうじょう》
- 「頭《とう》の弁《べん》」　蔵人頭を兼任する右大弁《うだいべん》もしくは左中弁《さちゅうべん》もしくは右中弁《うちゅうべん》
- 「権《ごん》の中将《ちゅうじょう》」　増員された近衛中将（職務や権限は普通の近衛中将と全く同じ）
- 「四位《しい》の少将《しょうしょう》」　四位《しい》の位階《いかい》を持つ近衛少将《このえしょうしょう》（近衛少将の位階は五位《ごい》が普通）
- 「蔵人《くろうど》の弁《べん》」　蔵人《くろうど》を兼任する左中弁もしくは右中弁もしくは左少弁《さしょうべん》もしくは右少弁《うしょうべん》
- 「四位《しい》の侍従《じじゅう》」　四位《しい》の位階を持つ侍従《じじゅう》（侍従の位階は五位《ごい》が普通）
- 「蔵人《くろうど》の少納言《しょうなごん》」　蔵人を兼任する少納言《しょうなごん》
- 「蔵人《くろうど》の兵衛佐《ひょうえのすけ》」　蔵人を兼任する兵衛佐《ひょうえのすけ》（左右兵衛府の次官）

さて、これらは、いずれも、それを帯びているだけで結婚相手など選《よ》り取《ど》り見取《みど》りになるほどの、実に立派な官職である。が、清少納言が「頭の中将」こそを筆頭に置いたのは、やはり、この中では、頭中将こそが、最も立派な官職だったからに他ならない。

というのも、まず第一に、蔵人頭というのは、いかに名門貴族家の御曹司であっても、本当に仕事のできる人材でなければ任命されることのない官職だったからである。王朝時代には、数人の蔵人たちが天皇の秘書官としての役割を果たしていたが、蔵人頭というのは、その蔵人たちを統括する存在であり、天皇の筆頭秘書官もしくは秘書官長に他ならない。そんな重職に家柄《いえがら》だけの無能が採用されないのは、当然のことであろう。

また、頭中将が特別視された理由の二つ目は、近衛中将の採用基準の高さにある。すなわち、近衛中将というのは、容姿が優れていなければ任命されることのない官職だったのであり、しかも、音楽や舞踏《ぶとう》に優れていなければ務まらない官職だったのである。

『源氏物語』の頭中将を中心とする人物関係図

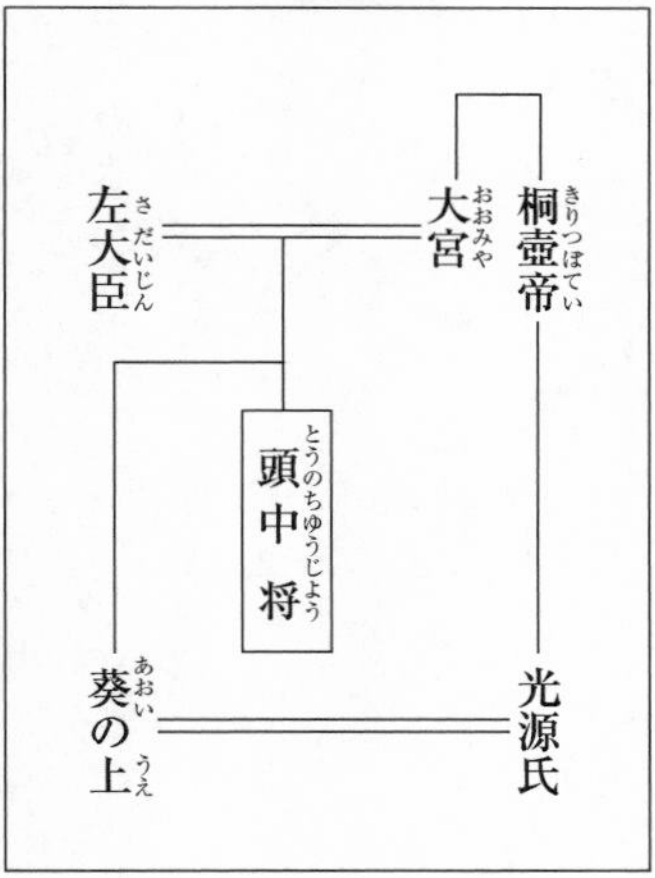

そして、そんな頭中将を務めているという設定は、それだけでも、光源氏の友人を、王朝時代の『源氏物語』の読者たちの頭の中で、光源氏と競い合うにふさわしい、すばらしい貴公子に仕立て上げたことだろう。

一条朝の「頭中将」たち

『源氏物語』が誕生したのは、一条天皇の

時代のことであったが、その一条朝に頭中将を務めたのは、次のような面々であった。

- 藤原道兼《みちかね》　寛和《かんな》二年（九八六）七月任　二六歳
- 藤原誠信《さねのぶ》　寛和二年七月任　二三歳
- 藤原実資《さねすけ》　永延《えいえん》元年（九八七）十一月任　三一歳
- 藤原公任《きんとう》　永祚《えいそ》元年（九八九）二月任　二四歳
- 藤原道頼《みちより》　永祚元年十月任　一九歳
- 藤原伊周《これちか》　正暦《しょうりゃく》元年（九九〇）九月任　一七歳
- 藤原斉信《なりのぶ》　正暦五年（九九四）八月任　二八歳
- 藤原正光《まさみつ》　長徳《ちょうとく》二年（九九六）四月任　四〇歳
- 源経房《つねふさ》　長保《ちょうほ》三年（一〇〇一）八月任　三三歳
- 藤原実成《さねなり》　寛弘《かんこう》元年（一〇〇四）二月任　三〇歳
- 源頼定《よりさだ》　寛弘二年（一〇〇五）六月任　二九歳
- 藤原公信《きみのぶ》　寛弘六年（一〇〇九）三月任　三三歳

ここに名前が挙がっているのは、いずれ劣らぬ名門貴族家の御曹司たちである。まずは藤原氏の面々を紹介しておくと、道兼・実資・公任・道頼・伊周・正光は、摂政《せっしょう》あるいは関《かん》

藤原摂関家略系図①

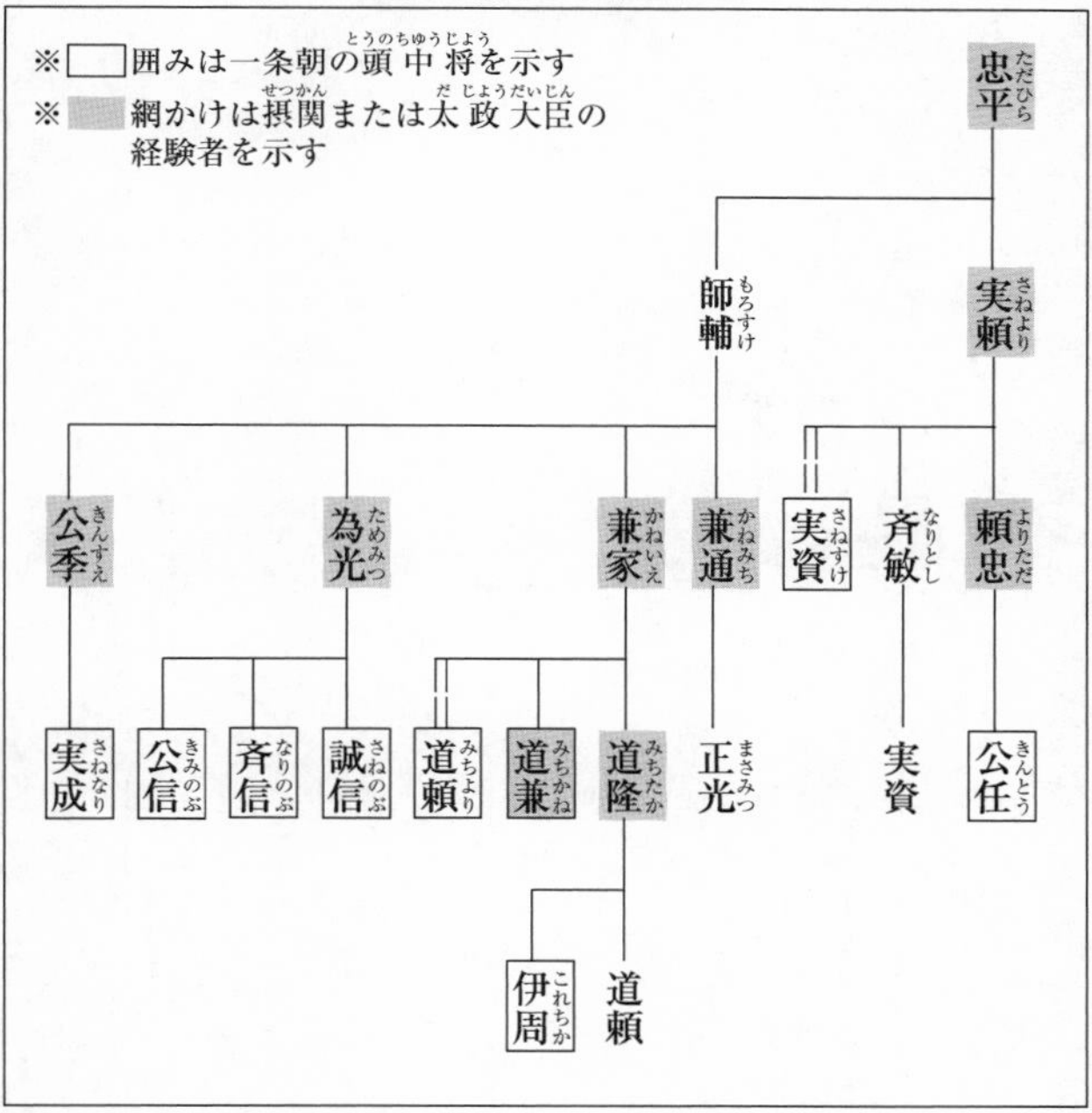

白《ぱく》の子息であって、誠信・斉信・実成・公信も、太政大《だじようだい》臣《じん》の子息である。また、源氏の二人も、経房は、醍醐《だいご》天皇を父親とする一世源氏《いっせいげんじ》で光源氏のモデルの一人とされる左大臣《さだいじん》源高明《たかあきら》の子息であり、頼定は、村上《むらかみ》天皇第四皇子の為平《ためひら》親王の子息である。

　このうちの藤原斉信は、『枕草子』の読者にとっては最も馴染《なじ》みのある頭中将であろう。例えば、「返《かえ》る年《とし》の二月廿余日《にがつはつかあまり》」とはじまる一段には、清少納言のもとに

天皇家略系図②

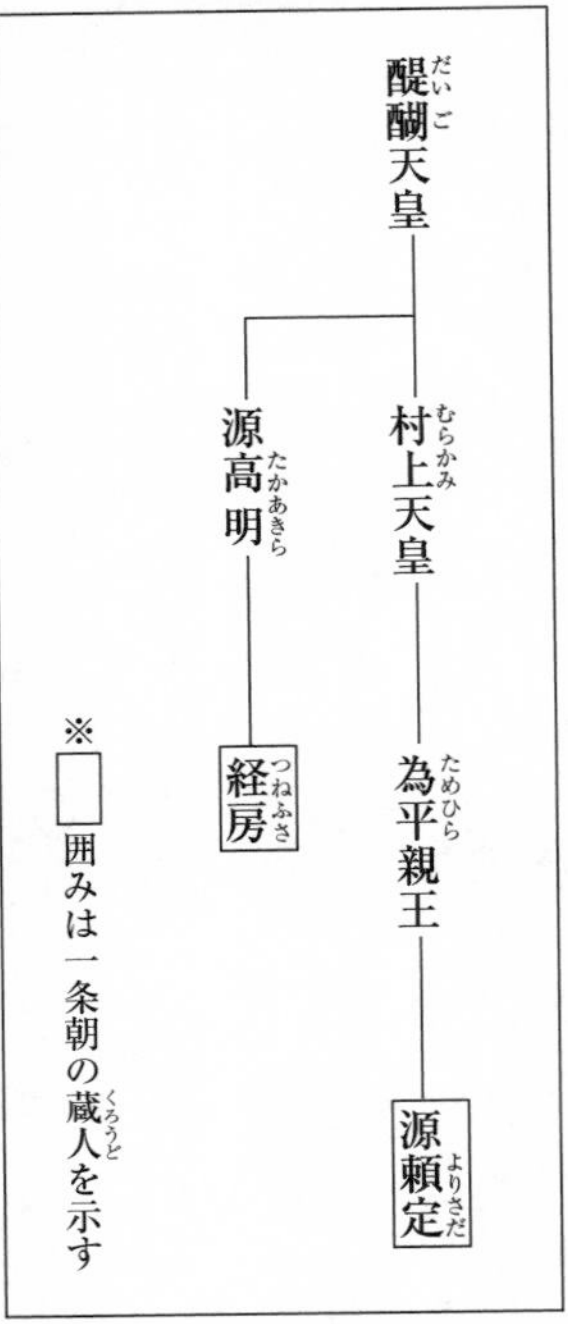

「頭中将《とうのちゅうじょう》の御消息《ごしょうそく》」が届いたことが見えるが、そうして清少納言と親しく交流していた頭中将が、他ならぬ斉信なのである。清少納言にとっては、頭中将といえば、誰よりもまず、この藤原斉信であった。

そして、その斉信は、すばらしい容姿を持っていたらしい。これも、「返る年の二月廿余日」の段の記述であるが、「『実《まこと》に絵《え》に描《か》き物語《ものがたり》のめでたき事《こと》に言《い》ひたる、これにこそは』とぞ見《み》えたる」と、清少納言の眼に映った斉信は、絵に描かれたり物語に語られたりする理想の貴公子そのものだったのである。また、同じ章段において、中宮《ちゅうぐう》藤原定子《さだこ》さえもが、「昼《ひる》、斉信《なりのぶ》が参《まい》りたりつるを見《み》ましかば、いかにめで惑《まど》はまし」と語っているから、斉信の容姿は、宮中《きゅうちゅう》の女性たちが夢中になってしまうほどに優れたものだったのだろう。

しかも、斉信は、深い教養を持つ貴公子でもあった。『枕草子』の「故殿《ことの》の御《おん》ために、月《つき》ごとの十日《とおか》」と書き出される一段に、「頭中将斉信《とうのちゆうじようなりのぶ》の君《きみ》の、『月《つき》、秋《あき》と期《ご》して、身《み》、何《いず》くにか』といふことを、うち出《い》だし給《たま》へり。詩《し》はた、いみじうめでたし」と見える如く、彼の口からは、ごく自然に、その場にふさわしい漢詩の名句が出てくるものだったのである。

最も優れた頭中将

しかし、一条朝の頭中将たちの中で、総合的に最も優れていたのは、藤原実資であろう。

この実資は、一条天皇の時代には、永延元年（九八七）十一月から永祚元年（九八九）二月まで、わずか一年余りしか、頭中将の任に就《つ》いていない。が、実のところ、彼は、一条天皇の頭中将となる以前、一条天皇の先代の花山《かざん》天皇の時代にも、永観《えいかん》二年（九八四）八月から寛和二年（九八六）六月までを頭中将として過ごしており、さらには、その先代で一条天皇には父親にあたる円融《えんゆう》天皇の時代にも、永観元年（九八三）十二月から同二年八月まで頭中将を務めている。実資は、通算で三年以上も頭中将として奉職《ほうしよく》していたのである。

しかも、実資の場合、よほど優秀だったのだろう、円融天皇の永観元年十二月に初めて頭中将となる以前に、頭少将《とうのしようしよう》として円融天皇に仕《つか》えていた。すなわち、彼は、円融天皇の天元《てんげん》四年（九八一）二月、二十五歳の近衛少将の身で、重職の蔵人頭に抜擢《ばつてき》されていたのである。したがって、彼の蔵人頭としての在任期間は、丸六年ほどを数えることになる。

そして、実資の有能さを示すように、『今昔物語集《こんじやくものがたりしゅう》』には、巻第三十一第二十九「蔵人《くろうど》式部丞《しきぶのじょう》貞高《さだたか》の殿上《てんじょう》に於《お》いて俄《にわ》かに死《し》ぬる語《こと》」として、次のような逸話が伝えられている。

円融《えんゆう》天皇の時代、殿上人《てんじょうびと》たちや蔵人《くろうど》たちが清涼殿《せいりょうでん》の殿上《てんじょう》の間《ま》で食事をしているとき、蔵人を兼《か》ねる式部丞《しきぶのじょう》の藤原貞孝《さだたか》が唐突《とうとつ》に死んだ。これを見た殿上人たち・蔵人たちは、穢《けがれ》を恐れるあまり、座《ざ》を立って蜘蛛《くも》の子《こ》を散《ち》らすように逃げ出す。

このとき、蔵人頭《くろうどのとう》の藤原実資《さねすけ》だけは、「このままにしてもおけまい」と言って、貞孝の遺体《いたい》を内裏《だいり》から運び出すように、庶民層の下働《したばたら》きの者たちに命じる。また、実資の命を受けた者が「どちらの門から運び出したらよいでしょうか」と尋《たず》ねたので、実資は、「東の門から出すがよかろう」と指示したのであった。

すると、多くの人々が内裏の東の門に詰《つ》めかける。彼らは、貞孝が遺体となって宮中から運び出されるところを見物したかったのである。

しかし、貞孝の遺体は、実際には西の門から内裏を出たため、見物しようと思っていた人々は、東の門のところで待《ま》ち惚《ぼう》けを喰《く》らわされることになる。この折、実資は、人々を東の門に集めたうえで、西の門から遺体を運び出させたのである。

こうして、貞孝の遺体は、心ない人々の好奇の眼に晒《さら》されることなく、遺族に引き取られたのであったが、これは、「哀《あわ》れびの心《こころ》」を持つ実資が、部下の貞孝に「恥《はじ》を見《み》せじ（恥をかかせまい）」として、野次馬《やじうま》たちを欺《あざむ》いた結果であった。そして、それから十日ほど後のこと、実資は、死んだ貞孝が両手を合わせて泣きながら実資に礼を言う、という夢を見るのであった。

この話は、夢の件を別とすれば、確かな史実に違いあるまい。というのも、史書の『扶桑《ふそう》略記《りゃくき》』も、天元四年九月十日に「蔵人貞孝《くろうどさだたか》の殿上《てんじょう》に於《お》いて頓死《とんし》す」と伝えるからである。とすれば、実資は、まだ頭少将であった頃から、立派な蔵人頭であったことになるわけだが、そんな実資がやがて最も優秀な頭中将になったのは、実に当たり前のことであろう。

実資の「賢人」ぶり

光源氏の友人の頭中将は、ついには太政大臣にまで昇るが、一条朝の現実の頭中将であった藤原実資も、一条天皇の息子の後一条天皇の時代に、太政大臣とはいかないまでも、右大《うだい》臣《じん》にまで出世する。そして、ときに「右府《うふ》」とも呼ばれる右大臣となった実資は、世に「賢《けん》人右府《じんうふ》」と讃《たた》えられたのであった。

実資が「賢人」と呼ばれたのは、基本的に、彼の有職故実《ゆうそくこじつ》への造詣《ぞうけい》の深さのゆえである。

実資は、若い頃、一時、政権中枢から遠ざけられていたことがあった。それは、一条天皇が即位してしばらくの間のこと、円融天皇・花山天皇の二代に渡って頭少将あるいは頭中将として蔵人頭を務め続けていた実資が、蔵人頭から外されて単なる近衛中将に据え置かれていたのである。そして、それは、一条天皇の外祖父《そとおおじ》として摂政の座に着き、新たな朝廷の支配者となった藤原兼家《かねいえ》が、円融天皇とは犬猿《けんえん》の仲《なか》であったがゆえのことであった。有能な実資は、円融天皇の側近《そっきん》中の側近であったばかりか、一条天皇の時代にも、玉座を下りた円融上皇の側近中の側近だったのである。

しかし、一条天皇の登極《とうぎょく》から一年半ほどが経った頃、実資は、にわかに蔵人頭に任命されて、頭中将に返り咲くことになる。そして、それは、円融上皇とともに実資をも嫌っていた摂政兼家であったが、彼の手駒《てごま》には、実資に代わる人材がなかったからであった。天皇の筆頭秘書官である蔵人頭には、有職故実に通じた若手の登用が不可欠であったにもかかわらず、兼家陣営には、そうした人材が決定的に欠けていたのである。兼家にしてみれば、実資の再任は、実資の優秀さを認めたうえでの、まさに苦渋《くじゅう》の決断であったろう。

ただ、そんな実資の「賢人」ぶりも、後世《こうせい》の説話の世界においては、だいぶ違ったものになってしまう。

例えば、『今昔物語集』が巻第二十七第十九「鬼《おに》の油瓶《あぶらがめ》の形《かたち》と現《げん》じて人《ひと》を殺《ころ》す語《こと》」として伝える一話では、実資には鬼を見ることができたことになっている。鬼というのは、普通、人間の眼には見えないものとされていたが、「賢人《けんじん》の右《みぎ》の大臣《おとど》」である実資には、それが見えたというのである。その折、実資が見た鬼は、油を入れる瓶《かめ》の姿をしており、門扉の鍵《かぎ》の穴を通り抜けるようにして、ある家に入っていったという。これが本当なら、実資は、あの安倍晴明《はるあき（せいめい）》にも負けない、優れた陰陽師《おんみょうじ》にもなれたかもしれない。

そして、そんな実資が、「賢人」であるがゆえに、藤原道長を苦しめるもののけをも追い払ったとするのが、『古事談《こじだん》』に巻第二第七十三として見える一話である。これによると、道長がもののけに憑《つ》かれて苦しんでいたとき、実資が見舞いのために道長のもとを訪れようとすると、それを察知したもののけは、「『此《こ》の人《ひと》には居《い》あはじ』と思《おも》ふ物《もの》を」と言って、さっさと逃げ出したのであった。「『此の人には居あはじ』と思ふ物を」とは、つまり、「『この人とは出くわしたくない』と思っていたのに」ということであるから、そのもののけは、常々、「賢人右府」である実資に恐れを抱いていたのだろう。その存在だけでもののけを退散させるとは、それこそ、安倍晴明でさえ持ち合わせていなかった才能である。

実資の色好み

ともかく、優れた有職故実家として「賢人」とも呼ばれた藤原実資であるが、そうした彼も、かなり度《ど》し難《がた》い色好《いろごの》みの側面を持っていた。

実資の色好みぶりについては、まずは、『古事談』が巻第二第四十として伝える一話を、原文と現代語訳とで見てもらおう。

小野宮《おののみや》の大臣《おとど》は、遊女《あそびめ》の香炉《こうろ》を愛《め》でたり。其《そ》の時《とき》に又《また》、大二条殿《おおにじようどの》も、此《こ》の女《おんな》を愛《め》でたり。相府《しようふ》の香炉《こうろ》ニ問《と》はれて云《い》ふやう、「我《われ》と髯《ひげ》との何《いず》れか愛《いと》しかる乎《や》。汝《なんじ》は、已《すで》に大臣《おとど》二人《ふたり》に通《つう》ぜり」と二条関白《にじようかんぱく》の髯《ひげ》の長《なが》かるの故《ゆえ》に之《か》く称《い》ふ。

（小野宮右大臣《おののみやうだいじん》藤原実資《さねすけ》は、「香炉《こうろ》」と呼ばれる遊女を贔屓《ひいき》にしていた。その頃、さらに二条関白《にじようかんぱく》藤原教通《のりみち》もまた、同じ遊女を贔屓にしていた。そこで、実資大臣が香炉に尋ねて言ったのは、「私と髯《ひげ》とで、どちらの方《ほう》が好きか。そなたは、まさしく二人もの大臣と関係を持っているのであるぞ」とのことであった（二条関白教通は、髯が長かったので、実資は「髯」と呼んだのである）。）

ここで、実資が「小野宮の大臣」と呼ばれているのは、彼の居宅に「小野宮《おののみや》」の号《ごう》があったためである。実資には、「小野宮右大臣《おののみやうだいじん》」「小野宮右府《おののみやうふ》」などと呼ばれることも、そうめずらしくない。また、道長の息子である教通が、右に「大二条殿《おおにじょうどの》」「二条関白《にじょうかんぱく》」と呼ばれているのは、彼の居宅が二条大路《にじょうおおじ》付近に位置したためである。

そして、『古事談』の伝えるところ、実資は、教通と一人の遊女を取り合ったことがあったらしいのだが、天徳《てんとく》元年（九五七）生まれの実資は、長徳《ちょうとく》二年（九九六）生まれの教通よりも、三十九歳も年長である。しかも、教通が内大臣《ないだいじん》として初めて大臣に任命されたのは、治安《じあん》元年（一〇二一）のことであったから、実資は、六十五歳にもなって以降に、孫ほども年齢の離れた教通を相手に、遊女の取り合いをしたことになろう。どうやら、彼は、筋金入りの色好みであったらしい。

そんな実資は、その色好みのゆえに、思わぬ大恥をかいたこともある。

『古事談』巻第二第三十九の一話によると、実資は、うつくしい女性と見れば、他の貴族家で下働きをする庶民女性にさえ手を出していたらしい。そして、そのことを知った関白藤原頼通《よりみち》は、実資をからかってやろうと、自家の下働きの庶民女性たちの中から容姿の整った一人を選ぶと、彼女を敢《あ》えて実資の住む小野宮第の井戸へと水を汲《く》みに行かせるのであった。

そのとき、頼通は、水汲みに行かせる庶民女性に、実資に声をかけられたなら、水桶《みずおけ》を棄《す》てて即座に逃げ帰るように言い含めたのだという。すると、頼通の狙い通り、実資は、頼通家の下働きの庶民女性に声をかけ、その女性は、桶を棄てて逃げ帰るという運びとなる。そして、頼通は、後日、実資と顔を合わせた折、しれっと「わが家の水桶をお返し願いたい」と言うのであった。

このとき、自身の色好みの悪癖《あくへき》が頼通に知られていることに気付いた実資は、ただただ赤面するばかりであったとか。

純愛に生きる実資

しかし、かなりの色好みであった実資にも、死別した妻への想《おも》いのゆえに、生涯に渡って再婚しなかったという、うつくしい純愛の逸話《いつわ》があったりする。

そもそも、実資は、一夫多妻が当たり前であったことで知られる王朝時代を生きながらも、一度に複数の妻を持ったことがない。彼の最初の妻は、源惟正《これまさ》という上級貴族の令嬢であったが、この惟正女《これまさのむすめ》と夫婦であった間の実資は、愛人については保証の限りではないものの、他に妻を持つことはなかった。また、惟正女が亡くなった後、実資が二人目の妻としたのは、為平《ためひら》親王の令嬢で一度は花山《かざん》天皇の女御《にょうご》になった婉子女王《よしこじょおう》であるが、この婉子女王と夫婦であった間の実資も、愛人はともかく、他の妻を持ってはいない。実資は、惟正女をも、婉子女王をも、正妻として、唯一の妻として、大切に扱ったのである。

残念ながら、色好みの実資のことであるから、惟正女や婉子女王と夫婦であった頃も、愛人がいなかったということはあるまい。が、一度に複数の妻を持とうとしないというのは、王朝時代の名門貴族には、そうそう見られないことである。実資は、当時の貴族男性としては、かなりの愛妻家であったことになろう。

そして、彼の愛妻家ぶりは、婉子女王を亡くした後に、真に発揮されることになる。

なお、婉子女王が「女王《じょおう》」と呼ばれるのは、彼女が皇子の娘であって天皇の孫娘であったからに他ならない。為平親王を父親として醍醐《だいご》天皇を祖父とする彼女は、紛《まぎ》れもなく皇孫女《こうそんじょ》であって、律令の規定によって「女王」と呼ばれる身であった。

また、この婉子女王は、たいへんうつくしい女性であったらしい。彼女が一時は花山天皇の女御であったのも、その美貌のゆえに見初められてのことであった。だから、彼女は、花山天皇が出家するとともに退位したことによって、再び誰とでも結婚できる身となるや、二人の貴公子たちから熱烈な求婚を受けることになる。

ここで、後宮《こうきゅう》から解放された婉子女王に求婚した二人というのは、一人は、太政大臣藤原為光《ためみつ》の子息の道信《みちのぶ》であり、もう一人は、われらが実資である。そして、みごとに婉子女王の心を射止めたのは実資であった。それは、正暦《しょうりゃく》四年（九九三）あたりのことである。ただ、一方の道信は、中古三十六歌仙《ちゅうこさんじゅうろくかせん》の一人に数えられるほどの歌人《かじん》であったから、和歌を得意としない実資がどうやって道信に勝利したのか、どうにも気になってしまう。

ちなみに、次に紹介するのは、数少ない実資の詠歌である。

「思《おも》へども　消《き》へにし露《つゆ》の　玉緒《たまお》だに　衣《ころも》の裏《うら》に　留《とど》めざりけむ　」

藤原実資《さねすけ》を中心とする人物関係図

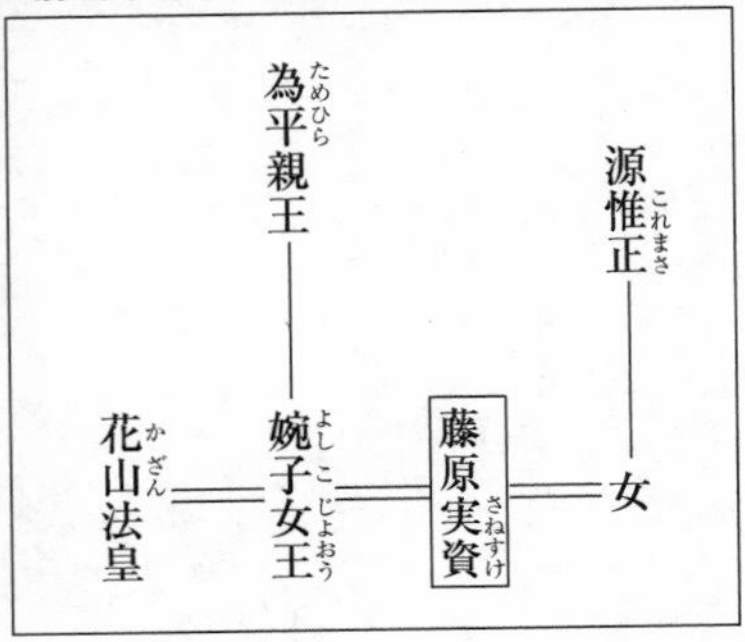

この一首の心は、「どんなに想っても、亡くなったあなたは、もうこの世にはいないのですね」といったところであろうか。これは、万寿《まんじゅ》三年（一〇二六）九月十三日、亡き婉子女王の追善供養《ついぜんくよう》が行われた折に詠《よ》まれた歌であり、実資が彼の日記の『小右記《しょうゆうき》』にめずらしく書き記した自詠歌である。婉子女王が他界したのは、これより三十年近くも昔、長徳四年（九九八）のことであったが、それ以来、二度と再婚しようとしなかった実資は、ひたすら婉子女王だけを想い続けていたのだろう。

コラム①

「雨夜の品定め」のリアル　右衛門尉某の三人の妻たち

「雨夜の品定め」

「雨夜《あまよ》の品定《しなさだ》め」として知られる帚木《ははきぎ》巻の一節は、『源氏物語』の中でも特に有名な場面の一つであろう。

そこでは、頭中将《とうのちゆうじよう》・左馬頭《さまのかみ》・藤式部丞《とうしきぶのじよう》の三人の貴公子《きこうし》たちが、光源氏の前で、それまでに自分たちが関係してきたさまざまな女性たちを紹介しながら、それぞれの女性論を展開する。光源氏より幾《いく》らか年長のこの三人は、色好《いろごの》みの先輩として、女性とはどういうものかを、光源氏に教授しようとしたのである。

この余計なお世話の特別講義は、それまで左大臣家《さだいじんけ》令嬢の葵《あおい》の上《うえ》や元皇太子妃《こうたいしひ》の六《ろく》条御息所《じようのみやすどころ》といった「上《かみ》の品《しな》」の貴婦人たちの他には女性を知らなかった光源氏に、にわかに「中の品《なかのしな》」の女性への興味を抱《いだ》かせることになる。そして、その結果、光源氏は、空蟬《うつせみ》や夕顔《ゆうがお》や末摘花《すえつむはな》といった零落《れいらく》の姫君《ひめぎみ》たちとの、何かしら普通ではない恋愛を経験するのであった。

頭中将の言うところ、「上の品」の女性というのは、皇女《おうじょ》や皇孫女《こうそんじょ》などをも含む上級貴族層の女性であり、「中の品」の女性というのは、受領国司《ずりようこくし》の娘を典型とする中級貴族層の女性であって、光源氏や頭中将のような上級貴族層の貴公子たちが男女の関わりを持つはずのない下級貴族層の女性が、「下の品《しものしな》」の女性である。また、頭中将が光源氏の質問に答えて言うには、元来は「上の品」に生まれながらも何らかの事情で経済的に落ちぶれてしまった女性は、「中の品」の女性と見做《みな》されるべきであるらしい。それゆえ、「雨夜の品定め」の後に光源氏が次々と関係を持っていく空蟬・夕顔・末摘花の三人は、いずれも、「上の品」から落ちぶれた「中の品」の女性となる。

どうやら、『源氏物語』の作者は、光源氏が「中の品」の女性に懸想《けそう》する恋愛譚《れんあいたん》を描くにしても、さすがに、そこに受領の娘のような生粋の「中の品」の女性を配する気にはなれなかったらしい。

なお、空蟬巻で光源氏が関係を持つ軒端荻《のきばのおぎ》は、伊予介《いよのすけ》の娘であって、確かに受領の娘であるが、この関係は、光源氏が空蝉と軒端荻とを取り違えたことから生じたものであって、けっして光源氏が軒端荻に懸想した結果ではない。また、明石《あかし》巻以降、光源氏の重要な妻の一人となる明石《あかし》の君《きみ》は、間違いなく、かつて播磨守《はりまのかみ》として受領国司であった明石《あかし》の入道《にゆうどう》の娘であるが、しかし、明石の入道が大臣家の御曹司《おんぞうし》であったことからすれば、彼女もまた、「上の品」から「中の品」に落ちぶれた女性の特殊な事例と見做されるべきであろう。

ともかく、「雨夜の品定め」は、光源氏の恋愛遍歴《へんれき》に大きな影響を与え、さらには、彼の人格形成にさえも大きな影響を与えたのであった。

生涯の伴侶を選ぶことの難しさ

しかし、参加者の一人の左馬頭が、長広舌《ちようこうぜつ》の冒頭、「わが妻として頼りにできる女性を選ぶとなると、恋人が大勢いても、なかなか判断が付かないものですね」と言ったように、われわれが「雨夜の品定め」と呼ぶ女性談義の主題は、どんな女性を恋人とするべきかということであるよりも、どんな女性を妻とするべきかということであった。光源氏の前で色好みの先輩を自任する貴公子たちも、生涯の伴侶は簡単には選べなかったのである。
ただ、もしかすると、王朝時代の貴族男性たちには、そもそも、ただ一人の女性と一生涯をともにしようというのが、どうにも無理のあることだったのかもしれない。というのも、王朝時代、ある下級貴族層の男性が、三人の妻を持ったことによって、何とも幸せそうな人生を送っていたからである。

平安京の西半分の右京《うきよう》に住んで右衛門尉《うえもんのじよう》の官職を帯《お》びていた彼は、身分のうえでは、光源氏の足元にも及ばない、一介《いつかい》の下級貴族でしかない。

王朝時代、上級貴族や経済力のある中級貴族は、平安京の東半分の左京《さきよう》のさらに北半分に住むものであった。同じ左京でも、その南半分は、光源氏も夕顔《ゆうがお》巻で経験した如く、主に下級貴族たちや庶民たちが暮らす地域になっていたのである。そして、それと同様のありさまとなっていたのが、右京であった。また、軍事官司の一つとして宮城《きゆうじよう》（大内裏《だいだいり》）の門番を職務とした左衛門府《さえもんふ》・右衛門府《うえもんふ》の判官《じよう》である左衛門尉《さえもんのじよう》や右衛門尉《うえもんのじよう》は、王朝時代において、基本的に、従五位下《じゆごいげ》の位階《いかい》を持つこともできない下級貴族が帯びるべき官職として位置付けられていた。右京に暮らす右衛門尉某《なにがし》が下級貴族であったことは、全く疑うべくもない。

それでも、この右衛門尉某は、遅くとも四十歳になるまでに、三人もの妻を持つ身となっていた。四十歳というと、王朝時代においては、老人と見做されはじめる年齢である。『源氏物語』若菜《わかな》上巻では、多くの人々によって、光源氏のための祝賀の催《もよお》しが行われるが、それは、光源氏が四十歳になったためであった。当時の人々にとっては、四十歳まで生きたというのは、祝うべきほど長く生きたということだったのであり、また、老人の仲間入りをしたということだったのである。

ところが、右衛門尉某はというと、四十歳にして、現役の色好みであったという。そんな彼であれば、四十歳の時点で三人の妻がいるというのも、全く不思議なことではあるまい。ちなみに、彼の妻たちの側の年齢は、みごとに分散していて、六十歳と四十歳と十八歳とであった。したがって、色好みの右衛門尉は、二十歳年上の妻と全く同い年の妻と二十二歳年下の妻とを持っていたことになる。

右衛門尉某の「本妻」

もちろん、右衛門尉某の最初の妻となったのは、二十歳年長の妻であった。そして、それゆえに、彼女は、右衛門尉某が他にも妻を持つようになっても、あくまで「本妻《もとつめ》」

として扱われることになる。

しかし、二十歳差というと、親子ほどの年齢差である。右衛門尉某の最初の結婚が、仮に彼が二十歳の頃のものであったとしても、そのとき、やがて「本妻」と呼ばれることになる女性の年齢は、既に四十歳にもなっていたことになる。結婚のかたちは人それぞれだとはいえ、やはり、若き日の右衛門尉某が何を考えてその結婚を選んだのか、どうしても、少しは勘繰《かんぐ》りたくなってしまうというものであろう。

そして、実際、この結婚の裏には、かなりの打算があったらしい。実のところ、この「本妻」は、なかなか豊かな家の娘であったようで、いまだ右衛門尉の官職すら帯びていなかったであろう若き日の右衛門尉某は、彼女の家の豊かさに支えられていたようなのである。

王朝時代の結婚は、現代のそれとは大きく異なる。いや、それどころか、われわれ現代人が伝統的なものと思い込みがちな江戸時代あたりに一般的であった結婚と比べても、かなり異なっている。というのも、王朝時代の結婚においては、女性が男性のもとに嫁ぐことは稀《まれ》であって、男性が女性のもとに「聟取《むこど》り」されることが一般的だったからである。当時において当たり前とされていたのは、新婦が新郎の両親と一緒に暮らすような結婚ではなく、新郎が新婦の両親とともに暮らすかたちの結婚であった。

だから、光源氏も、葵の上と結婚して以降は、本来、葵の上の親元の左大臣家で暮らすべきだったのである。が、彼がそうしなかったのは、新郎新婦がそろって親たちの決めた結婚に納得しておらず、初めから夫婦仲が悪かったからに他ならない。

なお、王朝時代の男性たちは、妻の両親と暮らすかたちの結婚をしたとしても、現代で言う「婿養子《むこようし》」や「入り婿《いりむこ》」になったわけではない。だから、子供ができたときには、その子供は、母方《ははかた》の姓《せい》ではなく、父方《ちちかた》の姓を名告《なの》るものであった。光源氏と葵の上との間に生まれた夕霧《ゆうぎり》の姓も、母方（左大臣家の側）の「藤原」ではなく、父方の「源《みなもと》」である。

ただ、それにもかかわらず、新郎の衣食住は、その全てを、新婦の両親が世話しなければならないというのが、王朝時代の常識であった。それゆえ、当時の男性たちは、ときに、豊かな家の娘との結婚によって快適な生活を手に入れようとした。そして、その際、男性たちは、しばしば、相手の女性の容姿や年齢や性格などは不問としたのであった。

右衛門尉某と彼の「本妻」との結婚は、まさに、そうしたものだったようなのである。

右衛門尉某の「次妻」

そんな右衛門尉某であったから、彼が二人目の妻に選んだのは、彼と同い年の女性であるとともに、やはり、かなり豊かな家の娘であった。そして、彼女は、右衛門尉某の妻としては、「次妻《つぎのめ》」として扱われたのであったが、しかし、やがて正妻の地位を獲得するに至ったようである。

一夫多妻が当たり前であった王朝時代において、正妻の地位というのは、かなり流動的なものであった。貴族層の人々の間にさえ、戸籍も住民票も婚姻届も存在しなかった当時、複数の妻を持つ男性にとっての正妻は、何となくの社会的な合意によって、何となく決まるだけだったのである。強《し》いて言うならば、世間が正妻と見做しがちだったのは、その男性と最も濃密に生活の場をともにしている女性であったろうか。

そして、右衛門尉某の「次妻」は、少なくとも二人がともに四十歳であった頃には、明らかに、右衛門尉某の正妻であった。その頃の右衛門尉某は、何から何まで「次妻」こそを頼りにするような生活を送っていたからである。

例えば、彼が身に着けるものは、朝廷に出仕《しゅつし》するときの束帯《そくたい》であろうが、普段着の狩衣《かりぎぬ》であろうが、全て、「次妻」によって用意されたものであった。しかも、彼女は、夫のために、扇《おうぎ》であれ、笏《しゃく》であれ、太刀《たち》であれ、弓矢《ゆみや》であれ、右衛門尉として朝廷に仕《つか》える貴族の身だしなみとして必要なものは、何から何まで調達したのである。さらには、右衛門尉某が使う馬や従者をそろえたのも、同じ「次妻」であった。

また、右衛門尉某の日々の食事を準備したのも、この「次妻」である。しかも、彼女が調《ととの》えた食膳には、常に右衛門尉某の好物が並んでいた。基本的に一日二食であった当時、右衛門尉某の「次妻」は、朝餉《あさげ》にも、夕餉《ゆうげ》にも、夫をよろこばせる食膳を出したのである。

しかし、そうした衣食をめぐる世話であれば、例の「本妻」にも十分に可能であったろう。彼女もまた、豊かな経済力を持っていたのである。が、どうやら、四十歳の右衛門尉某は、「本妻」のもとにはあまり寄り付かなくなっていたらしい。

そして、それは、彼が、今や、二十歳も年上の女性を妻としたことを後悔していたからであった。ひどい話ながら、右衛門尉某は、若い頃にはさんざん世話になった「本妻」を、彼女の老いを理由に、疎《うと》んじるようになっていたのである。とはいえ、何人もの子供たちの母親でもある彼女とは縁を切れずにいるというのが、右衛門尉某の悩みの種であった。

なお、右衛門尉某の「次妻」は、美人というわけではないにしても、不美人というわけでもなかったらしい。そして、その性格は、実に柔和なものであったという。

右衛門尉某の「第三の妻」

右衛門尉の妻として「第三《だいさん》の妻《め》」と呼ばれた女性は、右衛門尉某が四十歳の時点で、まだ十八歳にしかなっていなかった。二人が結ばれたのがいつのことであったかはわからないものの、妻の方の年齢を考えるなら、この結婚が成立したとき、右衛門尉某は、どんなに若くても三十七歳といったところだったのではないだろうか。いかに王朝時代であっても、わが娘を一刻も早く天皇のもとに入内《じゅだい》させたがるものであった摂関家《せっかんけ》を別として、貴族の家庭では、十五歳にもならない娘を結婚させたりはしなかっただろう。

しかも、彼女は、ある有力な貴族家に女房として仕える身であり、かつ、右衛門尉某の同僚であったというから、二人が結婚したのは、かなり最近のこと、どうかすると、右衛門尉某が四十歳になってからのことであったかもしれない。

おそらく、右衛門尉某は、もともと、右衛門尉として朝廷に仕える傍《かたわ》ら、侍《さぶらい》として有力貴族の誰かにも仕えていたのであって、その縁から「第三の妻」と知り合うことになったのだろう。なお、ここに「侍」と言うのは、必ずしも武士ではない。当時、武士が侍として有力貴族に仕えることもめずらしくなかったが、王朝時代に「侍」と呼ばれたのは、普通、女房の男性版であって、ときに「男房《だんぼう》」とも呼ばれた有力貴族家の私的な従者である。

それはともかく、右衛門尉某の第三の妻は、とんでもない美人であったらしい。そのうつくしさは、「容顔美麗《ようがんびれい》」と讃《たた》えられるほどであったという。

現代においても、四十歳にもなった男など、大きく年齢が離れた若い妻を持てば、それだけでも骨抜きになってしまいそうなものである。それが、さらに、その若妻がずいぶんな美人であったりなどしたら、その男は、もう他人には眼も当てられないほどの、ひどいことになってしまうに違いない。

そして、王朝時代の四十男である右衛門尉某は、やはり、十八歳の若妻に、すっかり骨抜きにされてしまっていた。彼は、その妻と一緒にいると、朝廷に出仕することも忘れ、神を祀《まつ》ったり仏を拝んだりすることも忘れてしまったのだという。

しかし、右衛門尉某は、「第三の妻」が傍らにあるとき、それだけで幸せであった。彼は、若妻のことを、眼に入れても痛くないと思えるほどにかわいがっていたのである。そして、彼は、彼女のためであれば、散財を惜しむこともなかった。

当然、そんな彼は、世間の嘲笑《ちようしよう》を浴《あ》びることになる。が、彼は、頭を振って、世間の声など耳に入らないようにする。また、これに「本妻」「次妻」の二人が嫉妬《しつと》しないわけがない。が、彼は、耳を塞《ふさ》いで、二人の妻たちの不満に取り合おうとはしなかったのである。

右衛門尉某の婚歴のリアル

王朝時代を代表する漢学者の一人である藤原明衡《あきひら》に、『新猿楽記《しんさるがくき》』という作品がある。これは、ある祭礼の日、王朝時代には「猿楽《さるがく》」とも呼ばれた大道芸が大勢の見物人を集める中、そこに交じっていた下級貴族の一家の面々を紹介するというかたちで、当時における下級貴族層の人々の多様な生き方を紹介するという、何とも興味深い読み物である。

この『新猿楽記』が取り上げる下級貴族の家族というのは、かなりの大家族であって、一家の主人である下級貴族の男性と彼の三人の妻たちとの他、十六人の娘たちと九人の息子たちとを数える。しかも、同書は、娘たちそれぞれの聟《むこ》たちや恋人たちをも、一家の一員として紹介するのである。そして、そこに見られる王朝時代の下級貴族たちの生業《なりわい》は、博奕打《ばくちう》ち・武士《ぶし》・農業経営者・巫女《かんなぎ》・金属加工職人・学者・力士など、さまざまとなる。

しかし、この大家族の主人だけは、実に下級貴族らしい下級貴族として設定される。彼は、右衛門尉の官職を帯びているというのである。しかも、彼の住所は、平安京の右京であったというから、これ以上に王朝時代の下級貴族らしい設定もあるまい。

そして、この『新猿楽記』の右衛門尉こそが、このコラムの主人公となってきた、下級貴族ながらも三人もの妻を持つ右衛門尉某である。

したがって、ここまで見てきた右衛門尉某の個人情報は、全て架空のものであったことになる。もちろん、それは、彼の三人の妻たちについても、全く同様となる。

とはいえ、件《くだん》の右衛門尉某の三つの結婚は、けっして絵空事などではない。実は、右衛門尉某は、王朝時代の貴族男性たちの多くが理想とするような婚歴を重ねているのである。

事実、藤原道長《みちなが》の父親の兼家《かねいえ》の婚歴などは、右衛門尉某のそれとかなり似通っている。

まず、彼の最初の妻（「本妻」）となった藤原時姫《ときひめ》の父親は、摂津守《せっつのかみ》として受領国司《ずりょうこくし》を務めた豊かな中級貴族である。また、兼家が二人目の妻（「次妻」）に選んだのは、『蜻蛉日記《かげろうにっき》』の作者として知られる女性であったが、この女性の父親の藤原倫寧《ともやす》もまた、陸奥守《むつのかみ》などとして受領国司を歴任した、経済力のある中級貴族であった。兼家は、摂関家の御曹司でありながら、何よりも豊かさを重視して、受領の家の聟となることを選んだのである。

だが、そんな兼家が三人目の妻（「第三の妻」）としたのは、どこかの皇子《おうじ》の落胤《らくいん》である皇孫女《こうそんじょ》の姫君であった。そのような女性に経済力などあるわけがなかったが、既に「本妻」「次妻」によって衣食住を保障されていた兼家は、経済力などは度外視して、本心から妻にしたい女性を選んだのだろう。そして、その頃、上昇志向の強い兼家が心の底から欲していたのは、自身の格を上げてくれるような、尊貴な身の妻であった。

第二章
淑《しと》やかなる貴婦人たちのリアル

「源氏物語絵色紙帖　賢木」

藤原仁善子《にぜこ》——六条御息所を上回る悲運の皇太子妃

「六条御息所」という設定の意味

六条御息所《ろくじょうのみやすどころ》をめぐっては、生霊《いきりょう》のことばかりが取り沙汰《とざた》され過ぎてはいないだろうか。

確かに、六条御息所は、生霊になって光源氏の正妻の葵《あおい》の上《うえ》を死に至らしめている。また、夕顔《ゆうがお》の突然の死についても、六条御息所の生霊の仕業《しわざ》であることが疑われていたりする。そして、恋敵《こいがたき》を害する生霊などという禍々《まがまが》しい逸話《いつわ》を持つ女君《おんなぎみ》は、数多《あまた》の女君たちが登場する『源氏物語』においても、六条御息所ただ一人だけである。とすれば、彼女が生霊によって特徴付けられてしまうのも、仕方のないことかもしれない。

しかし、そんな六条御息所であっても、実のところ、生霊の他にも、いろいろと注目するべき点が見受けられる。

特に、彼女が六条大路《ろくじょうおおじ》の付近に暮らしていたことは、軽く見過ごされるべきではない。

同じ王朝時代であっても、紫式部《むらさきしきぶ》が『源氏物語』を書いた紀元一〇〇〇年前後の王朝時代の半ばともなると、上級貴族層の人々が六条大路のあたりに居を構えることは、絶えてなくなっていた。藤原道長《みちなが》には祖父にあたる師輔《もろすけ》などは、九条大路《くじょうおおじ》に面する邸宅に住んだことから、世に「九条殿《くじょうどの》」と呼ばれたが、四条大路《しじょうおおじ》から南の平安京の南半分に上級貴族の私邸が見られたのは、十世紀前葉ほどの王朝時代の初めの頃までのことだったのである。

したがって、六条御息所は、王朝時代の早い時期を生きた人物として設定されていることになる。つまり、六条大路界隈《かいわい》に住んだとされる彼女は、紫式部と同じ時代の人物ではないのである。そして、このことは、『源氏物語』が時代小説として書かれた作品であったことを、改めて認識させてくれる。

『源氏物語』には、紫式部にとっては当たり前の存在であったはずの摂政《せっしょう》や関白《かんぱく》が全く登場しないのだが、これなども、この作品が王朝時代の初めの頃を舞台とする時代小説であるがゆえのことである。十世紀前葉の王朝時代の初めといえば、「延喜の治《えんぎのち》」として知られる醍醐《だいご》天皇の治世《ちせい》であって、それは、摂関が置かれることなく、天皇親政が行われた時代であった。

また、冷泉帝《れいぜいてい》のもとで政権を担うようになって以降の光源氏は、六条大路付近に「六条《ろくじょう》院《いん》」と呼ばれる大邸宅を営むが、これもまた、『源氏物語』が時代小説であればこそである。光源氏のもともとの私邸は、二条大路《にじょうおおじ》付近に位置していて、これは、物語の舞台が紫式部の同時代であっても通用する設定となるが、主人公が改めて六条大路界隈に邸宅を構えるとならば、物語の舞台は、やはり、王朝時代の初めあたりでなければなるまい。

もちろん、『源氏物語』が時代小説であることは、桐壺《きりつぼ》巻の冒頭の「いづれの御時《おおんとき》にか」という語りによっても示されている。が、現代人にとっての『源氏物語』は、そもそも古典文学であるがゆえに、われわれは、これを紫式部の同時代人たちが時代小説として楽しんでいたということを、ついつい忘れてしまいそうになるのではないだろうか。

その点、六条御息所という女君の存在は、常に、われわれに『源氏物語』の時代設定を思い起こさせてくれるのである。

前皇太子の未亡人

ところで、六条御息所が「六条」を冠して呼ばれるのは、右に見たように、彼女の居宅が六条大路界隈にあったためであるが、その彼女が「御息所《みやすどころ》」と呼ばれるのは、彼女には皇《こう》太子《たいし》の妃《きさき》であった過去があるからに他ならない。

『源氏物語』は、六条御息所という女君を、一人の未亡人として設定するが、そんな彼女の亡《な》き夫《おっと》は、物語の中で、はっきりと「前坊《ぜんぼう》」と呼ばれる。そして、「前坊」という呼称が意味するのは、皇太子にはなったものの天皇になることがなかった元皇太子である。したがって、六条御息所が元皇太子妃として設定されていることは、全く疑うべくもない。

しかし、『源氏物語』の作者は、六条御息所の亡き夫の「前坊」について、その親族関係を明らかにすることに消極的であった。それゆえ、この人物をめぐっては、誰の皇子《おうじ》であったかも、どの帝《みかど》の時代の皇太子であったかも、はっきりとはわからないのである。

ただ、彼と六条御息所との間には光源氏よりも年若い娘がいることと、その娘を桐壺帝《きりつぼてい》が自身の皇女たちと同列に大切に思っていることとから、『源氏物語』の読者たちは、問題の「前坊」を、桐壺帝の弟宮と見做《みな》してきた。つまり、この亡き前《さきの》皇太子は、もともとは桐壺帝の皇太子（皇太弟《こうたいてい》）だったようなのである。とすれば、光源氏の兄宮にして、われわれが桐壺帝の東宮《とうぐう》として知る人物（後の朱雀帝《すざくてい》）は、六条御息所の夫であった前皇太子が若くして亡くなったがゆえに、その代わりとして皇太子に立てられたことになろうか。

また、そうした親族関係の中に置いてみると、件《くだん》の「前坊」は、光源氏にとって、父方の叔父《おじ》にあたることになる。そして、そのように考えるならば、六条御息所を恋人とした光源氏は、亡き叔父の未亡人と男女の関係を持ったことになる。

それは、われわれ現代人には、どうしても不健全さを感じずにはいられない恋愛関係かもしれない。しかし、前皇太子の未亡人などという難しい肩書を持ってしまった女性を、光源氏のような前途洋々たる貴公子《きこうし》と結び付けるには、義理の叔母《おば》と義理の甥《おい》とというくらいの縁戚関係が必要だったのかもしれない。十代半ばの光源氏が、前皇太子の未亡人などという厄介《やっかい》な立場の女性に興味を持ったのは、しかも、はっきりと年上の前皇太子の未亡人に興味を持ったのは、彼女が亡き叔父の未亡人であればこそであったろう。

それにしても、王朝時代の人々は、『源氏物語』を読んでいるとき、六条御息所という登場人物からの連想で、どのような実在の人物を思い浮かべたのだろうか。

そもそも、前皇太子の未亡人など、王朝時代においても、なかなか実在しなそうなものである。皇太子が天皇になる前に皇太子のまま亡くなるなど、当たり前のことではない。

六条御息所を中心とする人物関係図

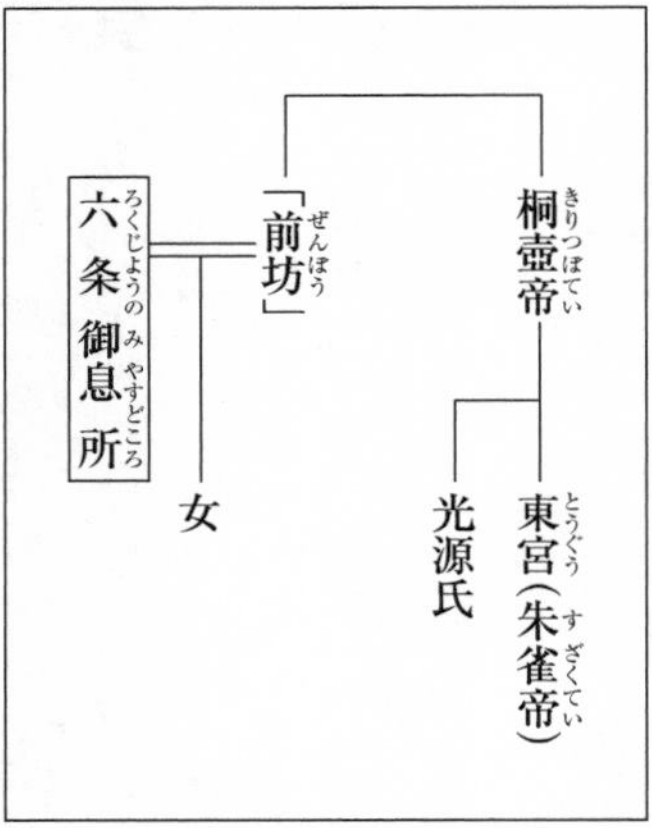

が、実のところ、「延喜の治」で知られる醍醐天皇の時代のこと、皇太子の保明《やすあきら》親王が、二十一歳の若さで亡くなっていた。すなわち、王朝時代の早い時期に、皇太子のまま亡くなる皇子が実在していたのである。そして、それゆえに、彼の妃であった藤原仁善子《にぜこ》は、まさに「前坊」の未亡人になってしまったのであった。

当然、この仁善子などは、王朝時代の人々にとって、実在の六条御息所であったろう。

本院御息所藤原仁善子

藤原仁善子は、皇太子保明親王の妃として、世に「本院御息所《ほんいんのみやすどころ》」と呼ばれた。これは、彼女の父親の藤原時平《ときひら》の本宅であって彼女の里第《りてい》でもあった邸宅に、「本院《ほんいん》」の号があったからに他ならない。

その本院御息所仁善子の夫であった保明親王が崩じたのは、延長《えんちょう》元年（九二三）のことである。そして、仁善子自身が世を去ったのは、天慶《てんぎょう》八年（九四五）のことであった。したがって、彼女は、足かけ二十三年を、前皇太子の未亡人として生きたことになる。六条御息所が「前坊」の未亡人として生きたのは、足かけ十八年であったから、仁善子の前皇太子の未亡人としての人生は、六条御息所のそれより、五年も長かったことになろう。

しかし、残念なことに、仁善子については、その生年を確かに知ることができない。これをめぐっては、傍証から類推するしかないのだが、彼女が元服したばかりの十四歳の皇太子保明親王の妃となったのは、延喜十六年（九一六）のことであって、また、彼女が保明親王の第一子の慶頼王《よしよりおう》を産んだのは、親王が十九歳になった延喜二十一年（九二一）のことであったから、仁善子が保明親王よりも年下であったとは考えにくい。

これに対して、仁善子が延喜三年（九〇三）生まれの保明親王よりも十一歳以内の年長であったことは、十分に考えられる。彼女には、彼女と同じく仁明《にんみょう》天皇皇孫女《こうそんじょ》（本康《もとやす》親王女）の廉子《やすこ》女王を母親とする兄と姉とが一人ずついるのだが、時平の長男で仁善子には同母兄となる保忠《やすただ》は、廉子女王第一子として、寛平《かんぴょう》二年（八九〇）に生まれており、その後、廉子女王には第二子となる仁善子の同母姉が生まれているから、仁善子の生年については、寛平四年（八九二）にまで引き上げて想定することが可能なのである。

したがって、本院御息所仁善子は、延喜十六年（九一六）、十四歳の皇太子保明親王のもとに入内《じゅだい》したとき、十四歳から二十五歳までの年齢にあったことになるわけだが、おそらくは、保明親王の側でも、仁善子の側でも、この結婚を嘆くことはなかっただろう。平安時代において、天皇や皇太子の結婚は、その全てが例外なく政略結婚だったのであり、妃が天皇や皇太子より十歳ほども年上であることなど、全くめずらしくなかったのである。

そして、保明親王の妃となった仁善子は、親王が十九歳のときに第一子の慶頼王を産み、おそらくはその翌年か翌々年かほどに第二子の熙子《ひろこ》女王を産んで、着実に皇太子妃《こうたいしひ》としての義務を果たしていく。保明親王には、仁善子の他にも少なくとも二人の妃があったものの、その二人が親王の子を産むことはなかったから、仁善子こそが最も愛された皇太子妃であったに違いない。もし保明親王が即位する日が訪れていたならば、その天皇の皇后《こうごう》（中宮《ちゅうぐう》）となったのは、間違いなく、仁善子であったろう。

藤原仁善子《にぜこ》を中心とする人物関係図

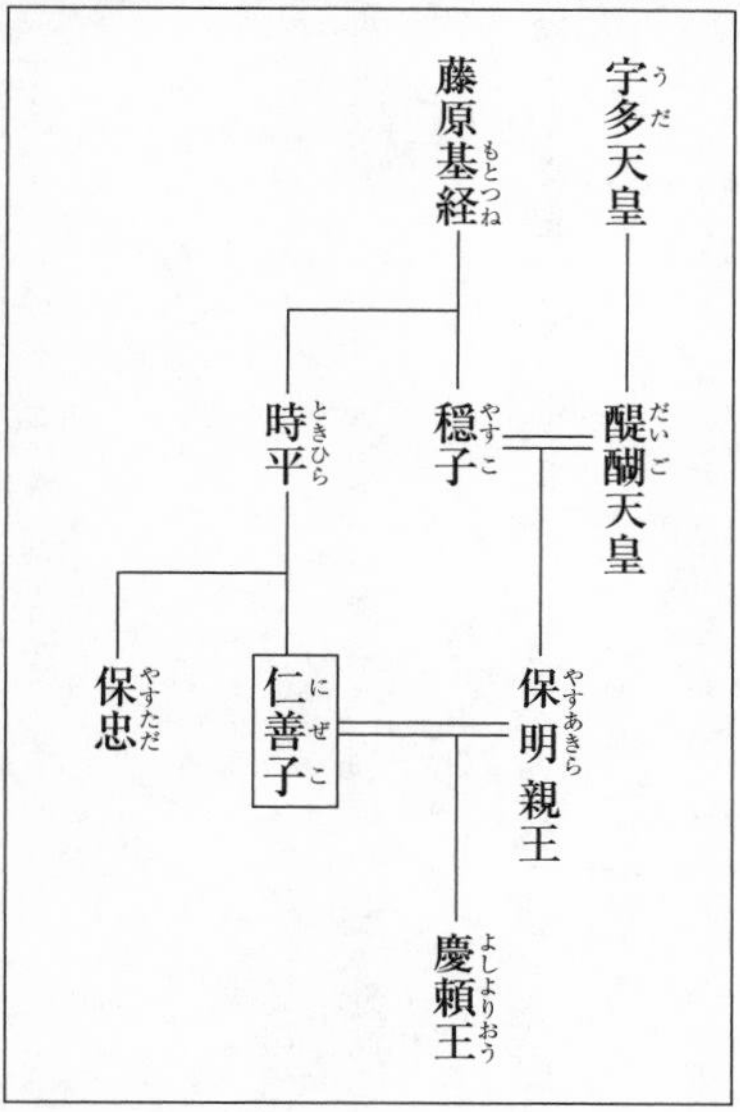

しかし、延長元年（九二三）、皇太子保明親王は、皇太子のまま、二十一歳の若さで崩《ほう》じてしまう。彼には初めての子となる慶頼王が生まれた翌々年のことである。そして、本院御息所仁善子は、新天皇の皇后になるどころか、何とも気の毒な「前坊」

の未亡人になってしまったのであった。

皇太子保明親王

藤原仁善子が皇太子妃になったとき、彼女の父親の時平は、既に鬼籍《きせき》に入っていた。藤原時平といえば、初期の藤原摂関家《ふじわらせっかんけ》の正統後継者である。彼は、史上初の関白《かんぱく》となって陽成《ようぜい》天皇・光孝《こうこう》天皇・宇多《うだ》天皇の時代に朝廷を牛耳《ぎゅうじ》った基経《もとつね》の長男にして嫡男《ちゃくなん》であった。しかも、醍醐天皇の女御《にょうご》として保明親王を産んだ穏子《やすこ》の同母兄であった時平は、天皇からの信任も厚く、醍醐朝において大きな政治権力を有していたのである。

とはいえ、そんな時平であっても、故人となってしまっては、もはや、朝政に介入することも不可能であった。それゆえに、時平の死後には、その娘である仁善子を妃に迎えたとしても、それは、どんな皇子にとっても、さほど意味のあることではなかっただろう。

しかし、醍醐天皇は、皇太子である保明親王の妃に、敢《あ》えて、父親を亡くした仁善子を迎えた。しかも、醍醐天皇は、時平の同母弟で時平に代わって政権担当者となった忠平《ただひら》の娘を差し置いて、故時平の娘の仁善子こそを、保明親王の最初の妃に迎えたのである。ここには、醍醐天皇の強い念《おも》いがあったに違いあるまい。

実のところ、保明親王はといえば、醍醐天皇にとって、本当に大切な皇太子であった。そのことは、彼がわずか二歳にして皇太子に立てられたことにも明らかであろう。この皇子は、延喜三年（九〇三）の十一月三十日に誕生するや、早くも翌年の二月十日には立太子《りったいし》されたのである。したがって、皇太子となったときの保明親王の年齢は、数え年《かぞえどし》でこそ二歳となるものの、われわれ現代人に馴染《なじ》みの満年齢では、ほんの二ヶ月強に過ぎず、一歳にさえもほど遠かった。

そして、それほどまでに醍醐天皇が保明親王を重視したのは、その母親の穏子が時平の同母妹であったからに他ならない。

時平が他界したのは、延喜九年（九〇九）のことである。当然、保明親王の立太子があった延喜四年には、時平もまだ健在であって、その時点での醍醐天皇の目論《もくろ》みでは、保明親王が即位したときには、新天皇の外伯父《そとおじ》である時平が、摂政なり関白なりとして朝廷の実権を掌握できるはずであった。当時の醍醐天皇は、自分の次の天皇の時代には、時平が天皇の外伯父として確実に権力を握れるよう、その道筋を付けておきたかったのである。

そんな醍醐天皇であったから、時平の急逝《きゅうせい》という予想外の事態に見舞われても、今度は、保明親王のさらに次の世代の天皇の時代を視野に入れて、時平の嫡男の保忠に政権を担当させることを考えはじめる。すなわち、時平を喪《うしな》った醍醐天皇は、時平の娘を保明親王の妃に迎えて、保明親王と時平の娘との間に生まれた男子を次の次の天皇にしようとしたのである。言うまでもなく、時平の娘が保明親王の息子を産み、その男子が天皇になったとき、その天皇の外伯叔父《そとおじ》となるのは、時平の息子である。

こうして、皇太子保明親王の最初の妃には、時平が既に故人となっていたにもかかわらず、その娘の仁善子が迎えられたわけだが、ここに見られる醍醐天皇の念いは、その全てが、息子の保明親王に向けられたものではなく、寵臣《ちょうしん》の時平に向けられたものであった。

菅原道真の怨霊に怯える人々

いずれにせよ、藤原仁善子は、彼女の最も頼れる後見《うしろみ》であった父親の時平を亡くしていたにもかかわらず、皇太子の最初の妃になるという幸運に恵まれたのであったが、彼女の皇太子妃としての輝かしい生活は、足かけ八年しか続かなかった。すなわち、延喜十六年（九一六）、皇太子保明親王のもとに入内した彼女は、延喜二十一年（九二一）、第一子の慶頼王を産み、おそらくはその翌年、第二子の熙子女王を産むと、さらにその翌年となる延長元年（九二三）の三月二十一日、唐突《とうとつ》に未亡人となってしまったのである。

しかも、保明親王の死は、ただの死ではなかった。これについての『日本紀略《にほんきりゃく》』という史書の記述を、原漢文を読み下し文にして紹介するならば、それは、次の如くとなる。

是《こ》の日《ひ》也《なり》。皇太子《こうたいし》の病《やまい》に臥《ふ》すに、天下《てんげ》に大赦《たいしゃ》す。子刻《ねのこく》、皇太子保明《やすあきら》親王の薨《みまか》る年《とし》は廿一《はたちあまりひとつ》なり。天下《てんげ》の庶人《しょにん》に悲《かな》しみ泣《な》かざるは莫《な》く、其《そ》の声《こえ》は雷《かみなり》の如《ごと》し。世《よ》を挙《あ》げて云《い》ふやう、「菅帥《かんそち》の霊魂《りょうこん》の宿忿《しゅくふん》の為《な》す所也《ところなり》」と。

これによると、保明親王の死は、一応は病死と見られてはいたのだろう。が、当時の人々は、そもそも親王が生命《いのち》に関わるほどの病を得たことを、菅原道真《すがわらのみちざね》の怨霊《おんりょう》の仕業と見做したらしい。右に「菅帥」と見えるのは、藤原時平を首謀者とする陰謀によって右大臣から大《だ》宰権帥《ざいごんのそち》へと左遷《させん》されて、ついには大宰府《だざいふ》で落命した菅原道真である。そして、その「菅帥」が「宿忿（溜《た》まりに溜まった怒り）」を抱える「霊魂」として保明親王を病み付かせたとなれば、それは、道真の怨霊が保明親王に病気をもたらしたということであろう。

なお、保明親王の周辺の人々は、これよりずっと以前から、親王が道真の怨霊に狙われていることを、かなり真剣に危惧《きぐ》していた。

実は、保明親王は、生後二ヶ月ほどで皇太子に立てられた時点では、「保明《やすあきら》」という名ではなかった。その頃の彼の名は、「崇象《むねかた》」だったのであり、彼は、崇象親王だったのである。

ところが、『日本紀略』によれば、延喜十一年（九一一）十一月二十八日のこと、「皇太子崇象《こうたいしむね》象《かた》親王の名を保明《やすあきら》に改《あらた》む」ということが、かなり唐突に行われる。この親王は、九歳にして名を変えているのである。

もちろん、皇太子が立太子の後に名を改めるなど、全く普通のことではない。そして、そんな普通ではない改名が強行されたのは、この親王の周辺において、普通ではないことが起こっていたからであった。すなわち、延喜六年（九〇六）七月三日、醍醐天皇から皇太子の後見を任されていた大納言《だいなごん》藤原定国《さだくに》が没し、延喜七年十二月二十一日、定国の後任の中納《ちゅうな》言《ごん》藤原有穂《ありほ》が没したのに続けて、延喜九年四月四日には、さらに、親王には外伯父《そとおじ》にあたる藤原時平までが没したのである。醍醐天皇をはじめとする当時の関係者たちにしてみれば、ここで道真の怨霊の跳梁《ちょうりょう》を警戒するのは、あまりにも当然のことであったろう。

もしかすると、道真の怨霊を恐れる人々は、「崇象」という名の中の「崇」という字に、怨霊を呼び寄せるような不吉さを感じたのかもしれない。というのも、「崇」という字は、「祟《たたり》」という字とよく似ているからである。

怨霊に全てを奪われた元皇太子妃

ところが、保明親王を喪ったとしても、醍醐天皇は、時平の嫡男の保忠を将来の政権担当者とすることを諦めはしなかった。時平を厚く信任していた醍醐天皇にとって、時平の後継者の保忠に権力を握らせることは、悲願ともなっていたのである。そして、一つの念いに取《と》り憑《つ》かれたようになっていた醍醐天皇は、早くも保明親王崩御《ほうぎょ》の翌月に、保明親王の忘れ形《わすれがた》見《み》となった当時三歳の慶頼王を、新たな皇太子に立てるのであった。

ただ、皇子ではなく皇孫《こうそん》を皇太子に立てるというのは、平安時代においては全く前例のないことであった。そうした先例は、最も新しいものでも、平安京遷都《せんと》以前どころか、平城京遷都以前にまでさかのぼらなければ、見出すことができない。すなわち、醍醐天皇の時代の人々にとっては、皇子ではなく皇孫が立太子された最後の事例は、持統《じとう》天皇十一年（六九七）、天武《てんむ》天皇と持統天皇との孫にあたる軽王《かるのみこ》（文武《もんむ》天皇）が十五歳にして皇太子に立てられた、というものなのである。したがって、慶頼王の立太子は、二百二十七年ぶりの、あまりにもめずらしい立太子だったことになる。

それでも、仁善子が産んだ慶頼王の即位が実現しさえすれば、時平の嫡男であり仁善子の同母兄でもある保忠が、新天皇の外伯父（母方の伯父）として、新王朝の実権を握ることになるはずであった。少なくとも、醍醐天皇の頭の中では、そうなるはずだったのである。そして、そうなってこそ、醍醐天皇の悲願がかなうはずであった。

それゆえ、醍醐天皇は、これ以上の横槍《よこやり》を避けるべく、菅原道真の怨霊を宥《なだ》めることも忘れなかった。彼は、慶頼王の立太子に先立ち、道真の左遷を指示した命令書を破棄して道真の左遷を撤回するとともに、道真に正二位《しょうにい》の位階《いかい》と右大臣の官職とを与えたのである。生前の道真の位階は、従二位《じゅにい》であったから、それより一つ上位の正二位に叙《じょ》したというのは、醍醐天皇なりに道真に慰謝料を払ったつもりだったのかもしれない。

しかし、醍醐天皇の願いがかなうことはなかった。彼が期待をかけた慶頼王は、立太子の翌々年となる延長三年（九二五）の五月、にわかに発病すると、そのまま崩じてしまったのである。わずか五歳にしての、あまりにも幼い死であった。確かな記録こそ残されていないものの、このときにも、やはり、道真の怨霊の関与が取り沙汰されたことだろう。

そして、それから数年後の延長八年（九三〇）の六月、よく知られる内裏清涼殿《だいりせいりょうでん》への落雷があり、上級貴族たちの中からも死者が出て、またしても道真の怨霊の関与が広く噂《うわさ》される。すると、これに心を折られたのだろうか、醍醐天皇もまた、重く病み臥《やふ》し、四十六歳で崩じてしまう。また、その醍醐天皇が眼をかけ続けた時平嫡男の保忠も、承平《じょうへい》六年（九三六）、四十七歳にして世を去ることになり、醍醐天皇の願いは、儚《はかな》く潰《つい》えるのであった。

なお、われらが仁善子は、所生《しょせい》の慶頼王が皇太子に立てられる直前、皇后（中宮）に立てられて、大きな名誉を与えられていた。が、彼女は、結局のところ、夫にも息子にも先立たれた、実に気の毒な女性であった。しかも、彼女は、現実世界の六条御息所でありながら、何とも皮肉なことに、大切な何もかもを怨霊によって奪われていたのである。

藤原繁子《しげこ》——源典侍に先駆ける色好みの熟女

「源典侍」という呼称

現在の『源氏物語』の読み方をめぐって、一つ、どうにも気持ちの悪いことがある。源典侍《げんないしのすけ》といえば、『源氏物語』において殊更《ことさら》に異彩を放つ登場人物であるが、この女君《おんなぎみ》のことを、われわれの多くは、「げんのないしのすけ」と呼ぶ。さらには、毎年のように幾《いく》冊《さつ》も刊行される『源氏物語』関連書籍の多くに、「源の典侍」という表記が見られたりする。

しかし、正しくは、彼女は、「げんないしのすけ」と呼ばれるべきなのであり、また、「源典侍」と表記されるべきなのである。

平安時代の貴族男性たちの間では、格上の相手を呼ぶときはもちろん、同格の相手を呼ぶときにさえ、そのまま相手の名を呼ぶというのは、ひどく礼を失することであった。それゆえ、彼らは、普通、友人どうしであっても、それぞれの帯《お》びる官職で呼び合っていた。

ただ、そうすると、友人たちのうちの二人が全く同じ官職を帯びているような場合、何らかの工夫で二人を呼び分けなければ、いろいろと面倒なことになりかねない。上級貴族たちが帯びる官職でさえ、例えば参議《さんぎ》（宰相《さいしょう》）などは、その定員は八人にもなったから、呼び分けの工夫は、絶対に必要だったのである。

そして、そうした場合の呼び分け方として、最も広汎に用いられたのが、各自の氏《うじ》と組み合わせて呼ぶというものであった。すなわち、ときに「宰相」とも呼ばれた参議を例に取るならば、源《みなもと》氏の参議を「源宰相《げんさいしょう》」、平《たいら》氏の参議を「平宰相《へいさいしょう》」、藤原氏の参議を「藤宰相《とうさいしょう》」、橘《たちばな》氏の参議を「橘宰相《きつさいしょう》」、菅原《すがわら》氏の参議を「菅宰相《かんさいしょう》」、大江《おおえ》氏の参議を「江宰相《ごうさいしょう》」と呼んだ如くである。また、このような呼び分け方が定着していたことは、所謂《いわゆる》「応天門《おうてんもん》の変《へん》」で有名な大納言《だいなごん》伴善男《とものよしお》が「伴大納言《ばんだいなごん》」と呼ばれていたことにも明らかであろう。

なお、この呼び分けにおいては、二文字以上の氏でも一文字だけを取ることと、その一文字を音読みにすることとが、基本的な規則となる。そして、さらに言うならば、この呼び分けをするときには、氏の一文字と官職名との間に「の」は挟まないものであった。だからこそ、誰もが、「伴大納言《ばんだいなごん》」を「ばんのだいなごん」とは読まないのであり、また、「伴の大納言」などとは表記しないのである。

ところが、われわれ現代人は、「源典侍」を「げんのないしのすけ」と呼んでしまうし、また、「源の典侍」という表記を用いてしまう。しかも、「げんのないしのすけ」や「源の典侍」は、現代の『源氏物語』の読者たちの間で、かなりの程度に定着していたりする。今や、中学校の国語の教員たちや高等学校の古典の教員たちどころか、大学の日本文学の教授先生さえもが、当たり前のように、「げんのないしのすけ」と読み、「源の典侍」と書いているのではないだろうか。

それでも、源典侍は、典侍《ないしのすけ》の官職を持つ源氏の女性なのであって、あくまでも、「源典侍」と表記されるべきであり、「げんないしのすけ」と呼ばれるべきである。「源典侍」という呼称は、源氏の典侍が藤原氏の典侍（「藤典侍《とうないしのすけ》」）や橘氏の典侍（「橘典侍《きつないしのすけ》」）などと区別されるよう、男性たちが用いていた呼び分け方が応用されて産み出されたものなのである。

典侍の王朝時代

ところで、典侍というのは、王朝時代において、非常に重要な官職であった。それは、「内女房《うちのにょうぼう》」とも「上女房《うえのにょうぼう》」とも呼ばれて内裏《だいり》において天皇に仕《つか》えた女房《にょうぼう》たちの統括者だったのである。要するに、王朝時代の典侍は、内女房（上女房）たちの長であった。

律令の規定する本来の典侍は、その官職名にも表されているように、次官《すけ》であって、長官《かみ》ではない。それは、もともとは、内侍司《ないしのつかさ》という令制官司の次官に過ぎなかった。そして、内侍司はといえば、元来、天皇の秘書官を務める女官《にょかん》たちの官司であり、非常に重要な官司であって、その本来の長官は、尚侍《ないしのかみ》であった。

しかし、平安時代前期、尚侍であった藤原薬子《くすこ》が、平城《へいぜい》天皇の寵愛《ちょうあい》を得たことで、朝政への不当な介入を繰り返し、さらには、玉座を退いた平城上皇とともに、「平城太上天皇《へいぜいだいじょうてんのう》の変《へん》」とも「薬子《くすこ》の変《へん》」とも呼ばれる政変を引き起こしたために、内侍司および尚侍をはじめとする内侍司の女官たちの職務権限は、大幅に制限されてしまう。具体的に言えば、天皇の秘書官としては、新たに男性の官人たちが務める蔵人《くろうど》が設置されることになったことで、内侍司および内侍司の女官たちは、天皇の秘書官としての職務を奪われ、政治からは完全に切り離されてしまったのである。

これによって、尚侍・典侍・典掌《ないしのじょう》といった内侍司の女官たちの仕事は、着替えの手伝いや食事の折の給仕《きゅうじ》など、天皇の身の回りの世話に限定されることとなる。そうした仕事は、それぞれの貴族家に仕える女房たちの仕事と異なるところがなく、それゆえに、内侍司の女官たちは、やがて、「内女房」「上女房」と呼ばれるようになるのであった。

ただ、長官の尚侍だけは、ただ単に天皇の身の回りの世話をするだけの女房の一人としては扱われず、遅くとも王朝時代までに、天皇や皇太子の妃が帯びるべき官職として定着する。だからこそ、王朝時代の尚侍は、宮中の女房たちを統括する立場にはなく、その役割は、典侍によって担われることになったのである。

こうして内女房（上女房）たちの統括者となった典侍であるが、それは、なかなかの大役であった。なぜなら、宮中の女房たちをまとめるというのは、宮中を裏で支配することと同義だったからである。そして、そのため、典侍に任命される女性には、それなりの高い権威が求められた。

このような事情から、王朝時代には、天皇の乳母《めのと》が典侍に任命されることが慣例化する。当時の天皇たちには、生まれて間もなくから、複数の乳母が付けられていたわけだが、そのうちの一人が、典侍に任命されたのである。天皇の乳母が典侍として宮中を裏から牛耳《ぎゅうじ》るのであれば、他の内女房たちも、そうそう不満を漏らすこともできなかっただろう。

とすれば、『源氏物語』の源典侍も、桐壺帝《きりつぼてい》の乳母であったことになる。そして、そう考えるならば、彼女をめぐって、いろいろと合点がいくのである。彼女が高齢であったことにも、彼女が宮中で好き勝手に振る舞っていたことにも、そして、彼女が光源氏に恋慕《れんぼ》しても桐壺帝が止めようとしなかったことにも。

色好みの典侍

源典侍の存在が、どうしても『源氏物語』の読者たちの心に残るのは、やはり、その年齢に似合わない色好《いろごの》みぶりのゆえであろう。

彼女は、初めて物語に登場したとき、おそらくは天皇の寝所である清涼殿《せいりょうでん》の一室において、つい先ほどまで桐壺帝の頭髪を整えていた、というところであった。そして、そこには、父帝への朝の挨拶《あいさつ》のためであったろうか、光源氏も伺候《しこう》していたという。

すると、整髪を終えた桐壺帝が、着替えのために隣の部屋へと移動していった後に、源典侍と光源氏とが二人きりになる機会が生まれる。そして、その折に光源氏が眼にした源典侍の様子は、次の如くであった。

この内侍《ないし》、常《つね》よりも清《きよ》げに、様体《ようたい》・頭《かしら》つき、艶《なま》めきて、装束《しょうぞく》・ありさま、いと華《はな》やかに、好《この》ましげに見ゆるを、……

（この典侍殿は、いつもよりもこざっぱりとしていて、その姿勢や頭髪は優雅であり、その衣裳《いしょう》や着こなしはたいへん華やかでありまして、いかにも色好みであるように見えますのを、……）

これは、光源氏が十九歳になっていた紅葉賀《もみじのが》巻後半の一場面であるから、彼の父親の桐壺帝の乳母であった源典侍は、このとき、既に六十歳近くにもなっていたはずである。それにもかかわらず、一目で「好ましげに見ゆる（いかにも色好みであるように見える）」というのだから、彼女の色好みぶりは、かなりのものだったのだろう。

実際、光源氏が、「さも古《ふ》り難《がと》うも（いつまで若いつもりでいるのだろう）」と、やや不快に感じながらも、好奇心を抑えることができず、気を惹《ひ》こうとするかのような素振《そぶ》りを見せるや、源典侍は、「こよなく色《いろ》めきたり（このうえなく色っぽい）」という様子で、新しい恋をはじめようとする。しかも、光源氏の側では、あくまで悪ふざけに過ぎなかったにしても、老女との恋愛遊戯を「人《ひと》や見付《みつ》けん（誰かに見られたらどうしよう）」と、少なからず動揺していたにもかかわらず、源典侍の側では、「女《おんな》はさも思《おも》ひたらず」と語られるように、孫のような若者と恋に落ちることを、少しも恥ずかしがるところがない。彼女は、まさに色好みの老女であった。

では、この源典侍のような、自分の年齢を考えることのない色好みの貴族女性というのは、現実の王朝時代においても、本当に存在していたものなのだろうか。

当時の貴族女性は、一家の主婦となって家庭婦人として生きることを選んだ場合、ほとんど外出することもなく、夫との関係も、ただただ夫の帰宅を待つばかりとなるものであった。そうなると、女性の色好みというのは、なかなか難しいものであったろう。

しかし、女房として宮中や有力貴族家に出仕《しゅっし》した女性たちには、色好みの人生も可能である。彼女たちには、女性の側から積極的に男性を誘惑することさえ可能であった。

そして、そのような女性たちの一人に、老女ではないものの、年若い貴公子《きこうし》と深い関係になった熟女がいた。それが、一条《いちじょう》天皇の乳母であり典侍でもあった、藤原繁子《しげこ》である。

皇女を母親とする貴婦人

藤原繁子は、藤原道長にとって、父方の叔母《おば》にあたる女性であった。というのも、彼女は、道長の祖父の右大臣師輔《もろすけ》の娘であり、道長の父親の摂政太政大臣兼家《せっしょうだじょうだいじんかねいえ》の異母妹であったからである。

しかし、この繁子は、王朝時代の価値観においては、道長よりも、兼家よりも、ずっと尊貴な存在であったかもしれない。なぜなら、道長の母親の藤原時姫《ときひめ》は、摂津守《せっつのかみ》藤原中正《なかまさ》を父親とする中級貴族層の女性に過ぎず、兼家の母親の藤原盛子《もりこ》も、武蔵守《むさしのかみ》藤原経邦《つねくに》を父親とする中級貴族層の女性に過ぎないのに対して、繁子の母親は、醍醐《だいご》天皇皇女《おうじょ》の雅子《まさこ》内親王であるかもしれないからである。その雅子内親王は、村上《むらかみ》天皇の姉宮でもあった。

したがって、繁子は、『源氏物語』の登場人物で言うと、左大臣《さだいじん》を父親として大宮《おおみや》（桐壺帝の妹宮）を母親とする葵《あおい》の上《うえ》ほどに尊貴な生まれであったかもしれないことになる。繁子の父親の師輔も、関白太政大臣《かんぱくだじょうだいじん》忠平《ただひら》を父親として一世源氏《いっせいげんじ》の右大臣源能有《よしあり》の娘である昭子《あきこ》を母親とする身であったものの、それでも、生まれの高さでは、やはり、皇女を母親とする繁子に勝ちを譲らねばなるまい。

しかし、繁子というのは、かなり自由に生きた女性であったらしく、藤原詮子《あきこ》が円融《えんゆう》天皇のもとに入内《じゅだい》すると、おそらくはその初めから、女御となった詮子に仕える女房の一人になっていた。詮子はというと、道長の同母姉であり、兼家の娘であって、繁子には姪《めい》にあたる。繁子を詮子の女房として採用したのは、当然、詮子の父親の兼家であったろうが、彼としては、異母妹とはいえ、血を分けた妹の繁子ならば、大切な娘の側《そば》に置くのに打って付けの人材だと考えたのだろう。あるいは、計算高い兼家のことだから、高貴な生まれの繁子を女房とすることで、詮子に箔《はく》を付けようとしたのだろうか。

ただ、女房とはいえ、叔母にあたる女性であるから、しかも、皇女を母親とするやんごとない女性であったとすれば、若い頃の詮子は、ときに繁子の扱いに困ったりもしたことだろう。詮子自身は、道長と同じく中級貴族の娘を母親とする身だったのである。

なお、詮子が入内したのは、天元《てんげん》元年（九七八）八月のことであり、その当時、詮子は十七歳であった。これに対して、天慶《てんぎょう》九年（九四六）の生まれと推測される繁子は、天元元年には既に三十三歳になっていた。そして、その年齢からすると、詮子の女房となった頃の繁子は、既に未婚ではなかっただろう。さらに言えば、彼女は、一度は結婚したものの、その結婚が解消されて、再び独身に戻ってから、詮子のもとに出仕したのかもしれない。例えば、清少納言《せいしょうなごん》にしても、紫式部《むらさきしきぶ》にしても、離婚

藤原繁子を中心とする人物関係図

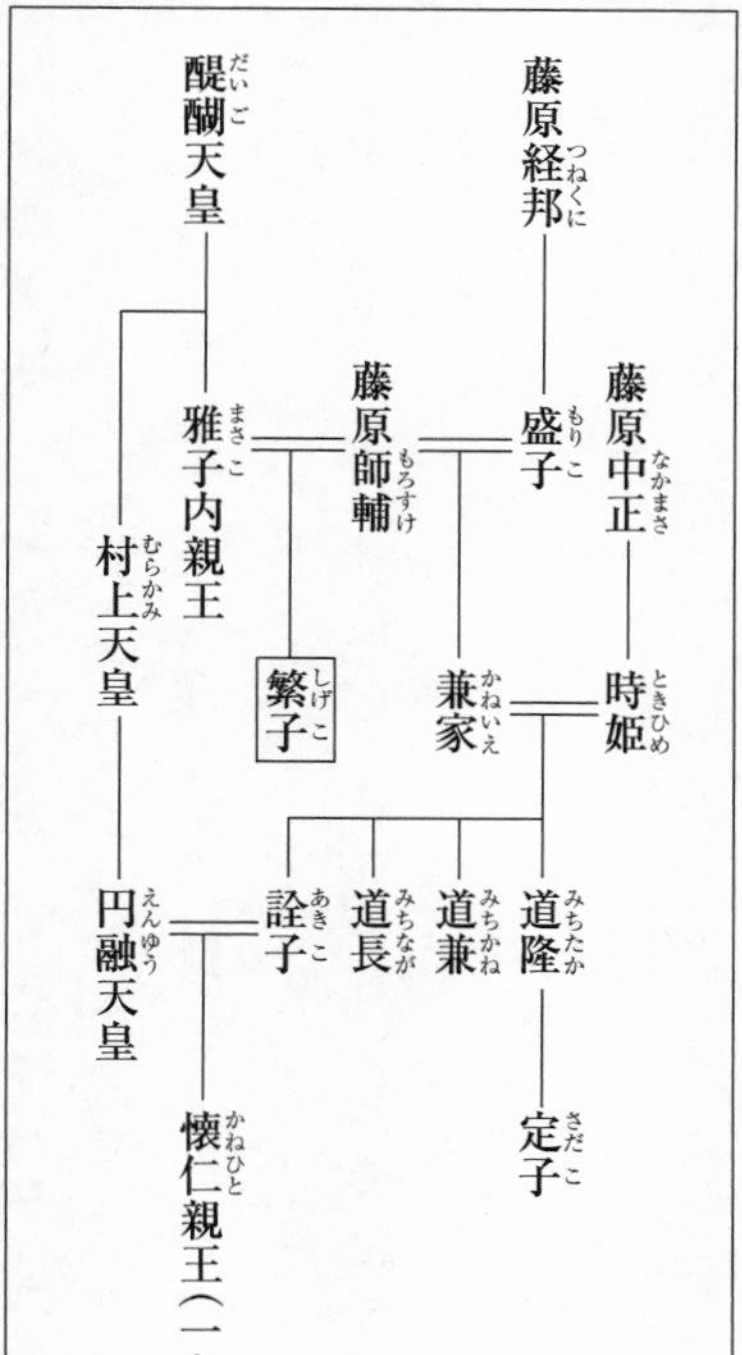

であれ、死別であれ、何らかのかたちで結婚生活の終わりを見たうえで女房勤めをはじめたのであったが、それは、繁子も同じだったのではないだろうか。

そして、天元三年（九八〇）六月、詮子が円融天皇第一皇子の懐仁《かねひと》親王を産むと、この皇子の乳母に選ばれたのは、他ならぬ繁子であった。皇子の生母の叔母であり自らも皇女の娘である繁子は、やがて一条天皇となる若宮《わかみや》の乳母を務めるにふさわしい女性だったのである。

天皇と乳母との関係

王朝時代には、皇子や皇女には、朝廷が経費を負担することで、少なくとも三人の乳母が付けられることになっていた。したがって、一条天皇（懐仁親王）の乳母も、けっして繁子だけだったわけではない。が、その生まれの高さや皇子との血縁関係の近さからして、第一の乳母と見做《みな》されたのは、やはり、繁子その人であったろう。

そして、それゆえであろう、彼女は、一条天皇が元服《げんぷく》して周囲から大人として扱われるようになって以降も、天皇と家族のような馴《な》れ馴《な》れしい関係を保ち続けていた。その最も顕著な例としては、『枕草子《まくらのそうし》』が「円融院《えんゆういん》の御果《おんは》ての年《とし》」という書き出しで伝える、次のような逸話《いつわ》を挙げるのが適切であろう。

それは、その前年に崩御した円融法皇の喪《も》も明《あ》けて、一条天皇をはじめとする宮中の全ての人々が通常の生活に戻りはじめていた、正暦《しょうりゃく》三年（「円融院《えんゆういん》の御果《おんは》ての年《とし》」）のある日のことであった。雨が降りしきる中を、蓑笠《みのかさ》をまとっていて「蓑虫《みのむし》のやうなる」と評されるような大柄《おおがら》の童《わらわ》が、宮中の繁子の局《つぼね》を訪れると、一通の手紙を置いていく。が、その手紙というのは、差出人が不明であったうえに、円融法皇の喪が軽んじられていることへの怨《うら》みに満ちた内容の、何とも薄気味悪《うすきみわる》いものであった。

そんな奇怪な手紙を送り付けられた繁子は、一条天皇と中宮《ちゅうぐう》藤原定子《さだこ》とに相談する。ところが、天皇は、何も応えるところがなく、定子などは、真顔で「昔《むかし》の鬼《おに》の仕業《しわざ》とこそ思《おぼ》ゆれ（古くからいる鬼の仕業としか思えないわね）」と言うばかり。これは、かえって繁子を怖がらせたことだろう。ちなみに、右の定子の発言は、鬼は蓑笠姿で人前に顕《あらわ》れるという上代からの鬼観念を踏まえている。

しかし、結局のところ、その不気味な手紙は、一条天皇と中宮定子との悪戯《いたずら》であった。一条天皇は、しばらくは繁子が狼狽《うろた》えている様子を眺めていたものの、やがて、怪しい手紙は自身が用意したものであることを明かし、「使《つか》ひに行《い》きける鬼童《おにわらわ》（手紙を届けた鬼のような童）」の正体をも明かしたのである。

これは、なかなか質《たち》の悪い悪戯であるが、とはいえ、担がれた繁子が本気で怒り出すことはなかった。彼女の反応は、「ただ責《せ》めに責《せ》め申《もう》し、恨み聞《き》こえて笑《わら》ひ給《たま》ふに」というものだったのである。繁子は、口では天皇を相手に悪態《あくたい》を吐《つ》きながらも、天皇と一緒に笑い出したのであった。

こんな逸話のある繁子は、一条天皇にとって、まさに家族だったのだろう。乳母たる繁子は、常に一条天皇に慈愛を注ぎ、一条天皇もまた、常に繁子に孝養を尽くしていたに違いない。繁子が一条天皇の元服の後も宮中に留まっていたのも、一条天皇が繁子に典侍という高い官職と従三位《じゆさんみ》という高い位階《いかい》とを与えたのも、それゆえのことであろう。

そして、おそらくは、『源氏物語』の源典侍もまた、桐壺帝にとっては、そうした存在だったのだろう。さもなくば、典侍として宮中を裏で牛耳っていた彼女でも、帝の寝所である清涼殿でまで、思うままに色好みを楽しむことはできなかったのではないだろうか。

「藤典侍」「藤三位」の色好み

なお、われらが繁子は、一条天皇の時代において、「藤典侍《とうないしのすけ》」と呼ばれた他に、「藤三《とうさん》位《み》」とも呼ばれていた。というのも、彼女は、典侍の官職を帯びていた他に、従三位の位階を持っていたからである。

そして、この「藤典侍」とも「藤三位」とも呼ばれた貴婦人は、『源氏物語』の源典侍に劣らず、なかなかの色好みの女性であった。

永観《えいかん》二年（九八四）というと、やがて一条天皇として即位する懐仁親王が、花山《かざん》天皇の皇《こう》太子《たいし》に立てられた年であるが、その年のこと、当時はまだ皇太子の乳母に過ぎなかった繁子が、一人の女児を産んでいる。それは、三十九歳にしての出産であったから、繁子というのは、ずいぶんと丈夫な身体《からだ》を持つ女性だったのだろう。また、早くも四十歳から老人扱いされたのが王朝時代であるから、繁子という女性は、「嫗《おうな》」と呼ばれるようになる直前で子供を産んだことになる。

が、三十九歳で無事に出産したことだけが、繁子の身体的・精神的な若さを物語るわけではない。なぜなら、繁子が永観二年に産んだ娘の父親が、何と、繁子より十五歳も若い貴公子だったからである。しかも、その貴公子は、彼女の甥《おい》であった。つまり、繁子は、遅くとも三十八歳のときから、十五歳年下の甥っ子と、男女の関係を持っていたのである。

そして、二十余歳にして十五歳も年上の叔母と愛人関係を持った繁子の甥とは、藤原道兼《みちかね》であった。彼は、兼家の三男にして、道長の同母の次兄である。また、彼は、繁子と男女の関係になった頃には、ようやく殿上人《てんじょうびと》になった程度にしか出世していなかったものの、既に従姉妹《いとこ》にあたる藤原遠量女《とおかずのむすめ》と結婚していて、あるいは、「福足《ふくたり》」の童名《わらわな》で知られる長男を授《さず》かってさえいたかもしれない。したがって、彼にとって、叔母の繁子は、あくまで火遊びの相手に過ぎなかっただろう。

もちろん、繁子にしても、道兼に本気で入れ上げていたということはあるまい。王朝時代にもなると、乳母というのは、必ずしも自ら若君《わかぎみ》や姫君《ひめぎみ》に乳を与えなくてもいいようになっていたから、懐仁親王の乳母を務めた繁子も、親王が幼かった頃にも、子供のいる人妻であったとは限らない。むしろ、独身者として女御詮子《にょうご》の女房となった繁子は、その後も独身のままでいたのではないだろうか。そして、それゆえに、彼女には、十五歳も年下の妻子持ちの甥っ子を愛人にするなどという、ずいぶんなことができたのだろう。ただ、それは、彼女にとっても、ちょっとした火遊びだったはずである。

なお、繁子と道兼との逢瀬《おうせ》の場は、兼家の本宅で詮子の里第《りてい》でもあった東三条殿第《ひがしさんじょうどの》の一角であったろう。皇子の乳母であった繁子は、東三条殿第のいずこかに、他の女房たちのそれよりも広めの局《つぼね》を与えられていたはずである。が、乳母であった彼女には、東三条殿第を離れることは難しかっただろう。とすれば、彼女が逢瀬を楽しむには、愛人を自身の局に引き入れる以外にはなかったはずである。そして、兼家の息子であり詮子の同母兄であった道兼ならば、東三条殿第には出入りも自由であった。

コラム②

「車争い」のリアル　清少納言が見た行列見物の中の騒動

貴族女性たちにとっての行列見物

天皇の行幸《ぎようこう》の行列でも、賀茂祭《かものまつり》の勅使《ちよくし》の行列でも、都《みやこ》の大路《おおじ》を通る行列を見物《けんぶつ》することは、王朝時代の都の住人たちにとって、最高の娯楽であった。

ただ、貴族層の女性たちにとっての行列見物は、ただただ行列の壮麗《そうれい》さに眼を奪われていればいいというものではなかった。なぜなら、彼女たちは、行列見物の場において、自《みずか》らも他の見物人たちから見物されることを望んでいたからである。行列見物というのは、なかなか外出することのない貴族女性たちにとって、数少ない自己主張の機会でもあった。

次に引用する『枕草子《まくらのそうし》』の一節は、こうした事情を、実にわかりやすく教えてくれる。

よろづのことよりも、侘《わび》しげなる車《くるま》に装束悪《しようぞくわる》くて物見《ものみ》る人《ひと》、いともどかし。説《せつ》教《きよう》などはいとよし。罪失《つみうしな》ふことなれば。それだになほ強《あなが》ちなるさまにては見苦《みぐる》しきに、況《ま》して、祭《まつり》などは見《み》でありぬべし。下簾《したすだれ》なくて、白《しろ》き単衣《ひとえ》の袖《そで》などうち垂《た》れてあめりかし。

ただ「その日《ひ》の料《りよう》」と思《おも》ひて車《くるま》の簾《す》も仕立《した》てて、「いと口惜《くちお》しうはあらじ」と、出《い》でたるに、勝《まさ》る車《くるま》など見付《みつ》けては、「何《なに》しに」と思《おぼ》ゆるものを、況《ま》いて、いかばかりなる心《こころ》にてさて見《み》るらん。

（どんなことよりも、みすぼらしい牛車《ぎつしや》に乗って衣裳《いしよう》もみっともなくて見物する人が、どうにも見ていられません。説法《せつぽう》の聴聞《ちようもん》なら、それでもいいでしょう。滅罪《めつざい》のための行為ですから。ただ、その場合でさえ、あまりにも気遣《きづか》いがない格好では見苦《みぐる》しいものですのに、ましてや、そんな見苦しい姿の人は、賀茂祭《かものまつり》の行列などは見物しないでもらいたいものです。そういう人は、牛車の簾《す》の内側に絹製の目隠しをかけることなく、簾の下から白い単衣《ひとえ》の袖《そで》なんかを垂《た》らしていたりするんですとか。

とにかく「見物の日のために」と思って牛車の簾までも新調して、「これなら残念な格好ということはないはずだわ」と、自信を持って出かけたのに、それよりも素敵《すてき》な牛車を見付けてしまうと、「私、何をしに出かけてきたのかしら」とがっかりするものなのに、ましてや、初めからみっともない格好で見物に出かける人というのは、どんな気持ちで見物をしているのかしら。）

行列の見物を楽しむための外出であるはずが、自身が見物の対象となることを強く意識しなくてはならないとは、何ともご苦労なことである。しかし、ここに清少納言の言うところは、現代においても、あるいは、女性の皆さんにならば、それなりに共感できたりするのだろうか。

行列見物のための我慢

とはいえ、誰も彼もが楽しみにしていたのが、王朝時代の行列見物というものであるから、それをスマートにエレガントに楽しむことは、ほとんど不可能であった。

次の引用は、先ほどの『枕草子』の一節の続きである。

「よき所《ところ》に立《た》てん」と急《いそ》がせば、早《と》く出《い》でて待《ま》つほど、居入《いい》り立《た》ち上《あ》がりなど、暑《あつ》く苦《くる》しきに困《こう》ずるほどに、斎院《さいいん》の垣下《えが》に参《まい》りける殿上人《てんじょうびと》・所《ところ》の衆《しゅう》・弁《べん》・少納言《しょうなごん》など、七《なな》つ八《や》つと率《ひ》き続《つづ》けて、院《いん》の方《かた》より走《はし》らせて来《く》るこそ、「事《こと》、成《な》りにけり」と驚《おどろ》かれて、うれしけれ。

（「いい場所に牛車《ぎっしゃ》を駐《と》めたい」と従者たちを急《せ》かして、早くに出かけて一条《いちじょう》大路《おおじ》で待つ間、座ったり立ったりして、暑くて辛《つら》いのに疲《つか》れはじめた頃、賀茂斎《かものさい》院《いん》さまを迎えに行っていた殿上人《てんじょうびと》・蔵人所《くろうどどころ》の衆《しゅう》・弁官《べんかん》・少納言《しょうなごん》などが、七輛《りょう》とか八輛とかを連《つら》ねて、斎院さまの御所《ごしょ》の方から列見《れけん》の辻《つじ》へと牛車《ぎっしゃ》を走らせて来ますのが、「斎院さまの出立《しゅったつ》の準備が整《ととの》ったのだわ」と、正気《しょうき》に戻らされて、うれしいものです。）

行列を見物するのに都合のいい場所を確保しようと思えば、早くから出かけて早くから見物の場に陣取るしかない。だが、それが夏のこととなれば、目当ての行列が来るまでの間、ひたすら暑さを我慢することになる。特に、貴族女性たちの乗る牛車は、外から中の様子がはっきりと見えたりしないよう、簾の内側に絹製の目隠しをかけているものであったから、通気性が悪く、その内部は、ずいぶんと暑かったことだろう。

なお、都の人々に恒例の行列見物の機会を提供していた賀茂祭は、まさしく夏の祭礼であった。王朝時代の都の住人たちの間では、ただ「祭《まつり》」と言えば、それは賀茂社の例祭を意味したのであったが、その祭日は、四月の中酉日《なかのとりのひ》（二度目の酉日《とりのひ》）と決まっていたのである。そして、旧暦の四月の中酉日は、今の暦《こよみ》では、概《おおむ》ね、五月下旬から六月初旬までの一日となる。

ついでながら、『源氏物語』の描くさまざまな事件の中でも特に有名なものの一つとなっている、葵《あおい》巻の所謂《いわゆる》「車争《くるまあらそ》い」が起きたのは、賀茂祭当日の勅使の行列を見物する場においてではない。この点については、誤解が広く定着してしまっているように見受けられるが、そのとき、葵《あおい》の上《うえ》・六条《ろくじょうの》御息所《みやすどころ》の二人の女君《おんなぎみ》たちが見物しようとしていたのは、賀茂祭の数日前の、賀茂斎院の御禊《ごけい》の行列だったのである。賀茂斎院は、賀茂祭に先立ち、賀茂川《かもがわ》において「御禊」と呼ばれる禊祓《みそぎはらえ》を行うことになっていたのであって、王朝時代には、その折の賀茂斎院を主役とする行列も、数多《あまた》の見物人を集めていたのであった。

行列見物の作法

しかし、賀茂斎院の御禊の行列を見に出かけたとはいえ、葵の上にしても、六条御息所にしても、特に賀茂斎院に興味があったわけではなかった。彼女たちの目当ては、その行列に加わる光源氏だったのである。もちろん、あの光り輝く貴公子《きこうし》の光源氏のことであるから、彼は、彼女たち以外の女性たちにとっても、注目の的であったろうが。

そのときの行列および行列見物の様子は、葵巻において、以下の如くに描かれている。

げに、常《つね》よりも好《この》み調《ととの》へたる車《くるま》どもの、我《われ》も我《われ》もと乗《の》りこぼれたる下簾《したすだれ》の隙間《すきま》どもも、さらぬ顔《かお》なれど、微笑《ほほえ》みつつ後目《しりめ》に留《とど》め給《たま》ふもあり。大殿《おおとの》のは著《しる》ければ、真《ま》面《め》だちて渡《わた》り給《たま》ふ。御供《おんとも》の人々《ひとびと》うち畏《かしこ》まり心映《こころば》へありつつ渡《わた》るを、……

この日の光源氏は、数多の見物の牛車たちのうち、特に眼に着く装いの牛車に対しては、流《なが》し目《め》のサービスを忘れなかった。見物に訪れた貴族女性たちは、誰もが、いつもよりも牛車を美麗《びれい》に仕立てていた（「常《つね》よりも好《この》み調《ととの》へたる」）が、彼女たちは、自身もまた、周囲の見物人たちに見物されるのみならず、光源氏をはじめとする行列の中の人々によって値踏《ねぶ》みされることを、よくわかっていたのだろう。
しかし、現実の賀茂斎院の御禊の行列であれば、その主役は、あくまでも賀茂斎院である。そして、その賀茂斎院の乗る輿《こし》が通過するときには、牛車に乗っている見物人たちは、次に引く『枕草子』の一節に見えるように、ある作法を守らなければならなかった。

御輿《みこし》の渡《わた》らせ給《たま》へば、轅《ながえ》ども、ある限《かぎ》りうち下《お》ろして、過《す》ぎさせ給《たま》ひぬれば、惑《まど》ひ上《あ》ぐるもをかし。

（賀茂斎院《かものさいいん》さまの輿《こし》が一条大路《いちじょうおおじ》をお通りになると、見物の牛車《ぎっしゃ》という牛車は、斎院さまに敬意を払って、轅《ながえ》を榻《しじ》から下ろして、斎院さまの輿が通り過ぎると、それぞれの牛車が慌《あわ》てて轅を榻に掛《か》け直《なお》すのも、おもしろいものです。）

見物人の牛車は、見物している間、牛を外して、轅を榻に置いているものであった。轅というのは、牛車の前方に伸びている、牛を固定する棒状の部分であり、榻というのは、牛車に乗り降りするときには踏台《ふみだい》としても用いる、机状の道具である。が、その眼前を行列の主役が通るときには、見物の牛車は、轅を榻から外して、車体を前傾させなければならなかった。そうすることによって、行列の主役に敬意を表したのである。

ちなみに、右の『枕草子』からの引用は、先ほどまでの『枕草子』の引用の続きである。したがって、清少納言が「よろづのことよりも、侘《わび》しげなる車に」とはじまる一段において描いた行列見物も、賀茂斎院の御禊の行列の見物であったことになろう。

清少納言が見た「車争い」

そして、『枕草子』の「よろづのことよりも、侘しげなる車に」の段には、次に引く如く、まだ続きがある。

その前《まえ》に立《た》つる車《くるま》は、いみじう制《せい》するを、「などて立《た》つまじき」とて、強《し》ひて立《た》つれば、言《い》ひ煩《わずら》ひて、消息《しょうそく》などするこそをかしけれ。

（自分の牛車《ぎっしゃ》の前に駐《と》まろうとする牛車は、頻《しき》りにそこに駐めないように言っても、従者たちが「どうしてここに駐めてはいけないんだ」と言って、無理矢理《むりやり》に駐めようとするので、相手の従者たちに幾《いく》ら言っても埒《らち》が明《あ》かず、牛車に乗っている主人と交渉しはじめたりするというのも、おもしろいものです。）

何やら雲行きが怪しくなってきたが、ここに見えるようなトラブルは、行列見物には付きものであった。それだけ、王朝時代の人々は、行列見物を楽しみにしていたのである。

そして、混雑を極める見物の場に、他を圧倒するほどの有力貴族家の一団が登場すると、ときには、『源氏物語』に描かれるような「車争い」が、現実のものとなる。それを教えてくれるのが、次に引く『枕草子』のさらなる続きである。

所《ところ》もなく立《た》ち重《かさ》なりたるに、よき所《ところ》の御車《みくるま》・副車《ひとだまい》、引《ひ》き続《つづ》きて多《おお》く来《く》るを、「いづこに立《た》たむとすらん」と見《み》るほどに、御前《みさき》どもただ下《お》りに下《お》りて、立《た》てる車《くるま》どもを、ただ退《の》けに退《の》けさせて、副車《ひとだまい》まで立《た》て続《つづ》けさせつるこそ、いとめでたけれ。追《お》ひ退《さ》けさせつる車《くるま》どもの、牛掛《うしか》けて所《ところ》ある方《かた》に揺《ゆ》るがし行《い》くこそ、いと侘しげなれ。きらきらしくよきなどをば、いとさしも押《お》し拉《ひし》がず。

（隙間《すきま》なく牛車が立ち並んでいるところに、有力貴族家の牛車やその家の女房たちが乗る牛車がぞろぞろとやって来るのを、「どこに駐《と》めるのかしら」と見ていますと、先導役の従者たちが、次々と馬を下《お》りて、先に駐まっていた牛車たちを、どんどん追い払い、主人の牛車ばかりか女房たちの牛車までを駐めさせますのは、たいへんすばらしいものです。

いい場所を奪われた牛車たちが、牛を付けて、空《あ》いている場所へと（乱暴に押《お》し退《の》けられたときに破損したために）ギシギシと揺れながら向かうのは、ひどく悲しそうに見えます。それでも、きれいに装《よそお》った格好のいい牛車などは、有力貴族家の従者たちも、ひどく手荒《てあら》に扱ったりはしないものなのです。）

これは、有力貴族家による理不尽な暴力でしかない。それを、清少納言が「いとめでたけれ」と賞賛《しょうさん》するのは、同様の暴挙が、中宮《ちゅうぐう》藤原定子《さだこ》の周辺にも見られたからだろうか。

行列見物の場でも争わない恋敵たち

『源氏物語』葵巻において、葵の上の従者たちが六条御息所の乗る牛車に狼藉《ろうぜき》を働いたのは、けっして、葵の上が六条御息所を虐《しいた》げることを望んだからではない。葵の上は、光源氏の正妻であったとはいえ、その愛人の六条御息所に制裁を加えようなどと思うほどには、光源氏に執着していなかったのである。例の「車争い」は、あくまでも、葵の上の従者たちが、酒に酔っていたこともあって、勝手に引き起こしたものであった。

ただ、事件の根底に光源氏・葵の上・六条御息所の三角関係があったことは、間違いない。その客観的な事実としての三角関係は、常日頃《つねひごろ》から、葵の上自身の気持ちとは関係なく、葵の上の従者たちに六条御息所への反感を持たせていたのである。

しかしながら、行列見物の場において、恋敵《こいがたき》どうしである二人の貴族女性が出くわしたからといって、いつでも「車争い」のような見苦しい事件が起きたわけではない。

例えば、嫉妬深《しっとぶか》いことで知られる『蜻蛉日記《かげろうにっき》』の作者でさえ、康保《こうほ》三年（九六六）の賀茂祭の当日、「祭見《まつりみ》に出《い》でたれば」と、勅使の行列を見物するために出かけた先で、「かのところも出《い》でたりけり」と、彼女の夫のもう一人の妻（「かのところ」）の牛車を見かけたものの、暴力的な事件を起こしてはいない。彼女は、自《みずか》ら平静を保つとともに、従者たちにも余計なことはさせなかったのである。

そして、藤原道綱母《みちつなのはは》は、その折、むしろ、恋敵を相手に、友好的な接触を試みる。すなわち、彼女は、手元にあった橘《たちばな》の実《み》に賀茂社のシンボルである葵《あおい》を添《そ》えて、これを、藤原兼家《かねいえ》のもう一人の妻である藤原時姫《ときひめ》に贈ったのである。恋敵に対して、何とも平和的で友好的な対応であろう。

とはいえ、道綱母も、恋敵を前に、ただただ媚《こ》びたわけではない。彼女は、この接触によって、相手の力量を計ろうともしていたのである。だから、彼女は、先ほどの橘の実に、葵のみならず、次のような和歌の上《かみ》の句《く》をも添《そ》えていた。歌人《かじん》として知られる彼女は、気の利《き》いた下《しも》の句《く》を付けられるか否《いな》か、時姫の知性を試したのである。

「　あふひとか　聞《き》けども他処《よそ》に　たちばなの　」

（今日は恋《こい》しい人と逢《あ》う日《ひ》（葵《あふひ》）と聞いていますのに、他処《よそ》にお立《た》ち（橘《たちばな》）とは）

これに対して、時姫は、「やや久《ひさ》しうありて」と、しばらく時間をかけて、どうにか返事をしてきたという。となれば、返事の内容にかかわらず、この勝負、道綱母の勝ちであろう。こうした余興《よきょう》には、何よりも即時性が求められるのである。

なお、時姫の返事の内容が気になる方には、『蜻蛉日記』の本文をご覧いただきたい。

「車争い」のいろいろ

しかし、道綱母も、行列見物の場において、強烈な敗北感を味わったことがある。それは、天延元年《てんえん》（九七三）の三月下旬、石清水八幡宮《いわしみずはちまんぐう》の祭礼に遣《つかわ》される勅使の行列を見物しに出かけたときのことであった。

道綱母が見物によさそうな場所に駐めた牛車の中で行列の到来を待っていると、周囲の見物人たちを追い散らしながらやって来る、たいそう派手な装《よそお》いの牛車があった。そして、道綱母がそちらを見ると、傍若無人の勢いで近付いてくるのは、夫の兼家の牛車だったのである。天延元年の兼家はといえば、その前年に権大納言《ごんのだいなごん》になったところであったから、ずいぶんな威勢であったろう。

すると、道綱母は、にわかに、「我《わ》が身《み》いとほしき心地《ここち》す」と、みじめな気持ちになってしまう。中級貴族家の出であり受領《ずりよう》の娘に過ぎない彼女は、摂関家《せつかんけ》の御曹司《おんぞうし》であって現に高い地位にある夫の威厳に満ちた姿を見せ付けられると、不意に、自分が夫には全く不釣り合いな妻であるように思えてならなかったのである。

これもまた、〈牛車をめぐる争い〉としての「車争い」の一つであろうか。

さらに、行列見物の場を離れたものであれば、この他にも、王朝時代には、「車争い」＝〈牛車をめぐる争い〉として、ずいぶんと興味深い事件が起きている。

『小右記《しようゆうき》』として知られる藤原実資《さねすけ》の日記によると、寛弘《かんこう》二年（一〇〇五）の四月二十三日のこと、大宰大弐《だざいだいに》藤原高遠《たかとお》の二人の妻たちが巻き起こしたのは、「車論《しやろん》」と呼ばれる諍《いさか》いであった。それは、おそらく、誰がどの牛車に乗るかをめぐる悶着《もんちやく》であったろうが、実は、その背景にあったのも、高遠と彼の二人の妻たちとの三角関係だったのである。

このとき、高遠は、朝廷に代わって九州の九つの国々を統括する大宰府《だざいふ》の実質的な長《か》官《み》である大宰大弐として、都から九州へと旅立とうとしていた。そして、彼は、この遠方への赴任に際して、よせばいいのに、二人の妻を同道させようとしていたのである。あるいは、それは、高遠の意図したことではなく、二人の妻たちが二人ともに同道することを主張した結果であったかもしれない。

いずれにせよ、この無理のある旅路は、その門出《かどで》からしてつまずくことになる。言うまでもなく、二人の妻たちが「車論」を起こしたからである。想像するに、彼女たちは、どちらが夫の高遠と同じ牛車に乗るかをめぐって揉《も》めたのだろう。そして、それが他人の日記に記録されて千年の後にまで伝わることになったのは、この諍《いさか》いが、高遠の正妻の座を賭《か》けた、女として譲れない「車争い」であったからなのではないだろうか。

第三章

恐るべき妃たちのリアル

「源氏物語絵色紙帖　花宴」

藤原安子《やすこ》——弘徽殿女御を凌ぐ後宮の暴君

呪詛の言葉を吐く弘徽殿女御

光源氏は、十八歳の秋、桐壺帝《きりつぼてい》の御前において、「青海波《せいがいは》」という舞《まい》を舞《ま》うことがあった。もちろん、その舞は、世にもすばらしいものであり、それを見た人々は、感動に涙を流さずにはいられなかったという。このあたりの紅葉賀《もみじのが》巻の本文は、次の如くである。

同《おな》じ舞《まい》の足踏《あしぶみ》・面持《おももち》、世《よ》に見《み》えぬさまなり。詠《えい》などし給《たま》へるは、「これや、仏《ほとけ》の御迦陵《おんかりよう》頻伽《びんが》の声《こえ》ならむ」と聞《き》こゆ。おもしろくあはれなるに、帝《みかど》、涙《なみだ》を拭《のご》ひ給《たま》ひ、上達部《かんだちめ》・親《み》王《こ》たちも、皆《みな》、泣《な》き給《たま》ひぬ。

（同じ舞であっても、光源氏さまの足運びや表情は、この世のものとは思われないほどにすばらしい様子でした。また、奏楽の合間《あいま》に光源氏さまがなさった漢詩句《かんしく》の吟詠《ぎんえい》も、「これこそが、極楽浄土《ごくらくじょうど》に棲《す》んでうつくしい声で鳴くという迦陵頻伽《かりようびんが》の鳴き声だろうか」と思わせるものだったのです。そして、これらが趣深《おもむきぶか》く感動的でしたために、桐壺帝さまは、涙をお流しになり、上級貴族さまたちや皇子《おうじ》さまたちも、誰《だれ》も彼《かれ》もが、お泣きになったのでした。）

実は、光源氏は、このとき、一人だけで舞ったわけではなかった。「青海波」というのは、もとより二人で舞うべき舞楽《ぶがく》であって、右の機会にも、光源氏は、頭中将《とうのちゅうじょう》を相方《あいかた》として舞ったのである。しかし、人々を感動させたのは、あくまでも、光源氏の舞であって、頭中将はというと、次のように語られる通り、すっかり存在感を失ってしまっていたらしい。

片手には、大殿《おおとの》の頭中将、容貌《かたち》・用意、人には異なるを、立ち並びては、なほ、花の傍《かたわ》らの深山木《みやまぎ》なり。

（光源氏さまとともに舞ったのは、左大臣家《さだいじんけ》の頭中将さまでして、この方《かた》も、容姿といい、仕草《しぐさ》といい、他の人々より優れていましたが、光源氏さまと立ち並んだのでは、やはり、花の隣の目立たない樹木のようなものでした。）

普通には誰からも賞賛《しょうさん》されるはずの容姿と才覚とを持ち合わせた頭中将であるが、その彼でさえも、光源氏の隣にいては、ただの引き立て役になってしまったのだという。そして、それほどまでにすばらしいのが、光源氏という貴公子《きこうし》であった。

弘徽殿女御を中心とする人物関係図

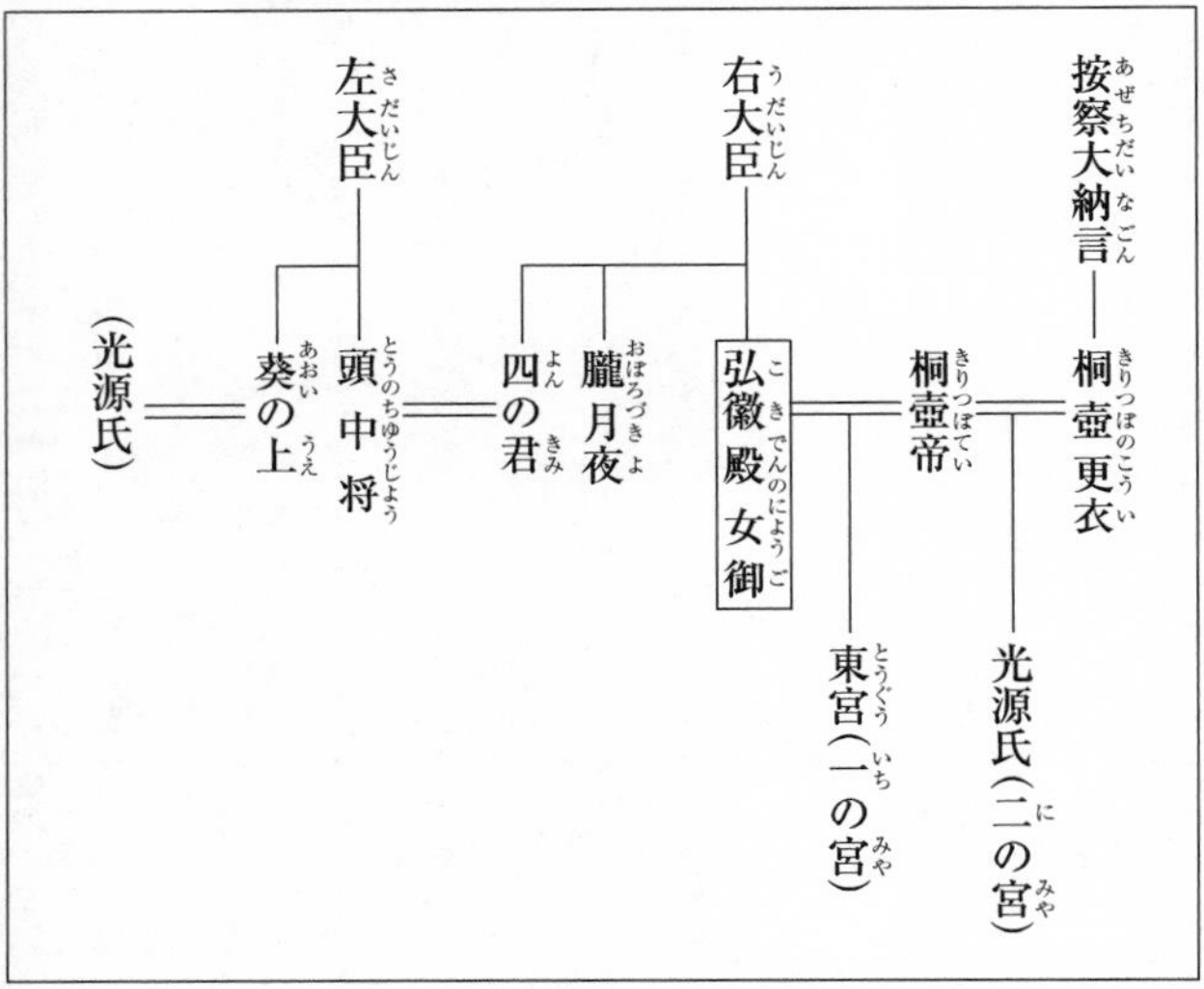

しかし、桐壺帝の後宮《こうきゅう》には、そんな光源氏を素直に賞賛しようとはしない女性がいた。彼女は、誰もが涙ぐむほどに感動した舞を見てもなお、光源氏に対して、賛辞を贈るどころか、こんな呪《のろ》いの言葉を吐いたのである。

「神《かみ》など、空《そら》に愛《め》でつべき容貌《かたち》かな。うたて、ゆゆし」

（神さまなどが気に入って天に召《め》し上《あ》げてしまうに違いないほどの容姿だわ。気味が悪く、忌《い》まわしいこと。）

そして、桐壺帝の最愛の皇子である光源氏に向かって、しかも、宮中において、誰に憚《はばか》ることなく、こんな呪詛《じゅそ》を投げ付けるのが、弘徽殿女御《こきでんのにょうご》という女性であった。彼女は、光源氏が大嫌いであったうえに、桐壺帝の後宮において、それを隠す必要がないほどの、絶大なる力を持っていたのである。

村上天皇を怯えさせる女御

現実の王朝時代の後宮において、『源氏物語』の弘徽殿女御にも負けないほどに大きな力を持っていた妃《きさき》といえば、やはり、村上《むらかみ》天皇の弘徽殿女御であろう。物語の弘徽殿女御が「弘徽殿女御」と呼ばれるのは、彼女が内裏《だいり》において弘徽殿《こきでん》を寝所としていたからである。そして、弘徽殿というのは、実際に存在する内裏の諸殿舎の一つであったから、「弘徽殿女御」と呼ばれる妃は、現実の王朝時代において、幾人《いくにん》も存在していたのであった。

では、村上天皇の時代の弘徽殿女御はといえば、それは、藤原安子《やすこ》という女性である。彼女は、右大臣《うだいじん》藤原師輔《もろすけ》の娘として入内《じゅだい》すると、三人の皇子と四人の皇女《おうじょ》とを産み、さらには、皇后《こうごう》（中宮《ちゅうぐう》）にも冊立《さくりつ》されて、村上朝の後宮に君臨したという。この安子の威勢は、もしかすると、物語の弘徽殿女御のそれをも凌《しの》ぐものでさえあったかもしれない。

弘徽殿女御藤原安子のことを、歴史物語の『大鏡《おおかがみ》』などは、まずは次のように紹介する。
村上《むらかみ》の先帝《さきのみかど》の御時《おんとき》の女御《にょうご》、多くの女御《にょうご》・御息所《みやすどころ》の中《なか》に、傑《すぐ》れてめでたく御《おわ》しましき。帝《みかど》も、この女御殿《にょうごどの》には、いみじう怖《お》ぢ申《もう》させ給《たま》ひ、有《あ》り難《がた》きことをも奏《そう》せさせ給《たま》ふことをば、否《いな》びさせ給《たま》ふべくもあらざりけり。

これによると、安子は、多くの妃がいた村上天皇の後宮において、特別待遇を与えられた妃であったらしい。いや、それどころか、彼女は、村上天皇からも恐れられていたらしく、彼女が言い出したことであれば、それが理不尽なことであったとしても、村上天皇には、はっきりと拒否することができなかったようなのである。

しかも、この暴君のような女御は、ひどく嫉妬深《しっとぶか》かった。嫉妬深い暴君とは、何とも始末に負えない存在であるが、そんな弘徽殿女御安子をめぐっては、『大鏡』が次のような逸話《いつわ》を伝えている。

ある夜のこと、村上天皇が安子の弘徽殿を訪れるものの、同殿はすっかり戸締《とじま》りをしてしまっていて、天皇でも、どこからも中に入ることができなかった。しかも、天皇が訪れたことを伝えても、一部なりとも戸締りが解かれることはない。また、その折に天皇に付き従っていた童《わらわ》は、一ヶ所だけ、人の気配のする戸口を見付けて、そこから戸を開けるように伝え

内裏図

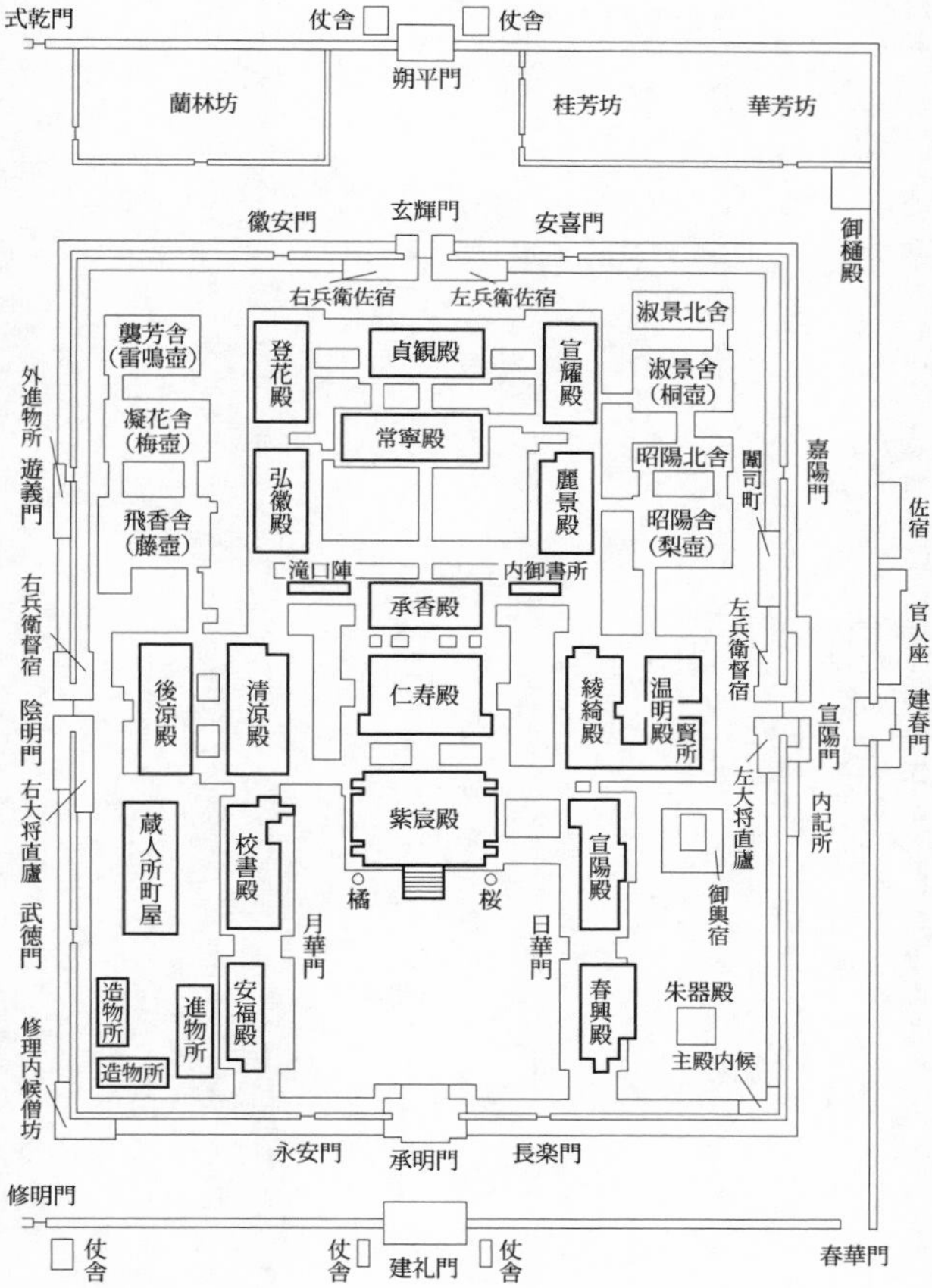
式乾門
仗舎
仗舎
朔平門
蘭林坊
桂芳坊
華芳坊
御樋殿
徽安門
玄輝門
安喜門
右兵衛佐宿
左兵衛佐宿
淑景北舎
襲芳舎
(雷鳴壺)
登花殿
貞観殿
宣耀殿
淑景舎
(桐壺)
外進物所
遊義門
凝花舎
(梅壺)
常寧殿
昭陽北舎
闈司町
嘉陽門
弘徽殿
麗景殿
佐宿
飛香舎
(藤壺)
昭陽舎
(梨壺)
滝口陣
内御書所
右兵衛督宿
承香殿
左兵衛督宿
官人座
後涼殿
清涼殿
仁寿殿
綾綺殿
温明殿
賢所
建春門
陰明門
宣陽門
右大将直廬
左大将直廬
内記所
紫宸殿
蔵人所町屋
校書殿
宣陽殿
橘
桜
御輿宿
武徳門
月華門
日華門
造物所
進物所
安福殿
春興殿
朱器殿
修理内候僧坊
造物所
主殿内候
永安門
承明門
長楽門
修明門
仗舎
仗舎
建礼門
仗舎
春華門

るのであったが、戸の内側からは、まともな返事はなく、ただただ笑い声が聞こえてくるばかりであった。

このとき、弘徽殿に安子がいたことは間違いなかろう。が、彼女は、女房《にようぼう》たちに命じて、戸締りをさせたうえに、天皇が何を言おうとも戸締りを解かせなかったのであった。そして、女房たちもまた、これに積極的に荷担《かたん》していて、戸の内側で天皇を嘲笑《あざわら》うようなことまでしたのである。

これに、村上天皇としては、「例《れい》のことなんなり」と言って清涼殿《せいりようでん》へと引き上げるしかなかったというが、「例のことなんなり」とは、「いつもの焼《や》き餅《もち》だろうな」ということである。後宮の暴君と化した妃は、嫉妬のゆえに、天皇を締め出すことさえしたのであった。

弘徽殿女御たちの権力基盤

この村上天皇の弘徽殿女御が、あくまでも臣下の一人に過ぎない身でありながら、好き勝手に振る舞うことを許された理由は、『源氏物語』の弘徽殿女御が、やはり臣下の一人でありながらも、傍若無人な言動を許されていた理由と、全く同じであった。

物語において、桐壺帝が弘徽殿女御には何かと気を遣わなければならなかったのは、彼女が、皇太子《こうたいし》の母親であったからに他ならない。この場合の皇太子とは、すなわち、物語の中では「東宮《とうぐう》」と呼ばれることが当たり前になっている、桐壺帝の第一皇子であり、やがて即位して読者たちの間では「朱雀帝《すざくてい》」と呼ばれることになる皇子である。

この光源氏には腹違いの兄にあたる皇子は、王朝時代の常識からすれば、生まれながらの皇太子であり、生まれながらの将来の天皇であったろう。彼は、同じ桐壺帝の皇子であっても、生まれた瞬間から天皇になる道が閉ざされていたような光源氏とは、決定的に異なる存在であった。

もちろん、この二人の皇子たちの命運を分けた要因は、生まれた順序などではない。皇太子になれなかった第一皇子など、幾《いく》らでもいるのである。そして、東宮と光源氏との決定的な違いは、その母親の家柄にあった。すなわち、光源氏の母親の桐壺更衣の父親は、何人かいる大納言《だいなごん》の一人に過ぎず、しかも、光源氏が生まれたときには既に故人であったが、東宮の母親の弘徽殿女御の父親は、左大臣《さだいじん》に次ぐ地位を占める右大臣《うだいじん》だったのである。

王朝時代の天皇たちには、最愛の皇子を皇太子に選ぶなどということは許されない。おそらくは、どの天皇にしても、最愛の妃が産んだ最愛の皇子を後継者にしたいと考えたことはあっただろう。が、その考えが実行されたことは、一度としてなかった。

というのも、いかに天皇の寵愛《ちょうあい》の深い皇子であっても、その母方《ははかた》の一族に政治力がない場合、やがて天皇となったとき、朝廷を安定させることができなかったからに他ならない。天皇の母方の祖父（外祖父《そとおおじ》）が大納言や中納言《ちゅうなごん》では、その新天皇を歓迎しない大臣たちが結託してサボタージュやボイコットを決め込んだとき、新天皇には、母親の実家の力を借りたとしても、朝廷の機能を維持することなど、全く不可能であったろう。

その点、桐壺帝の東宮の母親の弘徽殿女御は、右大臣家の娘であった。これなら、やがて東宮が天皇となったとき、右大臣家を中心とする政治勢力が新天皇の後ろ盾《うしろだて》となることは確実であったろう。また、桐壺帝には、左大臣家の娘を母親とする皇子はいなかったから、桐壺帝は、弘徽殿女御の産んだ第一皇子を皇太子にせざるを得なかったのである。

では、村上天皇の場合はというと、彼もまた、選択の余地などなしに、右大臣家の娘が産んだ第二皇子を皇太子とせざるを得なかった。なぜなら、彼にも、左大臣家の娘を母親とする皇子はなかったからであり、さらに、彼の第一皇子の母親も、大納言家の娘に過ぎなかったからである。村上天皇の状況は、桐壺帝の状況と非常に似通ったものであった。

そして、こうして他に選択肢のない中で一人の皇子が皇太子に選ばれたとき、その皇子の母親は、後宮において、天皇をも圧するほどの強大な力を持つものだったのである。

暴力に訴える後宮の暴君

藤原安子が産んだ村上天皇第二皇子の憲平《のりひら》皇子は、生後二ヶ月にして皇太子に立てられたが、すると、皇太子の母親となった安子は、それからほどなく皇后（中宮）に冊立《さくりつ》された。これは、奈良時代以来、皇后の産んだ皇子こそが、最も皇太子となるにふさわしいと見做《みな》されてきたためである。もっとも、この理念も、王朝時代においては、皇太子を産んだ妃こそが、最も皇后となるにふさわしい、というように、すっかり逆転したものになってしまっていたのであるが。

いずれにせよ、皇太子の母親となったばかりか、皇后にもなった安子は、皇太子の母親でありながら皇后にはなり得なかった『源氏物語』の弘徽殿女御よりも、さらに厄介《やっかい》な後宮の暴君になっていく。

これも、『大鏡』の伝えるところであるが、弘徽殿皇后となった安子は、あるときなど、村上天皇が寵愛する他の妃に対して、直接的な暴力を振るいさえしたのであり、しかも、そんな彼女を咎《とが》めることは、村上天皇にさえ不可能であった。

村上天皇が最も寵愛した妃は、皇后の安子ではなく、「宣耀殿女御《せんようでんのにょうご》」と呼ばれた藤原芳《よし》子《こ》であった。この女御は、安子の父親の右大臣師輔の同母弟の大納言師尹《もろまさ》の娘であって、安子とは従姉妹《いとこ》どうしの関係にあったが、おそらくはそれなりの美女であったろう安子よりも、さらにうつくしい容姿を持っていたらしい。『大鏡』によれば、彼女は、たいへん長くうつくしい黒髪を持つ、垂れ目《ため》の美人だったようである。

そんな芳子が、ある晩、村上天皇から夜伽《よとぎ》を仰せ付けられて、まずは、清涼殿の藤壺上《ふじつぼのうえの》御局《みつぼね》へと入った。「上御局《うえのみつぼね》」と呼ばれるのは、清涼殿の最も北側に設けられた部屋であり、そこは、夜伽に召された妃の控室として利用されていた。また、この上御局には、「藤壺上御局」と呼ばれる東側の一室と「弘徽殿上御局《こきでんのうえのみつぼね》」と呼ばれる西側の一室との二つがあったが、このとき、芳子が入ったのは、藤壺上御局の方であったという。

すると、弘徽殿上御局の方にも、安子がやって来る。もちろん、彼女の場合、夜伽に喚《よ》ばれていたわけではない。彼女は、押しかけるようにして、自らの意思で弘徽殿上御局に入ったのであったが、それは、憎むべき恋敵《こいがたき》の容姿を確認するためであった。すなわち、弘徽殿皇后安子は、村上天皇を虜《とりこ》にしているという宣耀殿女御の美貌を自らの眼で確かめようと、清涼殿まで足を運んだのである。

そして、安子は、芳子の姿を見ようと、あろうことか、二つの上御局を隔《へだ》てる壁に穴を開ける。しかも、さらにあろうことか、その眼に映った芳子の容姿に激しく嫉妬した安子は、壁に空いた穴を通して、芳子に食器の欠片《かけら》を投げ付けるのであった。

幸いにも、芳子にケガなどはなかったようだが、嫉妬に狂って直接的な暴力に訴えるなど、物語の弘徽殿女御にもない蛮行《ばんこう》である。が、これを咎める者は、誰一人としていなかった。村上天皇も、「これぱかりには、え堪《た》へさせ給《たま》はず、むつかり御《おわ》しまして」と、腹を立てはしたものの、弘徽殿皇后安子を叱《しか》ろうとはしなかったのである。

天皇に朝令暮改を強いる弘徽殿皇后

なお、現状において流布している内裏の見取図では、藤壺上御局と弘徽殿上御局との間に「萩戸《はぎと》」と呼ばれる部屋が見えることが当たり前になっている。が、右の話からすると、二つの上御局は、隣接していなければなるまい。

これについて、著者は、一般に普及している内裏図に誤りがあると考える。「萩戸」と呼ばれる部屋など、本当は、清涼殿のどこにもなかったはずである。二つの上御局のさらに北側の北廂《きたびさし》の東端には萩《はぎ》の絵が描かれた妻戸《つまど》があったというから、「萩戸」というのは、本来、この妻戸の名称であったろう。

そして、二つの上御局の間に「萩戸」と呼ばれる部屋などなかったからこそ、弘徽殿上御局にいた弘徽殿皇后が藤壺上御局にいた宣耀殿女御に食器の欠片を投げ付けるという事件が起きたのであったが、この件で処罰されたのは、弘徽殿皇后の兄弟たちであった。すなわち、さすがに、この一件に関してばかりは、我慢がならず（「え堪へさせ給はず」）、腹を立てた（「むつかり御しまして」）という村上天皇が、皇后の同母兄弟である伊尹《これまさ》・兼通《かねみち》・兼家《かねいえ》の三人に対して、謹慎《きんしん》の処分を言い渡したのである。

これは、傍目《はため》には、どうにも筋違《すじちが》いな処罰のようであるが、村上天皇には、一応、「こんなことは、女性が自《みずか》らするはずはなかろう。彼女の兄弟の伊尹・兼通・兼家などが唆《そそのか》してやらせたに違いない」という理屈があったという。とはいえ、結局のところは、かねてより安子に対しては「いみじう怖《お》ぢ申《もう》させ給《たま》ひ」という姿勢であった村上天皇が、八つ当たりをするようにして、叱りやすい関係者を叱っただけのことであろう。

しかも、村上天皇は、この八つ当たりの処分さえも、すぐに撤回せざるを得なくなり、さらにみっともないことになる。そして、天皇に処分の撤回を強《し》いたのも、弘徽殿皇后として後宮に君臨する安子であった。

安子は、兄弟が処分を受けたことを知るや、ただちに、村上天皇を弘徽殿へと喚《よ》び付《つ》け

清涼殿図

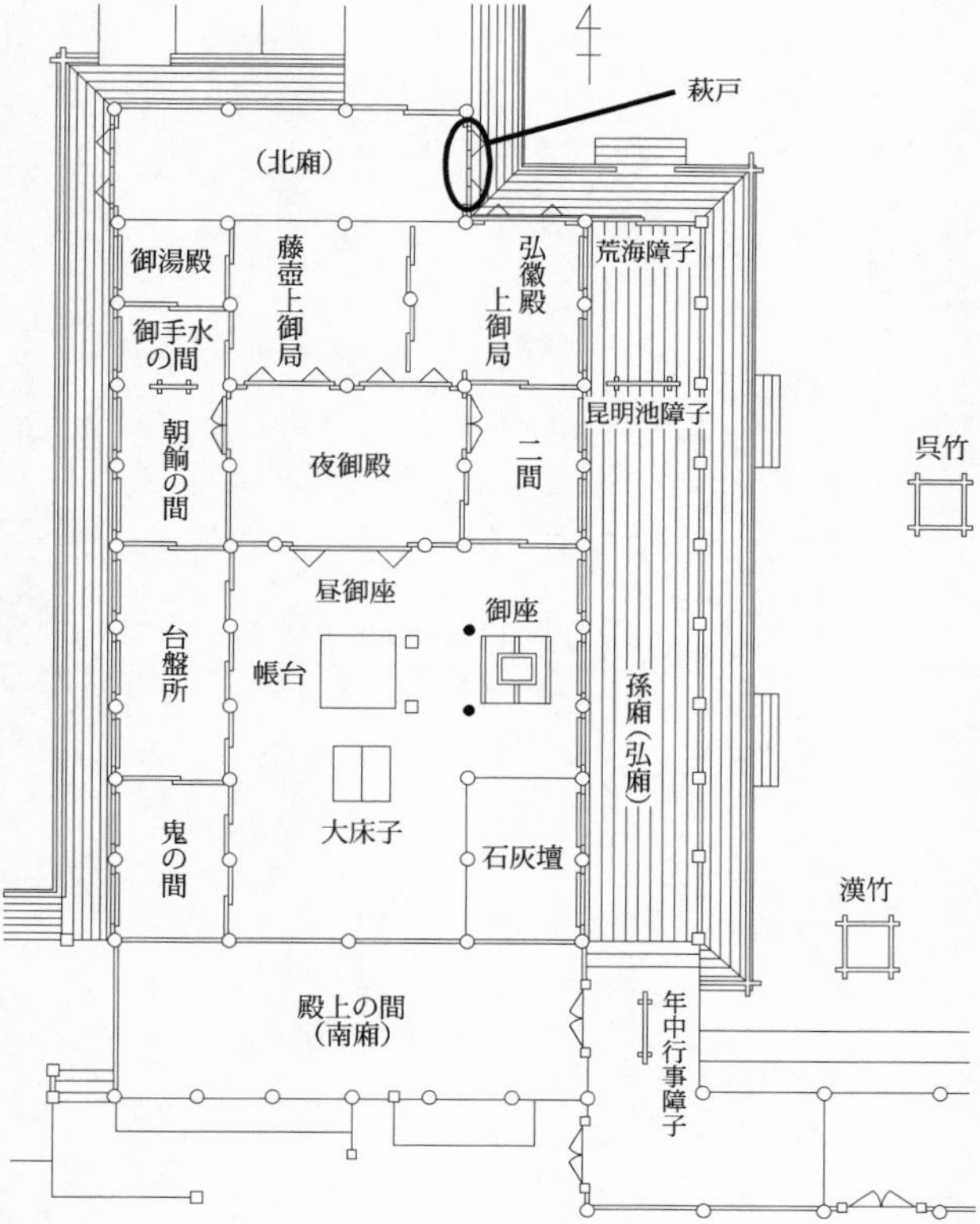
萩戸
（北廂）
御湯殿
藤壺上御局
弘徽殿上御局
荒海障子
御手水の間
昆明池障子
朝餉の間
夜御殿
二間
呉竹
昼御座
御座
台盤所
帳台
孫廂（弘廂）
大床子
鬼の間
石灰壇
漢竹
殿上の間（南廂）
年中行事障子

る。天皇の側では、最初、この喚《よ》び出《だ》しを無視していたのであったが、あまりにも度重《たびかさ》なる喚び出しがあったため、だんだんと後が怖くなっていき、結局は、弘徽殿へと足を運んでしまう。すると、安子の用件というのは、やはり、彼女の兄弟たちに下した処分の撤回の要求であった。彼女は、こう言い切ったという。

「いみじからむ逆《さか》さまの罪《つみ》ありとも、この人々《ひとびと》をば思《おぼ》し赦《ゆる》すべきなり」

(とんでもない大逆《たいぎやく》の罪《つみ》があったとしても、この人たちをお赦《ゆる》しにならなければなりません。)

律令に言う「大逆《たいぎやく》」とは、謀反《むほん》のような大罪《たいざい》のことである。それでも、「たとえ大逆の罪を犯そうとも、私の兄弟ならば、処罰されるはずがない」というのが、安子の理屈であった。ずいぶんな理屈であるが、村上天皇には、これに逆らうことができなかった。彼も、「処分を言い渡して、それをすぐに撤回しては、天皇の権威が損《そこな》われる」と言って、とりあえずの抵抗は試みたものの、結局は、安子の言いなりになってしまったのである。

弘徽殿皇后の政治介入

ちなみに、『大鏡』は、右の逸話を紹介すると、その終わりに、「これのみにもあらず。かやうなることども、多く聞《き》こえ侍《はべ》りしかは」と付け加える。これを現代語に訳すならば、「この一件だけではありません。これと同じような出来事は、数多く世に知られております」といったところであろうか。

確かに、村上天皇は、そもそも、「この女御殿《にょうごどの》には、いみじう怖《お》ぢ申《もう》させ給《たま》ひ」と言われるように、安子が怖くて仕方なかったのであり、「有《あ》り難《がた》きことをも奏《そう》せさせ給《たま》ふことをば、否《いな》びさせ給《たま》ふべくもあらざりけり」と言われるように、安子の言うことであれば、どんな理不尽なことでも拒否できなかったのである。とすれば、安子の横槍《よこやり》による朝令暮改《ちょうれいぼかい》など、村上天皇の時代には、日常茶飯事であったに違いない。

しかし、『大鏡』も、安子を悪く言うばかりではない。大筋としては藤原道長《みちなが》および道長の一族の繁栄を賞賛しつつ正当化することこそを目的とする『大鏡』は、安子を持ち上げもするのである。現代語訳で紹介するなら、例えば、こんな風に。

基本的に、お心が広くて、他人への思いやりをお持ちでいらして、ご周囲の人々には、それぞれの身分に応じて、恩顧《おんこ》をお与えになるのです。

また、『大鏡』には、こんなかたちの安子讃美も見られる。

概《おおむ》ね、殿上人《てんじょうびと》たちや女房たちにも、さらに身分の低い女官《にょかん》たちにも、それぞれが困っているときには気遣いをなさって、どのようなときにも、けっして見捨てたりはなさらず、目をかけて世話をなさるのです。

これらの言葉が本当であれば、安子は、嫉妬深いところがあるものの、かなりの人格者であったことになろう。ここに見える彼女は、寛容で情け深い女性に他ならない。

とはいえ、村上天皇や宣耀殿女御芳子への態度からすると、安子が人格者として振る舞ったのは、結局のところ、彼女に媚《こ》びへつらうような人々の前でだけだったのではないだろうか。『大鏡』の語るところから見ても、彼女の思いやりやら気遣いやらが及んだのは、彼女に仕える人々だけのようなのである。世界的に評判の悪い独裁者であっても、その家族たちや側近たちに対しては、よき夫やよき父親やよき主君であるなどというのは、めずらしいことではあるまい。

そして、そう考えたとき、『大鏡』としては安子を賞賛しているつもりの次の一節に、何か恐ろしいものを感じてしまうのは、果たして、私だけであろうか。

村上天皇さまは、政治の全てに渡って、安子さまと相談なさいまして、……

後世に村上天皇の時代が「天暦《てんりやく》の治《ち》」と讃《たた》えられたのは、それが、摂政《せつしよう》や関白《かんぱく》が置かれずに天皇が自ら政治を行った、天皇親政の時代だったからである。しかし、もし、村上天皇の政治には、皇后の頻繁《ひんぱん》な介入があったのだとしたら。しかも、その皇后というのは、後宮の嫉妬深い暴君なのである。とすれば、村上天皇の時代には、「天暦の治」という評判とは裏腹に、本当は、摂関政治よりも始末に負えない政治が行われていたのかもしれない。

藤原詮子《あきこ》——弘徽殿大后よりも悪くて恐ろしい母后

弘徽殿大后という「悪后」

『源氏物語』の弘徽殿女御《こきでんのにょうご》については、現代の読者の大半が、恐ろしい女性という印象を持っているのではないだろうか。いや、それどころか、彼女を悪い女性と見ている読者も、けっして少なくはないことだろう。

そして、これは、今にはじまったことではない。「古注釈《こちゅうしゃく》」とも「古注《こちゅう》」とも呼ばれる、明治時代以前に成立した数多《あまた》の『源氏物語』の注釈書《ちゅうしゃくしょ》においても、弘徽殿女御は、「性《さが》なし」と断じられ、「悪后《わるきさき》」と評されてきたのである。古語に言う「性なし」とは、現代語に訳すならば、「性格が悪い」といったところであり、また、「悪后」の意味するところは、字面の通り、「悪《わる》い妃《きさき》」であろう。

確かに、朱雀帝《すざくてい》の母親（母后《ぼごう》）として皇太后《こうたいごう》となり、「弘徽殿大后《こきでんのおおきさき》」と呼ばれるようになって以降の彼女などは、さながら、朝廷を裏から牛耳《ぎゅうじ》る闇《やみ》の女帝《じょてい》のようであった。弘徽殿大后は、間違いなく、恐ろしい女性であり、ある意味において、悪い女性である。

例えば、彼女は、賢木《さかき》巻の終わり、朱雀帝の寵愛《ちょうあい》する朧月夜《おぼろづきよ》と光源氏との密通《みっつう》が露見《ろけん》したときにも、「このついでに、さるべきことども構《かま》へ出《い》でむに、よき便《たよ》りなり」と、まず何より、この密通の件を口実（「よき便り」）に、かねてより嫌っていた光源氏に制裁を加える（「さるべきことども構へ出でむ」）ことを考える。彼女には、愛する女性に裏切られた気の毒な息子を慰《なぐさ》めることよりも、積年《せきねん》の恨《うら》みを晴《は》らすことの方が、ずっと重要だったのである。かつて桐壺更衣《きりつぼのこうい》を心底から憎んでいた弘徽殿大后は、桐壺更衣の死後には、桐壺更衣の忘《わす》れ形見《がたみ》である光源氏こそを、桐壺更衣の代わりに憎み続けていたのであった。

もちろん、弘徽殿大后の抱《いだ》く憎悪は、光源氏にも十分に伝わっていた。朧月夜との密通が露見した後の須磨《すま》巻において、彼が自《みずか》ら都《みやこ》を離れて須磨《すま》へと下るのは、他の誰でもない、弘徽殿大后を恐れたからであった。その頃、世間には、「遠《とお》く放《はな》ち遣《つかわ》すべき定《さだ》めなども侍《はべ》るなる」と、いずれ光源氏は罪人として公式に遠方への流罪《るざい》に処されるだろうとの風聞《ふうぶん》が流れていたが、光源氏断罪の動きの中心にいるのが弘徽殿大后であることは、光源氏にもよくわかっていたのである。

弘徽殿大后を中心とする人物関係図

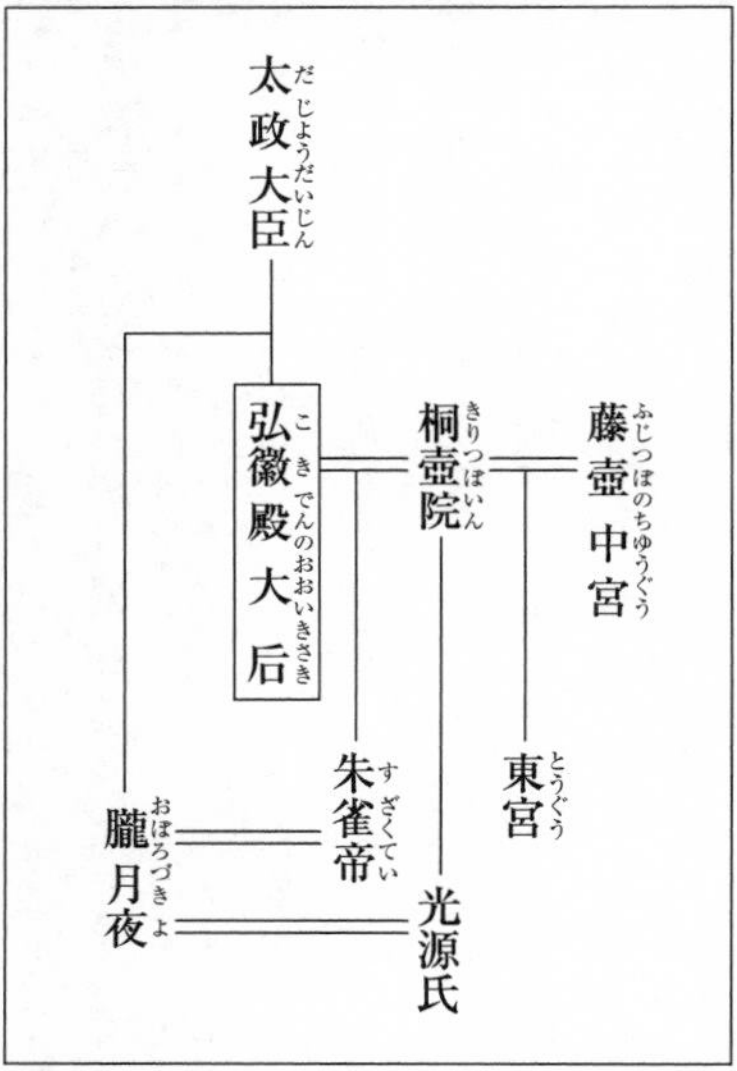

こんな弘徽殿大后（弘徽殿女御）は、やはり、恐ろしい女性であろう。が、彼女は、本当に悪い女性だろうか。古くは中世から「性《さが》なし」と断じられて「悪后《わるきさき》」と評されてきた弘徽殿大后であるが、例えば、彼女が朧月夜との密通の件で光源氏を罰したとして、これは、悪行ではあるまい。むしろ、王朝時代の倫理観からすれば、天皇の寵愛する女性に手を出すことこそが悪行であり、したがって、光源氏こそが悪人である。そして、悪人である光源氏が罪人として処罰されるのだとすれば、それは、正義の実現なのではないだろうか。

そう考えると、弘徽殿大后（弘徽殿女御）は、恐ろしい女性ではあっても、悪い女性ではない。それでも、彼女が「性なし」「悪后」と叩《たた》かれ続《つづ》けてきたのは、要するに、彼女が光源氏の敵だったからであろう。物語の世界では、たとえ主人公こそが真の悪であるとしても、その主人公と敵対する登場人物は、皆、悪として位置付けられてしまうものなのである。

本物の「悪后」

しかし、『源氏物語』の弘徽殿大后（弘徽殿女御）のモデルの一人に比定される東三条院《ひがしさんじょういん》藤原詮子《あきこ》は、間違いなく、現実の王朝時代を生きた本物の「性なし」の「悪后」であった。

彼女に冠せられる「東三条院」という号《ごう》は、太上天皇《だいじょうてんのう》（上皇）に准《じゅん》ずる身の准太上天皇《じゅんだいじょうてんのう》としての号であり、「院号《いんごう》」と呼ばれるものである。上皇が「院《いん》」と呼ばれることも、それぞれの上皇が「陽成院《ようぜいいん》」「宇多院《うだいん》」といった院号を持つことも、王朝時代以前から通例となっていたから、一条《いちじょう》天皇の母親として准太上天皇となった詮子も、「院」と呼ばれたのであり、かつ、院号を奉《たてまつ》られたのであった。ただし、一条天皇の母親であって、当然のことながら女性であった彼女は、殊更《ことさら》に「女院《にょいん》」と呼ばれ、また、彼女の院号は、特に「女院号《にょいんごう》」と呼ばれる。また、詮子の女院号が「東三条院」であるのは、彼女の父親の本宅であったことから彼女の里第《りてい》ともなった邸宅が、世に「東三条殿《ひがしさんじょうどの》」と呼ばれていたからに他ならない。

そして、そんな尊貴な身の東三条院詮子であるが、彼女は、恐ろしい女性であったうえに、とんでもなく「性なし」の、とんでもない「悪后」であった。なぜなら、彼女は、自身が一刻も早く天皇の母親（母后）になるために、一人の天皇を詐術《さじゅつ》によって玉座から追い出すという、ひどく悪辣《あくらつ》な陰謀《いんぼう》に荷担《かたん》していたからである。いや、もしかすると、その謀略《ぼうりゃく》において、彼女は、単なる共謀者などではなく、首謀者でさえあったかもしれない。

そもそも、詮子は、右大臣兼家《うだいじんかねいえ》の娘であり、円融《えんゆう》天皇の女御《にょうご》であった。そして、彼女は、円融天皇の唯一の皇子である懐仁《かねひと》親王を産む。すると、この皇子は、円融天皇が退位して、花山《かざん》天皇が即位するや、わずか五歳にして皇太子《こうたいし》に立てられることになる。この時点で、詮子は、『源氏物語』の序盤の弘徽殿女御と同様、皇太子（東宮）の母親という立場にあった。

しかし、花山天皇は、在位三年目で唐突に退位する。それは、最愛の妃を喪《うしな》った悲しみに耐えきれず、出家の道を選んでの退位であったが、『大鏡』によれば、この電撃的な出家劇・退位劇の裏には、詮子の父親にして皇太子懐仁親王の外祖父《そとおおじ》（母方の祖父）である右大臣兼家の謀略があったらしい。すなわち、幼い新天皇の外祖父として、天皇の大権《たいけん》を代行する摂政《せっしょう》の座に着くことを目論《もくろ》む兼家が、一日でも早く外孫《そとまご》の懐仁親王を即位させようと、自らも動き、かつ、その息子をも使って、花山天皇に出家を唆《そそのか》したというのである。

事実、花山天皇が突然の出家によって玉座を下り、懐仁親王がほんの七歳にして一条天皇

東三条院藤原詮子《あきこ》を中心とする人物関係図

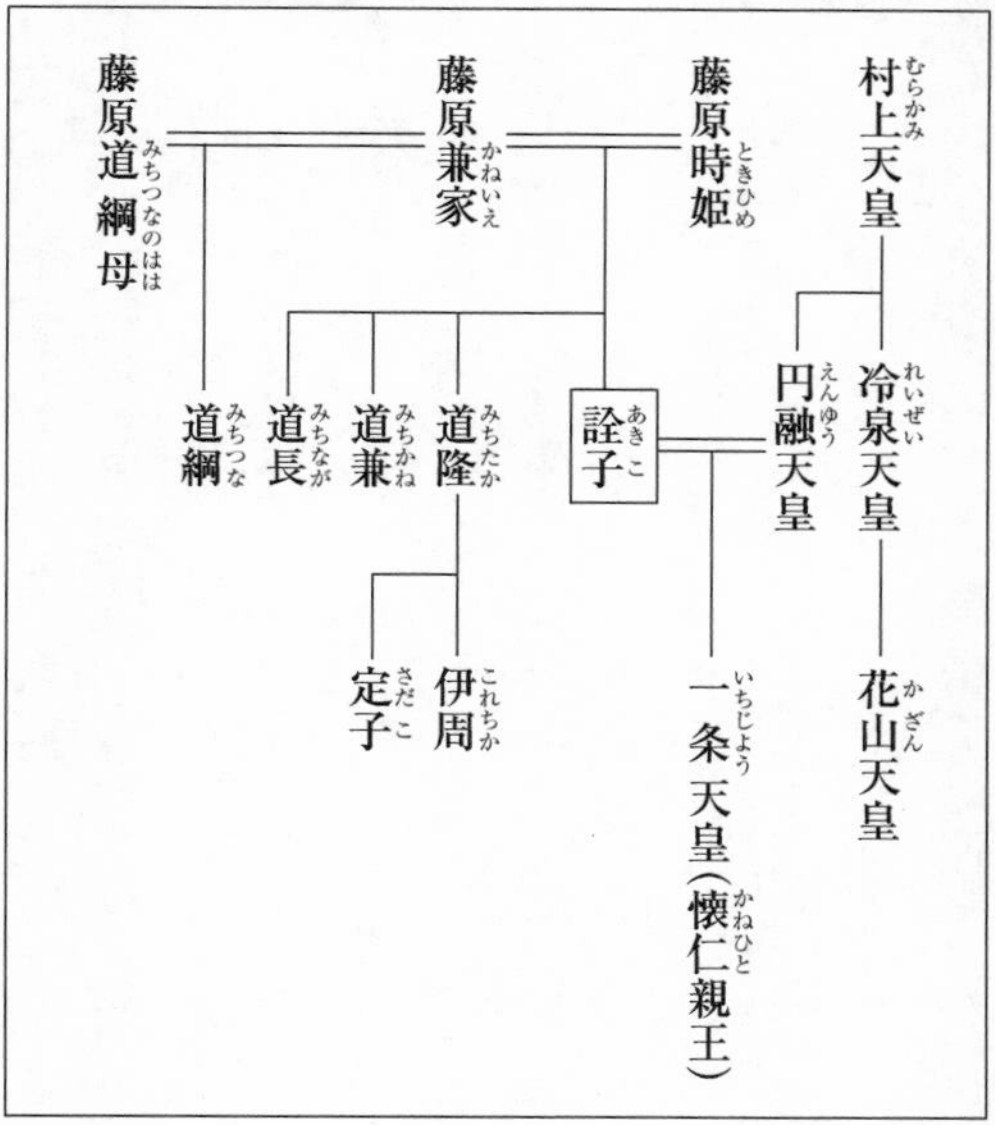

として即位すると、その外祖父の兼家は、待ち構えていたかの如く、当然のように摂政に就任する。そして、新摂政兼家は、横暴の限りを尽くしつつ、栄華の限りを求め続けていく。兼家が花山天皇の出家・退位で得たものの大きさは、まさに計り知れない。

だが、実のところ、そんな兼家さえもが、この陰謀においては、単なる手駒《てごま》の一つに過ぎなかった。剛腕の政治家にして辣腕《らつわん》の謀略家として知られる兼家も、実際には、その娘の詮子の掌中《しょうちゅう》において、いいように転《ころ》がされているだけだったのである。

考えてもみてほしい。右の陰謀で最も得をしたのは、結局のところ、天皇の母親（母后）

となって、さらには准太上天皇ともなった、藤原詮子その人なのではないだろうか。

東三条院詮子の陰謀

花山天皇が唐突に出家を遂《と》げたのは、寛和《かんな》二年（九八六）六月二十三日の夜のことである。その夜、花山天皇は、こっそりと宮中《きゅうちゅう》を抜け出すと、平安京東郊の東山《ひがしやま》に位置する元慶《がんぎょう》寺《じ》（花山寺《かざんじ》）へと向かい、そこで、髪を下ろして僧侶となったのであった。

しかし、天皇が秘密裏に内裏《だいり》および大内裏《だいだいり》を出るには、やはり、手引きをする者が必要となる。そして、史書の『扶桑略記《ふそうりやくき》』によると、手引き役を務めて花山天皇を宮中から密《ひそ》かに連れ出したのは、蔵人《くろうど》として天皇の側《そば》に仕えていた藤原道兼《みちかね》と厳久《ごんく》という僧侶とであった。彼らは、巧《たく》みに最も目立たない経路を選んで、みごとに花山天皇を内裏からも大内裏からも脱出させたのである。

ここに登場する蔵人道兼は、兼家の息子に他ならない。彼は、「私も一緒に出家します」という虚言《きょげん》によって天皇に出家の決意を固めさせておいて、いざ元慶寺に到着すると、「出家する前に、父に最後の挨拶《あいさつ》をして参ります」などと言って、さっさと逃げ出したという。おそらく、それらの全ては、兼家より指図された行動であったろう。

だが、僧侶の厳久は、道兼が逃げ出した後も、花山天皇の傍《かたわ》らにあった。そして、彼こそが、花山天皇に出家を完遂させるという、最も重要な役割を担ったのであった。

ただ、この厳久については、花山天皇の出家に関わる以前のことは、何もわかっていない。もちろん、そんな身元も不確かな僧侶であるから、花山天皇の出家があった時点では、何かしらの役職に就いてもいなかっただろう。彼をめぐっては、そもそも、どうして宮中に出入りできたのかが不思議なほどである。

ところが、この厳久は、花山天皇が退位して一条天皇が即位するや、にわかに陽《ひ》の当《あ》たる場所に顔を見せはじめる。

彼の最初の晴れ舞台は、永延《えいえん》元年（九八七）の五月に摂政兼家が催した大きな仏事であった。『小右記《しょうゆうき》』によれば、厳久は、その仏事において、人々に説法をする講師《こうじ》の役割を与えられたのである。ちなみに、権力者が主催する大きな仏事で講師を務めることは、王朝時代の僧侶たちにとっては、出世の階段に足をかけることと同義であった。

やがて、長徳《ちょうとく》元年（九九五）十月、朝廷から権律師《ごんのりつし》に任命された厳久は、ついに高僧の仲間入りをする。そして、藤原行成《ゆきなり》の日記である『権記《ごんき》』によれば、これは、東三条院詮子の推挙によるものであったらしい。また、厳久は、新たに建立された慈徳寺《じとくじ》に別当《べっとう》（責任者）

として迎えられることになるが、この慈徳寺は、東三条院詮子が建てた寺院である。

その後も、長保《ちようほ》元年(九九九)に権少僧都《ごんのしようそうず》に転じた厳久は、同四年には権大僧都《ごんのだいそうず》へと昇進する。また、それとともに、ずっと慈徳寺別当をも務め続けた厳久であるが、彼の目立った活躍の場は、ほとんど常に、東三条院詮子こそを檀主とする慈徳寺での仏事であった。

かくして、厳久が詮子に従属する身であったことは、疑うべくもあるまい。そして、その厳久こそが、花山天皇の出家をめぐって最も重要な役割を果たしたのであれば、花山天皇を出家させるという謀略は、やはり、東三条院詮子こそが主導したものであったろう。

朝廷を牛耳る母后

ところで、弘徽殿大后を恐れて都落《みやこお》ちを決めた光源氏であったが、彼の須磨の地での暮らしは、少なくとも、傍目《はため》に見た限りでは、何とも楽しそうなものであった。彼は、須磨においても、小ぶりなものとはいえ、そこかしこに趣向《しゆこう》を凝《こ》らした屋敷に住み、手紙のやり取りだけとはいえ、都の知人たち・友人たちと頻繁な交流を持ち、もちろん、衣食に困ることなどは全くあり得ず、快適そのものといった感じの生活を送っていたのである。

しかし、これが弘徽殿大后の気に入るはずがなかった。それどころか、ひどく苛立《いらだ》った彼女は、「朝廷に罰せられた者は、罪悪感に圧《お》されて食べ物の味を感じることさえないのが当たり前だろうに、あの光源氏ときたら、趣《おもむき》のある家に暮らして、都の人々に朝廷を批判するような手紙を送っているというじゃないの。しかも、そんな光源氏に胡麻《ごま》を擂《す》る連中が、この都にいるんですって！」と、なおも光源氏を支持する人々に圧力をかけたのである。すると、それまで須磨に便りを送っていた人々も、その多くが、光源氏との交流をぱったりと断《た》ってしまう。弘徽殿大后の影響力は、まさに絶大であった。

ただ、彼女が持っていた力は、あくまでも影響力に過ぎない。それは、何らかの制度に裏打ちされたものではなく、ましてや、確かに法に定められたものなどではあり得なかった。弘徽殿大后は、ただ天皇の母親（母后）の権威のみで、多くの人々を従わせていたのである。とはいえ、その母后の権威というのは、どんな法よりも強いものであったらしく、この世の全ての支配者であるはずの朱雀帝さえもが、弘徽殿大后には絶対に逆らおうとはしなかったのであった。言ってみれば、弘徽殿大后は、帝をも支配する存在として、実質的に朝廷を牛耳《ぎゆうじ》っていたのである。

では、このあたり、現実の母后である東三条院詮子の場合には、どうだったのだろうか。実のところ、東三条院詮子が持っていた力も、制度や法の裏付けを持つ公式の権力などではなかった。それは、やはり、影響力でしかなかったのである。ただ、彼女の影響力は、息子の一条天皇はもちろん、政権担当者の藤原道長をも従わせる、恐るべきものであった。

例えば、東三条院詮子は、公卿会議《くぎょうかいぎ》が有罪と判定して天皇も同様に判断した司法案件を、つまりは、最終判定者の天皇が有罪を宣告した朝廷の裁判を、母后としての影響力によって、みごとに覆《くつがえ》したことがある。

行成の『権記』によれば、長保二年（一〇〇〇）の二月のこと、職務停止の処分を下されたのは、源為憲《ためのり》という中級貴族であった。彼は、美濃守《みののかみ》の任にありながら、美濃国《みののくに》で起きた殺人事件を、法に則《のっと》って正しく処理しなかったのである。ところが、為憲に下された処分は、ただちに撤回された。というのも、それを望む東三条院詮子が、公卿会議の筆頭である左大臣道長と最終判定者である一条天皇とに、強く働きかけたからである。ここに、朝廷の司法が母后の影響力によって曲げられるという、実にゆゆしき事態が発生したのであった。

しかも、この件では、東三条院詮子には何の正義もない。彼女は、自分におべっかを使うお気に入りの中級貴族に処分が下ることが、とにかく気に入らなかっただけなのである。

朝廷を私物化する東三条院詮子

なお、詮子が「東三条院」を院号とする女院（女性の准太上天皇）となったのは、三十歳にして出家した後のことであって、一条天皇が即位してから出家するまでの詮子は、皇太后《こうたいごう》であった。が、彼女は、皇后《こうごう》（中宮《ちゆうぐう》）になったことがなかった。皇太后詮子は、かつて皇后であったことのない、前代未聞の皇太后だったのである。

まだ円融天皇が玉座にあった時代、女御詮子は、天皇の唯一の皇子を産んだにもかかわらず、ただの女御に据え置かれたまま、ついに皇后に立てられることがなかった。というのも、彼女の父親の兼家が、どうしようもないほどに、円融天皇と不仲だったからである。そして、円融天皇が皇后に選んだのは、関白頼忠《かんぱくよりただ》の娘であるというだけで、皇子どころか、皇女の一人も産んでいない、遵子《のぶこ》であった。

しかし、一条天皇が即位すると、天皇の母親（母后）となった詮子は、皇太后に立てられる。本来、皇太后というのは、皇后（中宮）であった女性が、天皇の代替わりにともなって繰り上がってなるものであったが、詮子の場合、皇后を経ずに、いきなり皇太后になったのである。それは、詮子や兼家にしてみれば、かつての円融天皇への腹癒《はらい》せだったのだろう。

そして、この詮子と同じく、皇后を経ずに皇太后になったのが、『源氏物語』の弘徽殿大后である。彼女もまた、桐壺帝が玉座にある間、皇太子の母親であるにもかかわらず、ついに皇后に立てられることはなく、朱雀帝が即位して天皇の母親となるや、いきなり皇太后となったのであった。

また、そうして、ときに「大后」とも呼ばれる皇太后となったからこその、「弘徽殿大后」という呼称であるが、弘徽殿大后となって以降の彼女は、息子の朱雀帝はもちろん、右大臣から太政大臣へと昇った父親をも抑えて、実質的に朝政を牛耳る存在となる。彼女は、まだ「弘徽殿女御」と呼ばれていた頃、桐壺更衣に桐壺帝の寵愛を奪われ、その後、藤壺中宮には帝の寵愛とともに皇后（中宮）の地位をも奪われて、さまざまに鬱憤《うつぷん》を溜め込んでいたのであり、それゆえに、自身の息子が天皇となるや、それまでの憂さを晴らそうとすべく、天皇の母親（母后）である大后（皇太后）として、好き勝手に振る舞いはじめたのだろう。

そして、こうした事情は、詮子もほとんど同じであった。それまで、彼女なりに我慢に我慢を重ねていた詮子は、天皇の母親（母后）となると、その権威にものを言わせて、ただただ個人的な感情を満足させるためだけに、朝廷を私物化していったのである。

例えば、『小右記』によると、長保元年（九九九）の八月、慈徳寺の落慶供養《らつけいくよう》が行われたとき、母后の権威を振りかざす詮子は、落慶供養に要する費用の負担を、当たり前のように、朝廷の公卿たちに押し付けている。慈徳寺は、既に触れた如く、詮子の私寺でしかない。

　これに対して、実資などは、「上臈《じょうろう》の執《と》り行《おこな》ふは、首尾《しゅび》を知《し》らざるに似《に》る」との愚痴《ぐち》をこぼす。ここに言われる「首尾」とは、すなわち、身分秩序のことであり、ここで実資が言わんとするのは、公卿（「上臈」）たちが天皇以外に顎《あご》で使われたのでは、朝廷の身分秩序が崩壊してしまう、ということである。

「母后の又も朝事を専らにす」

　そんな東三条院詮子であるから、朝政に介入することもめずらしくはなかった。特に、朝廷の人事への介入などは、詮子にしてみれば、全く日常的なことだったのだろう。

　詮子の子飼いの僧侶として花山天皇の出家劇に大きな役割を果たした厳久は、既に見たように、一条天皇が即位して以来、早急に出世していったが、それは、これも既に見た通り、詮子の介入があってのことであった。一条天皇の時代には、詮子の推《お》す人事は、実現しないことがなかったのである。

　その最も大きな事例はといえば、やはり、長徳元年（九九五）の五月、詮子の同母弟の道長が政権担当者となったことであろう。

道長の前任の政権担当者は、詮子・道長には同母兄にあたる道兼であったが、その道兼が疫病《えきびょう》のために急死したとき、一条天皇には、その次の政権担当者を決めるにあたって、二つの選択肢があった。その一つは、詮子・道兼の同母弟の道長であり、もう一つは、道兼のさらに前任の政権担当者で詮子・道兼・道長の同母の長兄の道隆によって後継者と見做されていた伊周《これちか》である。

一条天皇からすると、一方の道長は、外叔父《そとおじ》（母方の叔父）であるが、もう一方の伊周は、母方《ははかた》の従兄《いとこ》でしかない。したがって、当時の人々の間には、外叔父である道長こそが政権担当者にふさわしいという考えもあったことだろう。が、その時点での二人の官職はというと、道長が権大納言《ごんのだいなごん》でしかなかったのに対して、伊周は既に内大臣《ないだいじん》に昇っていた。とすれば、当時の人々は、伊周こそが政権担当者になるべきだと考えもしただろう。

こうした事情から、既に十六歳にもなっていて、朝廷の運営に自ら責任を持たなければならない一条天皇は、ずいぶんと悩んだらしい。道長にも、伊周にも、政権担当者の人材としては、長短があったのである。

が、結果としては、誰もが知る通り、一条天皇から政権を託されたのは、伊周ではなく、道長であった。一条天皇は、道長の官職を右大臣に引き上げたうえで、この叔父《おじ》こそを政権担当者としたのである。その一方で、伊周は、ただの内大臣に据え置かれたのであった。

ただ、この決定を、一条天皇自身によるものと見做すわけにはいかない。『大鏡』の伝えるところ、一条天皇に道長を選ばせたのは、母后の東三条院詮子だったのである。彼女は、清涼殿に押しかけると、涙ながらに道長を政権担当者とするように訴え、天皇が首を縦に振るまでそこを動こうとしなかったのだという。ちなみに、詮子は、同母弟の道長をかわいがっていた一方で、同母兄の道隆を嫌い、かつ、その嫡男《ちゃくなん》の伊周をも嫌っていた。

こうして政権担当者の決定にまで介入した詮子にとっては、それ以外の人事への介入など、何ら特別なことではなかった。『小右記』によると、長徳三年（九九七）の七月、公卿の人事があったときなど、彼女は、道長に働きかけて、異母兄の道綱《みちつな》を、その能力の低さなど全く度外視して、身内だというだけで大納言に就任させている。それを見た実資が「母后《ぼごう》の又《また》も朝事《ちょうじ》を専《もっぱ》らにす」と批判した通り、この頃の朝廷は、詮子のものだったのである。

コラム③

「都落ち」のリアル　現実の光源氏の見苦しい逃亡劇

「都落ち」のリアルとしての藤原伊周の配流

『栄花物語《えいがものがたり》』というのは、藤原道長《みちなが》および道長一門の栄光の歴史を後世《こうせい》に伝えるべく、道長一門に女房《にょうぼう》として仕《つか》えた女性によって書かれた歴史物語である。そして、その『栄花物語』には、次のような興味深い一節が見られる。

　御車《みくるま》、御門《みかど》のもとにて掻《か》き下《お》ろして、内大臣殿《ないだいじんどの》下《お》りさせ給《たま》ふ。検非違使《けびいし》ども、皆下《みなお》りて、土《つち》に並《な》み居《い》たり。見奉《みたてまつ》れば、御年《おんとし》は廿二三《はたちあまりふたつみつ》ばかりにて、御容貌《おんかたち》整《ととの》ほり、太《ふと》り清《きよ》げに、色合《いろあ》ひ実《まこと》に白《しろ》くめでたし。「かの光源氏もかくや有《あ》りけむ」と見奉《みたてまつ》る。

（牛車《ぎっしゃ》が中宮《ちゅうぐう》さまの御所《ごしょ》の門のところに駐《と》まると、内大臣《ないだいじん》さまがお降りになります。検非違使《けびいし》たちは、皆、建物から下りて、地面に並びました。彼らが拝見す

ると、内大臣さまは、ご年齢は二十二歳か二十三歳かほどで、ご容姿は整《ととの》ってい
て、福々しく太ってうつくしく、肌の色は本当に真っ白ですばらしいのです。そ
れを、人々は、「あの光源氏も、このようにうつくしかったのだろうか」と拝見
するのでした。）

この場面において、検非違使《けびいし》たちが見守る中、牛車《ぎつしや》を下りた「内大臣殿」は、たいへんな美男子であった。彼の容姿は、「あの光源氏も、このようにうつくしかったのだろうか」と評されるほどに優れたものだったのである。もっとも、「福々しく太ってうつくしく、肌の色は本当に真っ白で」というのが、彼の具体的な容姿であったから、王朝時代の人々にとっての美男子は、われわれ現代人が思い描く美男子とは、ずいぶんと異なるらしい。

それはともかく、ここで絶賛されている「内大臣殿」は、『栄花物語』の主人公とも言うべき藤原道長ではない。右の「内大臣殿」は、実は、道長の最大の政敵であった、藤原伊周《これちか》なのである。そして、道長賛美を目的とする『栄花物語』は、道長の政敵など、まず滅多《めつた》に褒《ほ》めたりしないから、それだけに、現に最大限と言ってもいいほどの賛辞を贈られている伊周は、『栄花物語』を書いた女性から見て、本当にすばらしい貴公《きこう》

子《し》だったのだろう。

しかし、右の場面の伊周は、実のところ、九州の大宰府《だざいふ》への配流《はいる》を執行される寸前であった。確かな史実として、女性関係の誤解から皇族を相手とする事件を起こした伊周は、かねてより彼を目障りに思っていた道長によって、その事件を利用されてしまい、内大臣から大宰権帥《だざいごんのそち》へと左遷《させん》されたのであり、実質的な大宰府への流刑《るけい》に処されたのである。

そして、伊周の大宰府への配流は、ずっと昔から、『源氏物語』の読者たちにとって、光源氏が須磨《すま》へと下った、所謂《いわゆる》「都落《みやこお》ち」のリアルであった。朝廷によって大宰府へと流された伊周が、自《みずか》ら須磨へと下った光源氏と、どことなく重ねて見られてきたのである。その見方は、当然、王朝時代の『源氏物語』の読者たちにも共有されていたことだろう。

長徳元年の間抜けで重大な事件

そもそも、藤原伊周というのは、昔から光源氏のモデルの一人と見做《みな》されてきた貴公子の一人である。彼は、関白道隆《かんぱくみちたか》の嫡男《ちゃくなん》であり、優れた容姿を持っていたうえに、漢学にも堪能《たんのう》であったという、ほとんど完璧な御曹司《おんぞうし》であった。それだけに、出世も早く、権大納言《ごんのだいなごん》を経て内大臣へと昇ったとき、彼は、まだ二十一歳にしかなっていなかった。これほどの貴公子であれば、光源氏のモデルと目されるのも、実に当たり前のことであろう。

光源氏のモデルとしては、しばしば、藤原道長なども名前を挙げられることがある。そして、確かに、大臣となって以降の栄華を極める光源氏のモデルは、藤原道長に違いあるまい。が、大臣となる以前の若き日の光源氏のモデルとしては、伊周が最もふさわしいように思われる。道長は、三十歳になってから、たまたま兄たちが続けざまに世を去ったことによって、棚《たな》ぼた的に権力を把《つか》んだだけであったが、伊周は、若き日より、未来の関白と目されて、将来を嘱望《しょくぼう》されていたのである。

しかし、それだけに、伊周には、好ましからざる驕《おご》りがあったのだろう。彼は、内大臣となった翌々年の長徳《ちょうとく》二年（九九六）の正月のこと、相手が花山《かざん》法皇であることを十分にわかったうえで、これに矢を射《い》かけるという、たいへんな事件を起こしてしまう。

このとき、伊周は、花山法皇を殺そうとしたわけではなく、ただ法皇に脅《おど》しをかけようとしただけであった。それゆえ、放たれた矢は、法皇の着衣の袖《そで》を貫《つらぬ》きはしたものの、法皇自身には傷一つ付けていない。とはいえ、かつて天皇であった人物を脅そうなどとは、当時の常識からすれば、とんでもなく不敬《ふけい》なことである。しかも、その折、伊周は、自身の妻の一人に手を出されたことに腹を立てて、法皇に脅しをかけたのであった。法皇が相手ともなれば、たとえ妻を寝盗《ねと》られたとしても、泣き寝入りをするしかないというのが、王朝時代の価値観であったろうに、よりにもよって、間男《まおとこ》となった法皇を暴力によって脅すなどとは、伊周にはずいぶんな思い上がりがあった証拠である。

そして、この一件をめぐって、最も重要なこととして、花山法皇に妻を寝盗られたというのは、伊周の思い込みでしかなかった。その頃の法皇は、確かに、伊周の妻が暮らす邸宅に出入りしていた。が、法皇の目当ては、伊周の妻ではなく、その妹だったのである。こうした誤解は、『和泉式部日記《いずみしきぶにっき》』にも出てくるように、姉妹が同じ一つの家でそれぞれに結婚生活を送ることが当たり前であった王朝時代には、お馴染《なじ》みのものであったろう。

とすると、伊周は、全くの勘違いから法皇に矢を射かけた、とんだ間抜けだったことになるが、それでも、これは、王朝時代において、笑い話で済むような出来事ではなかった。

大宰権帥伊周の「都落ち」

この事件、発生した当初は、被害者である花山法皇の側が、ひた隠しに隠そうとしたために、すぐに表沙汰《おもてざた》になることはなかった。花山法皇としても、出家の身でありながら女性をめぐって事件に巻き込まれたなどというのは、あまりにも外聞が悪かったのだろう。

それを、天下を挙げての大事件にしたのは、政権担当者になったばかりの右大臣《うだいじん》道長であった。『小右記《しょうゆうき》』によれば、事件発生からおそらくは幾日《いくにち》も経っていない長徳二年（九九六）正月十六日、検非違使別当《けびいしべっとう》として検非違使たちを指揮する藤原実資《さねすけ》に、事件の情報をもたらしたのは、まさしく道長だったのである。彼は、一応は政権担当者の座にあったものの、いつ自分を追い落としにかかるかわからない内大臣伊周の存在が怖くて仕方なかったために、先手を打って伊周を失脚させてしまおうと、たまたま起きた事件を利用したのであった。

しかも、道長は、この機に伊周を徹底的に叩《たた》きのめしてしまおうと、花山法皇に矢を射かけたという本来の罪状を問題とするだけではなく、東三条院詮子《ひがしさんじょういんあきこ》を呪詛《じゅそ》したという罪状および「大元帥法《だいげんのほう》」と呼ばれる天皇以外の者には禁じられている密教修法《みっきょうしゅほう》を行ったという罪状を捏《でっ》ち上《あ》げる。その頃、たまたま東三条院詮子が病床にあったため、道長は、それを巧みに利用したのである。また、朝敵調伏《ちょうてきちょうぶく》および国家安泰《こっかあんたい》の利益《りやく》が期待される大元帥法を天皇以外の者が行うことは、天皇を呪詛することと同義であったから、道長の狙いは、伊周に謀反人《むほんにん》の烙印《らくいん》を押すことだったのだろう。

そして、天下の大罪人に仕立て上げられた伊周は、同年の四月には、内大臣の任を解かれて、大宰権帥に左遷される。大宰権帥というのは、皇子《おうじ》でなければ大宰帥《だざいのそち》の官職を帯《お》びることができなかった王朝時代において、朝廷に代わって九州を統括する大宰府の実質的な長官《かみ》であったが、ここに伊周に与えられた大宰権帥は、一切の職務権限をともなわない、形式だけの官職であった。そんな官職を与えられた伊周は、左遷という建前で、実際には流刑を宣告されたわけである。

ちなみに、この百年ほど前、右大臣から大宰権帥へと左遷されるかたちで大宰府への流刑に処された菅原道真《すがわらのみちざね》は、二度と都《みやこ》の地を踏むことなく、悲嘆に暮れながら大宰府で一生を終えている。また、それから七十年ほど後、左大臣《さだいじん》から大宰権帥への左遷を建前として大宰府への配流となった源高明《たかあきら》は、大宰府に暮らすこと足かけ三年で帰洛《きらく》を許されたものの、政界に復帰することはなかった。

伊周が科された事実上の流罪は、本当のところは、行き先さえも自ら選ぶことができた光源氏の「都落ち」などとは、その残酷さにおいて、根本的に異なっていたのである。

逃げも隠れもする貴公子

それゆえのことであろう、伊周は、公式に大宰権帥への左遷を知らされ、朝廷から速《すみ》やかに大宰府に向かうように命じられても、なかなか都を離れようとはしなかった。いや、それどころか、ボンボン育ちの彼は、そのボンボン育ちぶりを発揮して、ここで、とんでもなく見苦しいうえに恐ろしく傍迷惑《はためいわく》な抵抗を試みたのである。

伊周が最初に見せた抵抗は、その同母妹にして当時としては一条《いちじょう》天皇の唯一の妃《きさき》であった中宮定子《ちゅうぐうさだこ》の御所《ごしょ》に立《た》て籠《こも》るというものであった。

その頃、定子は、身内が事件を起こしたことに遠慮して、内裏《だいり》を離れ、「二条北宮《にじょうきたみや》」と呼ばれる里第《りてい》へと退《さ》がっていた。そこで、大宰府への強制連行を回避したい伊周は、二条北宮第に逃げ込んだのであった。王朝時代においては、五位《ごい》以上の位階《いかい》を持つ貴族の邸宅には、犯罪者を追跡する検非違使といえども、天皇からの特別な許しを得ない限り、踏み込むことはできないものであったが、これが中宮の御所ともなると、検非違使が踏み込むことなど、ほとんど考えられなかったのである。

こうなると、伊周を拘束して大宰府へと護送しなければならない検非違使たちとしては、伊周が潜伏する二条北宮第を、総員で隙間《すきま》なく取り囲んだうえで、伊周が自ら出てくるのを、ひたすら待ち続けるしかなかった。これについて、『栄花物語』は、次のように伝える。

世の中にある検非違使《けびいし》の限《かぎ》り、この殿《との》の四方《よも》にうち囲《かこ》みたり。各《おのおの》え言《い》はぬやうなる者《もの》、立《た》ち混《こ》みたる気色《けしき》、道《みち》・大路《おおじ》の四五町《ちょう》ばかりのほどは行《ゆ》き来《き》もせず。

ここに言う「えも言《い》はぬやうなる者《もの》」を現代語にするならば、「言葉にできないほどに恐ろしげな者」となろうか。これは、具体的には、検非違使たちが手下として使った放免《ほうめん》たちのことである。検非違使たちは、獄舎《ごくしゃ》（刑務所）に収監された犯罪者たちの一部に特別な赦免《しゃめん》を与え、これを犯罪捜査の実働力として使ったのであって、今回の二条北宮第の包囲にも、そうした放免たちが何十人と動員されていたのだろう。そして、その様子の恐ろしさに、二条北宮第の周囲数百メートルほど（「四五町ばかり」）には、検非違使でもない人々は、誰も近寄ろうとはしなかったのであった。

ただ、『小右記』は、長徳二年四月二十五日・二十八日のこととして、次のように伝える。


二条大路《にじようおおじ》は見物《けんぶつ》の雑人《ぞうにん》及《およ》び車《くるま》に乗《の》る者《もの》の堵《かき》の如《ごと》し。帥《そち》の下向《げこう》を見《み》る為《ため》なりと云々《うんぬん》。

京《みやこ》の内《うち》の上下《かみしも》は、首《こうべ》を挙《こぞ》りて宮《みや》の中《うち》に乱《みだ》り入《い》る。凡《おおよ》そ見物《けんぶつ》の濫吹《らんすい》は極《きわ》まり無《な》し。


これによると、二条北宮第の周辺は、野次馬《やじうま》でいっぱいであったらしい。しかも、そうした野次馬たちの中には、二条北宮第に乱入する者さえあったようなのである。

忽然と姿を消す伊周

いずれにせよ、伊周の抵抗は続く。長徳二年四月二十五日の『小右記』は、現場の検非違使たちからの「伊周殿は、中宮御所に潜伏し、出頭命令には従いません」との報告を伝え、さらに、同二十八日の同記は、同じく現場からの「中宮さまと伊周殿とは、手を取り合って離れません。よって、伊周殿の護送は不可能です」との報告を伝えている。

そして、これに業《ごう》を煮《に》やした一条天皇は、同年の五月一日のこと、ついに、検非違使たちに二条北宮第に踏み込む許可を与える。当然、一条天皇にしてみれば、唯一にして最愛の妃である中宮定子の居所への突入に勅許《ちょっきょ》を与えるなど、苦渋《くじゅう》の決断であったろう。が、そこは、賢明さで知られる一条天皇、公私の区別をはっきりさせて、冷静に判断を下したのであった。

　すると、伊周および中宮定子の同母弟の隆家《たかいえ》が、検非違使たちによって身柄《みがら》を確保される。この隆家も、伊周と同様の罪に問われて、もともとは権中納言《ごんのちゅうなごん》であったところを出雲権守《いずもごんのかみ》へと左遷されて、事実上の出雲国《いずものくに》への流刑を宣告されていたのである。そして、隆家もまた、配流を拒否して、二条北宮第に逃げ込んでいたのであったが、『小右記』によれば、彼は、検非違使たちが突入するに及んで、姉に多大な迷惑をかけていることに耐えられなくなり、自ら検非違使たちの前に姿を現したのであった。言うまでもなく、その御所が検非違使たちに踏み荒らされたことで、中宮定子は、たいへんな恥辱を受けていたのであって、それを理解して投降した隆家は、遅きに失したとはいえ、一応は漢気《おとこぎ》を見せたことになろうか。

　これに対して、われらが伊周は、見苦しく傍迷惑な抵抗を、なおも続けようとする。『小右記』に記録された同日の現場からの報告は、原漢文を読み下しただけで紹介するならば、「已《すで》に其《そ》の身《み》は無《な》し」というものだったのである。伊周は、おそらくは事前に情報を把《つか》んでいたのだろう、検非違使たちが踏み込む以前に、二条北宮第を脱出していたのであった。

これによって、その翌日、朝廷は、大捜索を行うことを決定する。これも原漢文の読み下しで、『小右記』に「盗人捜《おおあなぐり》の事《こと》を行《おこな》ふ」と見える如くである。王朝時代の朝廷が「盗人捜《おおあなぐり》」と呼んだのは、検非違使たちのみならず武士たちをも大動員した一斉捜索のことであるが、この折の「盗人捜」は、「山々《やまやま》・京《みやこ》の内《うち》」を捜索範囲とするものであった。すなわち、これによって、検非違使たち・武士たちが、平安京の中だけではなく、平安京を取り囲む東山・西山・北山の山々をも、伊周を追って走り回ることになるのである。

その御所に立て籠って、妹の中宮定子に迷惑をかけるだけかけておいて、そこがダメとなれば、あっさりと逃げ出すあたり、いかにもボンボン育ちの伊周らしい行動だろうか。

坊主頭での「都落ち」

こうして、検非違使たちには、総動員の日々がまだまだ続くのであったが、そんな彼らの様子を、『栄花物語』などは、次のように伝える。

検非違使《けびいし》ども、かつは泣《な》く泣《な》く、いみじう思《おも》ひながら、宣旨《せんじ》のままにするに、御《おわ》せねば、いとあさましきことにて、「術《ずち》なし」とて、そのあたり捜《さが》す。

泣きながら捜索にあたる検非違使たちであったが、どこにも伊周の姿はない。それでも、彼らは、公務ゆえに「仕方がない」と思い直して、なおも伊周を探し回るのであった。

また、同じ『栄花物語』は、この間の伊周の動向について、亡き父親の墓に詣《もう》でていたことを伝える。もちろん、伊周の父親というのは、『枕草子』でお馴染《なじ》みの関白道隆であり、また、その道隆の墓があったのは、平安京南東郊の木幡《こはた》の地である。

ところが、これは、『栄花物語』独自の創作であって、ここには、少しも史実は含まれていない。どうやら、『栄花物語』の作者は、光源氏が「都落ち」の前に桐壺院《きりつぼいん》の陵《みささぎ》を訪れたことに准《なずら》えて、伊周にも同様のことをさせたようなのである。これは、史実を踏まえて書かれた歴史物語といえども、あくまでも物語である、ということを示す、好事例であろう。

そして、現実の伊周はというと、この間、平安京北西郊の愛宕山《あたごやま》へと逃亡していたのであった。五月二日の『小右記』によると、検非違使たちが伊周の側近《そっきん》の一人を尋問したところ、その側近は、伊周が馬で愛宕山に向かった旨《むね》を陳述したのである。しかも、愛宕山へと向かった検非違使たちは、山麓《さんろく》で伊周の馬の鞍《くら》を発見するのであった。伊周は木幡とは全くの逆方向に逃げていたというのが、史実であるらしい。

ただ、それでもなお、検非違使たちが伊周を拘束するには至らなかった。伊周は、よほど巧妙に逃げ続けていたのだろう。そして、ようやく検非違使たちに伊周の身柄を確保することができたのは、五月四日、伊周が自ら二条北宮第へと戻ってきたからこそであった。さんざん逃げ隠れした伊周も、やがて疲れてしまったのだろう、結局は自首《じしゅ》したのである。

なお、このコラムの冒頭で紹介した『栄花物語』の一場面は、伊周の自首を描写するものに他ならない。が、実は、そこにも、史実ではない要素があった。いや、正しくは、あの一節には、史実として重要な要素が含まれていないのである。すなわち、『小右記』によれば、二条北宮第に戻ってきたときの伊周は、出家姿になっていたのであった。

どうしても都を離れたくなかった伊周は、出家することで流刑を免《まぬが》れられると期待したようなのだが、こうしたところも、ボンボン育ちならではであろう。しかし、そんな思惑の通りになるわけもなく、伊周の大宰府への移送は、その日のうちに開始されたのである。

第四章
偉大なる帝王たちのリアル

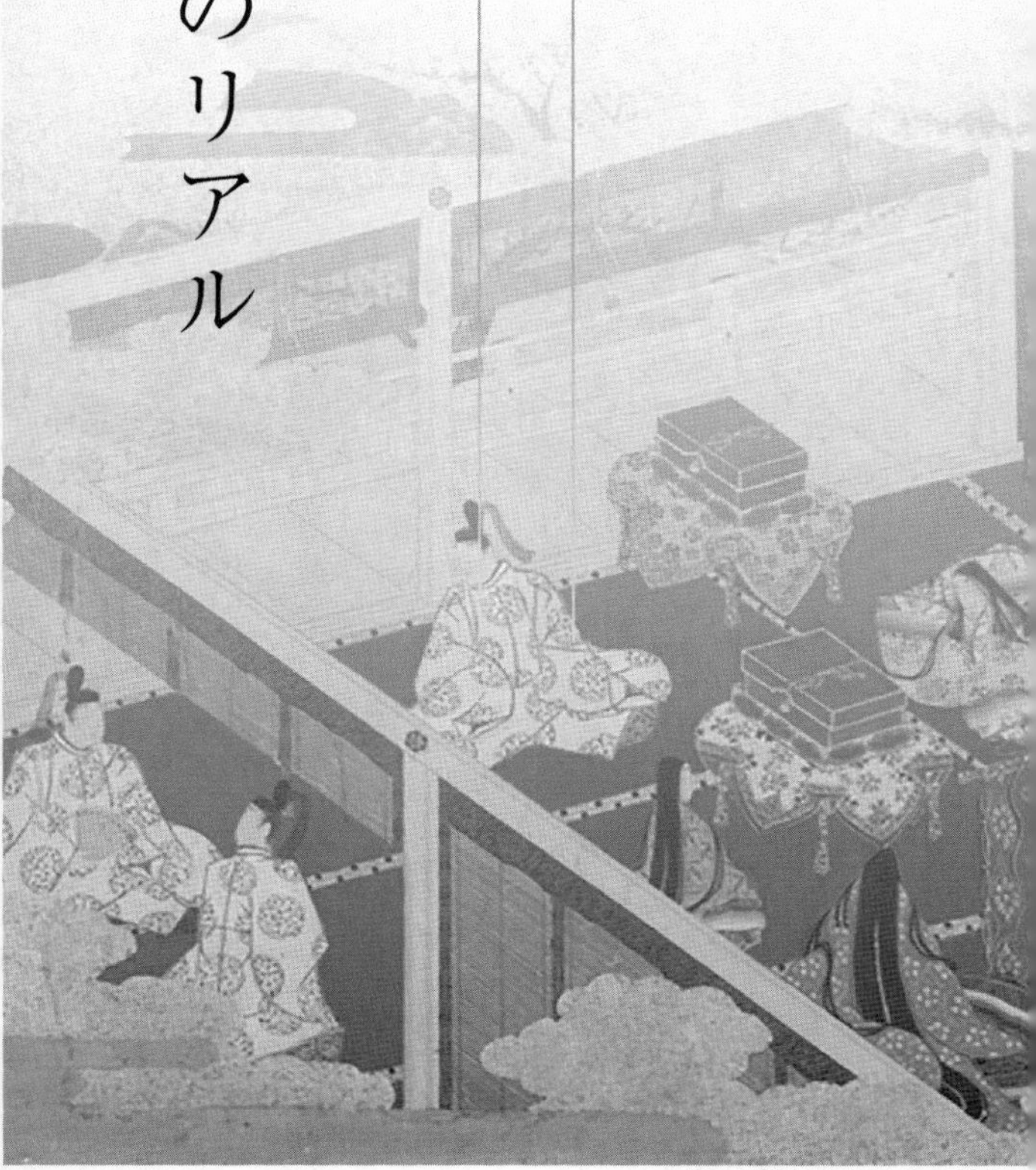

「源氏物語絵色紙帖　繪合」

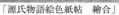

村上天皇──桐壺帝よりも女性に溺れた帝王

女性に溺れた帝王たち

光源氏の生い立ちを語る桐壺巻《きりつぼ》は、数多《あまた》の妃《きさき》たちを擁《よう》する後宮《こうきゅう》において一人の妃が帝《みかど》の寵愛《ちょうあい》を独占していた様子を描くところからはじまる。

言うまでもなく、帝の想《おも》いを一身に集めた妃というのは、われわれ読者たちの間では「桐《きり》壺更衣《つぼのこうい》」として知られる光源氏の母親であり、また、彼女を溺愛した帝というのは、われわれが「桐壺帝《きりつぼてい》」と呼ぶ光源氏の父親である。が、桐壺帝の執拗《しつよう》なまでの愛情は、桐壺更衣を必ずしも幸せにはしなかった。彼女は、彼女ばかりが帝に厚遇されたがゆえに、弘徽殿《こきでんの》女御《にょうご》をはじめとする他の妃たちを強く刺激することになり、さまざまな嫌がらせに悩まされることになったのである。

しかも、ともすれば桐壺更衣を不幸にしかねなかった桐壺帝の偏執《へんしゅう》的な愛情は、どうかすると世を乱しかねず、下手をすれば国を滅ぼしかねなかった。そのあたりは、例えば、次のように語られる。

人の謗《そし》りをもえ憚《はばか》らせ給《たま》はず、世《よ》の例《ためし》にもなりぬべき御持《おんも》て成《な》しなり。上達部《かんだちめ》・上人《うえびと》なども、あいなく目《め》を側《そば》めつつ、「いとまばゆき人の御寵《おんおぼ》えなり。唐土《もろこし》にも、かかることの起《お》こりにこそ、世《よ》も乱《みだ》れ、悪《あ》しかりけれ」と、やうやう、天《あめ》の下《した》にもあぢきなう、人の持《も》て悩《なや》み種《ぐさ》になりて、……

（桐壺帝さまは、人々の批判を気にすることもおできにならず、桐壺更衣さまだけを、歴史上の悪い前例にもなりそうなほどに厚遇なさるのでした。これには、公卿《くぎょう》さまたちや殿上人《てんじょうびと》さまたちも、不満げに眼を背《そむ》けながら、「どうにも見ていられないほどのご寵愛ぶりである。中国でも、こうしたことが発端《ほったん》となり、世の中が乱れて、ひどいことになったものだ」とぼやくばかりでして、次第に、国中の人々が苦々《にがにが》しく思うようになり、全ての人々にとって手に負えない問題となっていきまして、……）

とはいえ、桐壺帝は、本来、たいへん英明な君主であった。それは、例えば、結局は光源氏を皇太子《こうたいし》にはしなかったことにも見て取れようし、また、左大臣《さだいじん》や右大臣《うだいじん》といった有力な臣下たちに朝廷を牛耳《ぎゅうじ》らせたり分裂《ぶんれつ》させたりしなかったことにも明らかであろう。さらに言えば、女性の扱いに問題のある光源氏を、「女《おんな》の恨《うら》みな負《お》ひそ（女性から恨みを買うものではない）」とたしなめた、葵《あおい》巻の桐壺帝（厳密には桐壺院であるが）などは、間違いなく、賢明な大人の男性であった。『源氏物語』の読者たちは、中世の昔から、桐壺帝を「聖《せい》なる帝《みかど》」と見做《みな》してきたが、まさにその通りなのである。

それゆえ、桐壺更衣を寵愛して世を乱し国を傾けかけたことは、桐壺帝の治世《ちせい》において、唯一にして最大の瑕《きず》であった。どれほど優れた君主でも、一人の女性への愛に溺れてしまうときは、どうもこうもなく溺れてしまうものなのだろう。

そして、王朝時代には、この桐壺帝と同じような帝王が実在していた。すなわち、「天暦《てんりゃく》の治《ち》」で知られる村上《むらかみ》天皇が、賢君《けんくん》と讃《たた》えられながらも、実は、唐突に一人の女性を妄執《もうしゅう》的に寵愛しはじめて、その熱愛に溺れるままに朝廷を混乱させていたのである。

伊勢神宮の祟　「天暦の治」の内実　その一

村上天皇は、かなりの名君であった。そして、そんな彼は、在位年数が二十年を数えた頃、自《みずか》ら退位を望んだものの、彼を頼みとする臣下たちに強く反対されて、なおも玉座にあり続けなければならなかった。次の『栄花物語《えいがものがたり》』からの引用に見える如くである。

儚《はかな》く年月《としつき》も過《す》ぎて、帝《みかど》、世《よ》知ろし召《め》して後《のち》、廿年《にじゅうねん》になりぬれば、「下《お》りなばや。しばし心《こころ》に任《まか》せてもありにしがな」と思《おぼ》し宣《のたま》はすれど、時《とき》の上達部《かんだちめ》たち、さらに許《ゆる》し聞《き》こえさせ給《たま》はざりけり。

（いつの間にか年月《としつき》が流れて、村上《むらかみ》天皇さまは、天皇さまとして世を治めはじめてから、二十年を経《へ》ていましたので、「退位したいな。残りの人生は、思うままに過ごしたいものだ」とお思いになって、それを口にお出しにもなったけれど、当時の公《く》卿《ぎょう》さまたちは、陛下のご意向《いこう》を全く聞き入れ申し上げなかったのでした。）

しかしながら、村上天皇の治世も、必ずしも平穏なものだったわけではない。

次に原漢文を読み下し文にして紹介するのは、『村上天皇御記《むらかみてんのうぎょき》』として知られる村上天皇の日記の天暦《てんりゃく》八年（九五四）五月一日の記述であるが、ここに明らかなように、村上天皇の時代にも、旱魃《かんばつ》（「旱《ひでり》」）が起きていたのである。しかも、その旱魃は、当時において、村上天皇の朝廷に対する祟《たたり》と見做《みな》されていたのであった。

右大臣《うだいじん》の国光《くにみつ》をして申《もう》せしめて云《い》ふやう、「旱《ひでり》の気《け》は、已《すで》に盛《さか》りなり。若《も》しくは、祟《たたり》歟《か》。卜《うらな》ひ申《もう》せしむるは、何《いかん》」と。「請《こ》ふに依《よ》れ」と仰《おお》す。

こうした事例は、けっしてめずらしいものではない。村上天皇の朝廷は、天徳《てんとく》四年（九六〇）の夏には、旱魃（「久《ひさ》しく雨《あめふ》らざる愁《うれ》ひ」）と疫病《えきびょう》（「疾疫《しつえき》」）の流行との二つの災害に悩まされていたのである。そのことを、村上天皇は、同年五月四日の日記に次の如くに記している。

雅材《まさもと》をして民部卿《みんぶきょう》藤原朝臣《あそん》に仰《おお》せしめて云《い》ふやう、「近日《さいつころ》、久《ひさ》しく雨《あめふ》らざる愁《うれ》ひの漸《ようよ》ふ多《おお》し。若《も》しくは、奉幣《ほうべい》を行《おこな》ふべき歟《か》。又《また》、疾疫《しつえき》に死去《しきょ》するの輩《やから》の甚《はなは》だ繁《しげ》し。須《すべから》く此《か》くの如《ごと》きの時《とき》に行《おこな》はるる例《ためし》を勘《かんが》ふべし」と。

そして、これら天徳四年夏の旱魃および疫病流行は、次に引用する同年五月十四日の『村上天皇御記』に見えるように、神祇官《じんぎかん》（「神司《かんづかさ》」）および陰陽寮《おんみょうりょう》（「陰陽《おんみょう》」）の卜占《ぼくせん》によって、伊勢神宮《いせじんぐう》（「大神宮並《だいじんぐうなら》びに豊受宮《とゆけのみや》」「巽《たつみ》の社《やしろ》」）の祟と判定されたのであった。

民部卿《みんぶきょう》藤原朝臣《あそん》の蔵人重輔《くろうどしげすけ》をして奏《そう》せしむ。重《かさ》ねて御卜《みうら》の有《あ》り。神司《かんづかさ》の卜《うらな》ひて云《い》ふやう、「理運《りうん》の上《うえ》、大神宮並《だいじんぐうなら》びに豊受宮也《とゆけのみやなり》。……」てへり。陰陽《おんみょう》の云《い》ふやう、「理運《りうん》の上《うえ》、巽《たつみ》の社《やしろ》に不□」と云《い》ふ。

現代においては、旱魃や疫病流行の発生について、誰か一人の人間が責任を負わされることなどあり得ない。が、王朝時代には、災害の発生は、全て、天皇の不徳のゆえと見做された。しかも、右の天徳四年夏の災害は、伊勢神宮の祟と見做されることになったから、これをめぐって村上天皇の不徳が疑われることは、どうにも避けられなかっただろう。

初めての内裏焼亡　「天暦の治」の内実　その二

しかし、村上天皇の時代が必ずしも安泰ではなかったことを最も象徴的に示すのは、やはり、平安遷都以来では初めてとなる内裏《だいり》の焼亡《しょうぼう》であろう。平安京の内裏の最初の焼失は、実は、村上天皇の治世に起きていたのである。そして、これについても、村上天皇自身が、その日記に詳しい記録を残している。

次に少しずつ引用するのは、天徳四年（九六〇）九月二十三日の『村上天皇御記』であるが、ここから知られるのは、村上天皇が燃え落ちていく内裏の中で見聞きした全てである。

此《こ》の夜《よる》、寝殿《しんでん》の後《うし》ろに侍臣等《じしんら》の走《はし》り叫《さけ》ぶの声《こえ》を聞《き》く。驚《おどろ》き起《お》きて其《そ》の由緒《ゆいしょ》を問《と》ふに、少納言兼家《しょうなごんかねいえ》の奏《そう》して云《い》ふやう、「火《ひ》の左兵衛陣《さひょうえのじん》の門《もん》を焼《や》く。消《け》し救《たす》くべきに非《あら》ず」と。走《はし》り出《い》でて之《これ》を見《み》るに、火焔《かえん》は已《すで》に盛《さか》りなり。即《すなわ》ち衣冠《いかん》を著《つ》けて南殿《なでん》の庭《にわ》に出《い》づ。

どうやら、その折の火元は、内裏内郭《だいりないかく》の東側の正門にして左兵衛府《さひょうえふ》の陣《じん》が置かれていた宣陽門《せんようもん》であったらしい。あるいは、夜警にあたっていた左兵衛府の舎人《とねり》（兵員）たちに火の不始末《ふしまつ》でもあったのかもしれない。いずれにせよ、清涼殿《せいりょうでん》（「寝殿《しんでん》」）で就寝中であった村上天皇が騒ぎを聞き付けたときには、火の勢いは、既に手に負えないほどになっていた。
ちなみに、このとき、村上天皇に火災の発生を知らせた「少納言兼家《しょうなごんかねいえ》」というのは、藤原兼家《かねいえ》であって、道長の父親である。そして、その兼家から事態が差し迫っていることを聞かされた天皇は、清涼殿から紫宸殿《ししいでん》の南庭《だんてい》へと避難するのであったが、その際にも、きちんと正装に身を包んだ（「衣冠《いかん》を著《つ》けて」）という。このような場合でさえ、寝巻のままで逃げ出すことを許されないのが、王朝時代の天皇であった。

さらに、王朝時代の天皇には、所謂《いわゆる》「三種の神器」を置き去りにして、身一つで逃げ出すことなど、許されるはずがなかった。したがって、このときの村上天皇も、しっかりと臣下に神器（「御劔《みつるぎ》・璽筥《いんのはこ》」）を持たせて避難している。

左近中将重光朝臣《さこんのちゅうじょうしげみつあそん》の御劔《みつるぎ》・璽筥《いんのはこ》を持《も》ちて相《あ》ひ従《したが》ふ。即《すなわ》ち、人《ひと》を遣《や》りて御輿《みこし》を召《め》すに、早《と》く持《も》ち来《き》たる能《あた》はず。

しかし、火の回りが早かったために、神器以外の宝物は、残念ながら、火に呑まれてしまう。村上天皇も、殿上人《てんじょうびと》（「侍臣《じしん》」）たちに「太刀契《だいとけい》」と呼ばれる宝剣をはじめとする宝物の確保を命じたのであったが、実際に危険な作業を引き受けることになる下働《したばたら》きの庶民（「雑人《ぞうにん》」）たちの数が足りず、宝物の多くは、内裏とともに灰燼《かいじん》に帰したのであった。

又《また》、侍臣《じしん》をして内侍所《ないしどころ》に納《おさ》むる所《ところ》の太刀契等《だいとけいなど》を取《と》らしむ。……。而《しか》るに、雑人《ぞうにん》の甚《はなは》だ少《すく》なく、之《これ》を救《たす》くるに力《ちから》の無《な》し。侍臣等《じしんら》の言《い》ふやう、「火《ひ》は已《すで》に温明殿《うんめいでん》に着《つ》けば、内侍所《ないしどころ》に納《おさ》むる所《ところ》の太刀契等《だいとけいなど》を出《い》だす能《あた》はず」と。

なお、こうしている間も、村上天皇は、紫宸殿の南庭にいて、いまだ内裏に留まっていた。そして、それは、天皇の乗るべき輿《こし》の準備が間に合っていなかったからであった。王朝時代においては、天皇が内裏を出るとなれば、それは、例外なく行幸《ぎょうこう》と見做されたのであり、行幸であるからには、天皇は必ずや輿に乗らなければならなかったのである。

自身の「不徳」を嘆く村上天皇　「天暦の治」の内実　その三

やがて輿の準備が整うと、村上天皇の身柄《みがら》は、内裏の南に位置する太政官《だじょうかん》へと移される。が、その日の南は、太白神《たいはくしん》などの影響で、悪い方角（「御忌方《おんいみかた》」）となっていた。そのため、村上天皇は、結局、内裏の東に位置する職御曹司《しきのみぞうし》（「職曹司《しきのぞうし》」）へと移されることになる。王朝貴族というのは、緊急時であっても方角の禁忌《きんき》などを気にするような人々であった。

右大将藤原朝臣《うだいしょうふじわらあそん》の相《あ》ひ議《はか》りて太政官《だじょうかん》に幸《みゆき》せしむ。……。右大将《うだいしょう》藤原朝臣の言《い》ふやう、「太政官《だじょうかん》は内裏《だいり》より御忌方《おんいみかた》に当《あ》たる。又《また》、太白《たいはく》も此《こ》の方《かた》に在《あ》り。須《すべから》く職曹司《しきのぞうし》に移《うつ》り御《おわ》すべし。皇太子《こうたいし》は車《くるま》に乗《の》りて相《あ》ひ従《したが》はん」と。

そして、職御曹司《しきのみぞうし》に落ち着いた村上天皇は、左大臣藤原実頼《さねより》を近くに喚《よ》ぶと、自身の不徳に言及する。天皇は、今回の火災をめぐって、罪悪感に苛《さいな》まれていたのである。

左大臣《さだいじん》を召《め》して詔《みことのり》すらく、「朕《ちん》は、不徳《ふとく》を以《もつ》て久《ひさ》しく尊位《そんい》に居《い》て、此《こ》の災殃《さいおう》に遭《あ》ふ。歎《なげ》き憂《かな》しむこと極《きわ》まり無《な》し」と。

そんな村上天皇は、ようやく火が消し止められて、罹災《りさい》による被害の大きさがわかってくると、さらに自分を責めずにはいられなかった。「後代《こうだい》の識《そし》りに謝《あやま》る所《ところ》を知《し》らず」とは、そういう意識であろう。「神霊《しんれい》の鏡《かがみ》」と呼ばれるほどの霊宝や「太一式盤《たいいつしきばん》」と呼ばれる往古《おうこ》の卜占《ぼくせん》の道具をはじめ、宮中に保管されていた宝物・武器（「戎具《じゆうぐ》」）・文書《もんじよ》などが「皆《みな》も灰燼《かいじん》と成《な》る」となったのであり、それを自身の「不徳」のゆえと見ていたのであるから、村上天皇が自責の念に駆られたのも、無理はあるまい。

火《ひ》の起《お》こるは、亥四点《いのよんてん》より丑四点《うしのよんてん》までなり。宜陽殿《ぎようでん》の累代《るいだい》の宝物《ほうもつ》も、温明殿《うんめいでん》の神霊《しんれい》の鏡《かがみ》・太刀《たち》・節刀《せつとう》・契印《けいいん》も、春興《しゆんきよう》・安福《あんぷく》の両殿《りようでん》の戎具《じゆうぐ》も、内記所《ないきどころ》の文書《もんじよ》も、又《また》、仁寿《じ》殿《じゆうでん》の太一式盤《たいいつしきばん》も、皆《みな》も灰燼《かいじん》と成《な》る。天下《てんげ》の災《わざわ》ひの斯《これ》に過《す》ぐるは无《な》し。後代《こうだい》の識《そし》りに謝《あやま》る所《ところ》を知《し》らず。

大内裏図

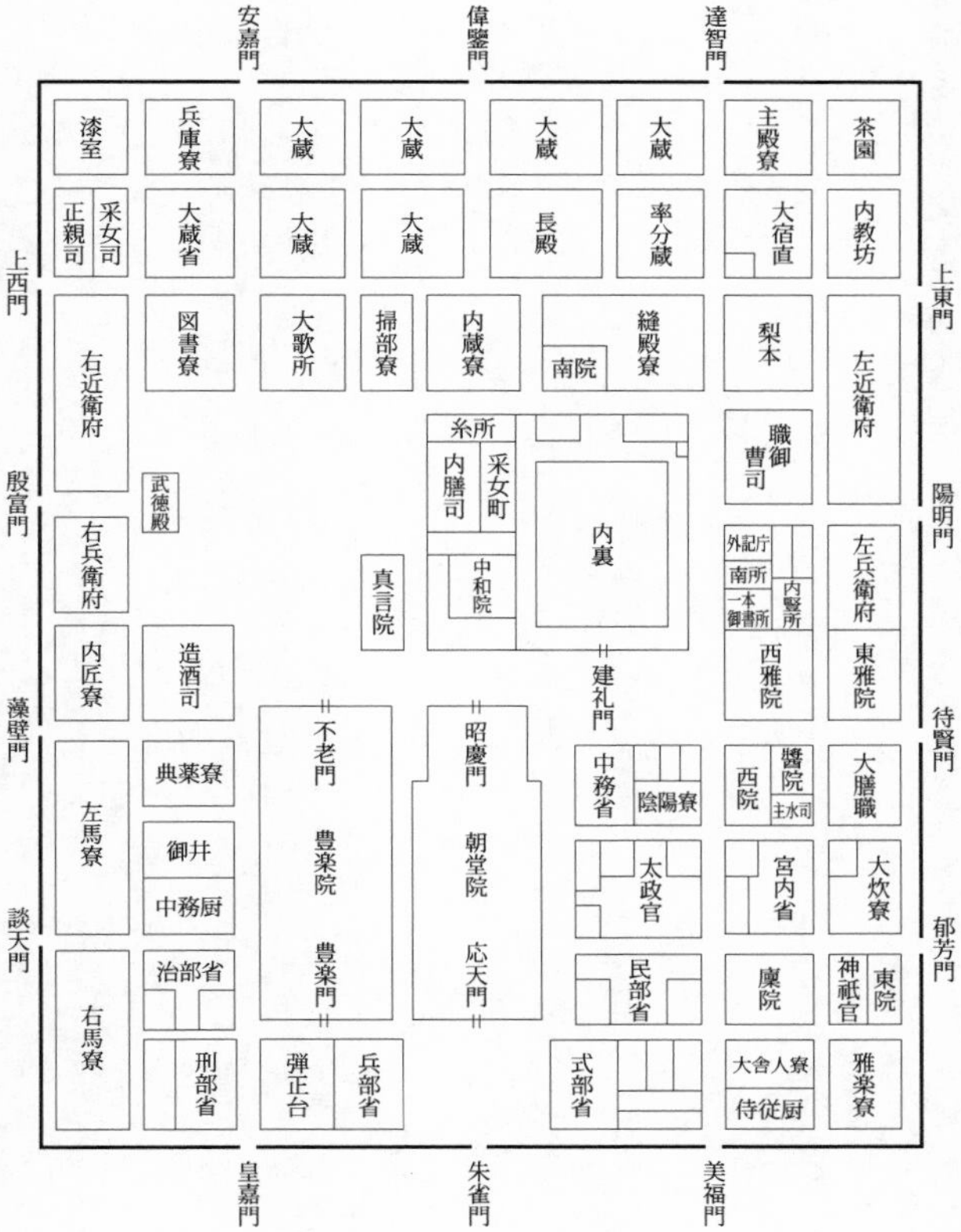
安嘉門
偉鑒門
達智門
上西門
殷富門
藻壁門
談天門
上東門
陽明門
待賢門
郁芳門
皇嘉門
朱雀門
美福門
漆室
兵庫寮
大蔵
大蔵
大蔵
大蔵
主殿寮
茶園
正親司
采女司
大蔵省
大蔵
大蔵
長殿
率分蔵
大宿直
内教坊
右近衛府
図書寮
大歌所
掃部寮
内蔵寮
縫殿寮
南院
梨本
左近衛府
糸所
内膳司
采女町
職御曹司
武徳殿
内裏
右兵衛府
真言院
中和院
外記庁
南所
一本御書所
内豎所
左兵衛府
西雅院
東雅院
内匠寮
造酒司
建礼門
不老門
昭慶門
左馬寮
典薬寮
中務省
陰陽寮
西院
醤院
主水司
大膳職
御井
中務厨
豊楽院
朝堂院
太政官
宮内省
大炊寮
治部省
豊楽門
応天門
民部省
廩院
神祇官
東院
右馬寮
刑部省
弾正台
兵部省
式部省
大舎人寮
侍従厨
雅楽寮

もっと言えば、村上天皇は、自身が歴史的な過《あやま》ちを犯《おか》したと考えていたらしい。「都《みやこ》を遷《うつ》すの後《のち》、既《すで》に百七十年を歴《へ》て始《はじ》めて此《こ》の災《わざわ》ひの有《あ》り」というのは、彼には重過ぎるほどに重い事実だったのである。

> 人代以後《じんだいいご》、内裏《だいり》の焼亡《しょうぼう》は三度也《みたびなり》。難波宮《なにわのみや》・藤原宮《ふじわらのみや》・今《いま》の平安宮也《へいあんのみやなり》。都《みやこ》を遷《うつ》すの後《のち》、既《すで》に百七十年を歴《へ》て始《はじ》めて此《こ》の災《わざわ》ひの有《あ》り。

後世の人々からは、「聖帝《せいてい》」とも讃えられる村上天皇であるが、彼自身には、そんな意識はなかったに違いない。特に、内裏焼亡を経験して以降の彼は、むしろ、自身を「不徳の帝」とでも見ていたのではないだろうか。

ただ、それでも、村上天皇の時代というのは、後世の人々がうらやんだように、確かに、何とも華やかな時代ではあった。『源氏物語』の絵合《えあわせ》巻に描かれる冷泉帝《れいぜいてい》の御前の絢爛《けんらん》たる絵合《えあわせ》の催《もよお》しなども、『村上天皇御記』に天徳四年（九六〇）三月三十日のこととして「此《こ》の日《ひ》、女房《にょうぼう》の歌合《うたあわせ》の事《こと》の有《あ》り」と見える宮中の歌合をモデルにしているのである。それは、妃たちや公卿たちをも巻き込んで、村上天皇の御前において催された華麗《かれい》な歌合であった。

人妻を見初める村上天皇

とすれば、村上天皇の時代には、宮中で行われるさまざまな催しが、内裏を生活の場としない人々の関心を、大いに集めていたのではないだろうか。特に、そもそも外出する機会など滅多《めった》になかった上級貴族層の女性たちなどは、宮中の催しに対して、当時の言葉で言う「ゆかし」という感情を、強く抱《いだ》いていたことだろう。

実際、右大臣藤原師輔《もろすけ》の娘で村上天皇の兄宮《あにみや》の重明《しげあきら》親王の北《きた》の方《かた》となっていた登子《なりこ》などは、『栄花物語《えいがものがたり》』の伝えるところ、宮中の「折節《おりふし》のをかしきこと」を見物しようと、その同母姉で村上天皇の中宮《ちゅうぐう》であった安子《やすこ》に招かれるかたちで、しばしば内裏を訪《おとず》れていた。「折節のをかしきこと」とは、すなわち、そのときそのときの興味深い催しのことである。

ところが、これが、誰も予想していなかったような非常事態を引き起こすことになる。

藤原登子という女性は、たいへんな美人であった。その姉の安子にしても、入内《じゅだい》がかなったほどであるから、うつくしい女性だったのだろう。が、それ以上にうつくしかったのが、登子なのである。そして、まさに、その美貌《びぼう》こそが、宮中を揺るがすような、いや、朝廷を揺るがすような、たいへんな事態を招いたのであった。

あるとき、村上天皇が宮中において登子の姿を垣間見《かいまみ》てしまう。そして、天皇は、ほのかに見ただけの登子に激しい恋情《れんじょう》を抱いてしまう。このことを、『栄花物語』は、「上《うえ》、わづかに御覧《ごらん》じて、人知《ひとし》れず、『いかで、いかで』と思《おぼ》し召《め》して」と語る。ここに「上」と呼ばれているのは、われらが村上天皇である。そして、彼の心の中の台詞《せりふ》の「いかで、いかで」を現代語に訳すとすれば、「どうにかして、どうにかして」となろうか。いや、もっと言葉を補った現代語訳を試みるなら、「どうにかして彼女を自分のものにしたい、どうにかして彼女を自分のものにしたい」というところであろう。

村上天皇を中心とする人物関係図

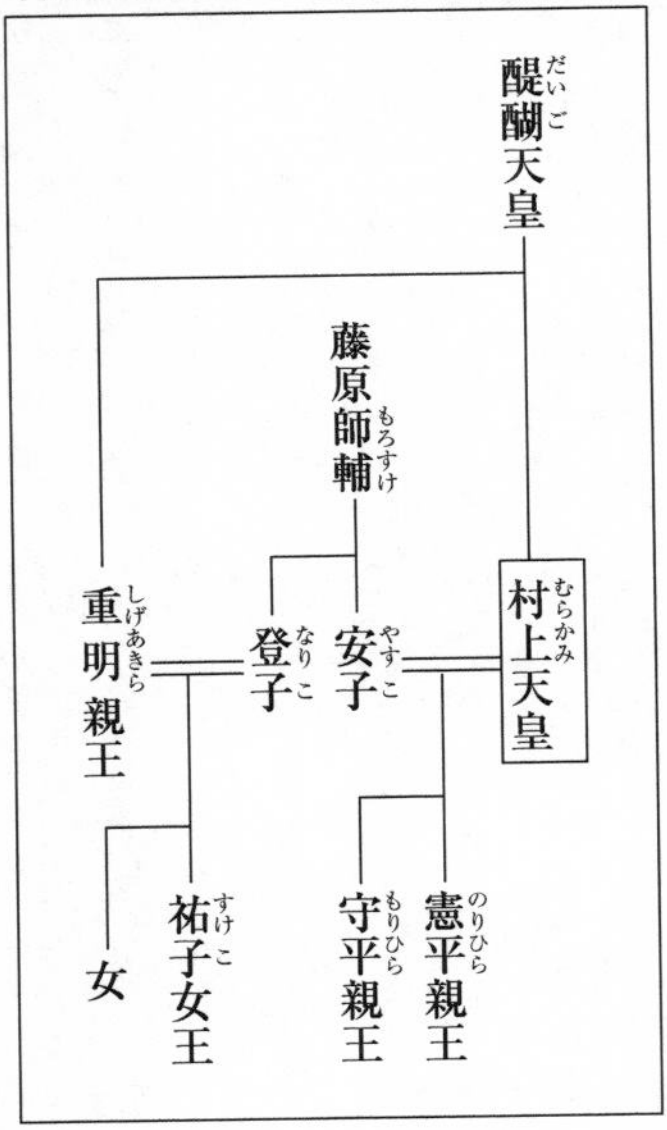

そして、この恋に盲目となった村上天皇は、登子と引き合わせるよう、あろうことか、中宮安子に要求する。『栄花物語』には、「后《きさき》に切《せち》に聞《き》こえさせ給《たま》ひければ」と見えるから、このときの村上天皇は、中宮安子に向かって、命令したのではなく、懇願《こんがん》したのだろう。

こうなってしまうと、中宮安子としても、天皇の気持ちを無下《むげ》にはできない。彼女は、ひどく嫉妬深《しっとぶか》い女性であったが、このときは、求められるままに、妹を内裏へと招き、天皇と

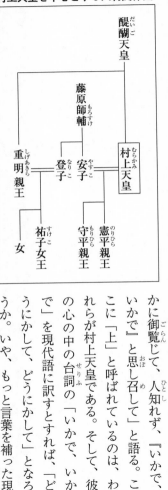

対面させたのであった。

もちろん、村上天皇は、登子を相手に、ただただ談笑して済ませたわけではない。彼は、登子と男女の関係になりたかったのである。その頃の登子には、重明親王という立派な夫《おっと》があり、その重明親王との間に二人の娘もあった。また、重明親王は、村上天皇にとって、母親が違うとはいえ、兄宮にあたる人物であった。が、そうした人間関係の一切を無視して、気に入った女性と関係を持つことが許されていたのが、王朝時代の天皇なのである。

しかも、こうしたことは、一度ならず、二度ならず、少なくとも三度には及んだという。「知《し》らぬ顔《かお》にて二三度は対面《たいめ》せさせ奉《たてまつ》らせ給《たま》ひける」と語られる中宮安子は、そのとき、ずいぶんと複雑な心境にあったことだろう。

正妻の妹に夢中になる村上天皇

だが、村上天皇は、『栄花物語』が「わづかに飽《あ》かずのみ思《おぼ》し召《め》して」と語る如く、全く満足していなかった。彼は、「常《つね》に『なお、なお』と聞《き》こえさせ給《たま》ひければ」と語られるように、登子との逢瀬《おうせ》の機会を作るよう、日々、中宮安子に求め続けたのである。

それどころか、登子のことで頭がいっぱいになっていた村上天皇は、登子が自宅にあるときには、贈り物の大攻勢をかけた。彼は、あれこれの調度品《ちょうどひん》を、次々と重明親王家に贈り届けさせたのである。それらの贈り物を作ったのは、宮中の調度品などの製作を職務とする作物所《つくもどころ》という官司であったから、ここには、甚《はなは》だしい公私混同が見られよう。

ただ、この贈り物の件には、それまでは我慢してきた中宮安子も、ついに我慢しきれなくなる。『栄花物語』によると、「后《きさい》の宮《みや》、漏《も》り聞《き》かせ給《たま》ひて、いとものしき御気色《みけしき》になりにければ」という様子であったが、古語の「ものし」は、「不愉快である」とでも訳されようか。もともと嫉妬深かった安子であるから、村上天皇の登子へのあまりの執心ぶりに、ついに、天皇の前でも、ひどく不愉快そうな顔をするようになったのであろう。

そして、これを見た村上天皇は、さすがにまずいと思ったらしく、行いを改める。つまり、中宮安子の機嫌の悪さに危険を感じた村上天皇は、登子を内裏に喚《よ》ばせることをやめたのであり、登子に贈り物をすることをもやめたのである。

しかし、それでも、村上天皇が登子への恋情を棄《す》てることはなかった。むしろ、『栄花物語』に「帝《みかど》、人知《ひとし》れずもの思《おも》ひに思《おぼ》し乱《みだ》る」と語られるように、村上天皇の登子への想《おも》いは、潜在化した分、より激しいものになっていったのである。『大鏡《おおかがみ》』の「いと色《いろ》なる御《おん》心癖《こころぐせ》にて」という証言からすれば、村上天皇というのは、そもそも、色好《いろごの》みの帝王であったから、そんな彼が、自身の正妻の妹であり自身の兄の妻であることを承知のうえで懸想《けそう》した女性を、そうそう簡単に諦めるはずがなかった。

そうこうするうち、登子の夫の重明親王が他界する。天暦《てんりやく》八年（九五四）の九月のことである。そして、これによって、登子が独り身となったからであろう、『栄花物語』などは、その折のこととして、「帝《みかど》、人知《ひとし》れず『今《いま》だに』とうれしう思《おぼ》し召《め》せど」と伝える。だが、村上天皇は、この時点では、登子との関係を再開しようとはしなかった。それは、やはり、中宮安子に気がねしてのことであったろう。

そして、そんな村上天皇が、ついに登子を内裏に住まわせて、堂々と登子との愛に溺れはじめたのは、康保《こうほ》元年（九六四）の四月、中宮安子が世を去って後のことであった。

もちろん、これには、安子周辺の人々が批判の眼を向ける。が、天皇は、そんなことにはおかまいなしに、政務も放棄して、ひたすら登子と愛し合い続けたのだという。『栄花物語』が「御朝寝昼寝《おんあさねひるね》など、あさましきまで世《よ》も知《し》らせ給《たま》はず御殿籠《おおとのごも》れば」「全《すべ》て、夜昼《よるひる》、臥《ふ》し起《お》き、睦《むつ》れさせ給《たま》ひて、世《よ》の政《まつりごと》を知《し》らせ給《たま》はぬさまなれば」と伝える如くである。

これは、康保四年（九六七）五月に崩御《ほうぎょ》する村上天皇には、晩年の乱心となるが、これを臣下たちが深く嘆いたことは、言うまでもない。これこそは、まさに、桐壺帝のリアルであった。

禎子《よしこ》内親王——藤壺中宮以来の天皇の母親になった皇女

幸せで不幸せな藤壺中宮

『源氏物語』には、文句なしに幸せそうに見える女君《おんなぎみ》がいない。この物語の女君たちは、誰一人として、わかりやすいかたちの幸福を把《つか》むことがないのである。

例えば、光源氏と関わりを持った女性たちの場合、光源氏に深く愛されて、なおかつ、光源氏の子供を産んでいれば、王朝時代当時の価値観においては、十分に幸福な女性であっただろう。が、このような基準に照らしてみて、光源氏の妻と見做《みな》せるような女君たちは、誰か一人でも、十分な幸せを手にしているだろうか。

まず、光源氏の妻たちの中では光源氏に最も深く愛されていたと見られる紫《むらさき》の上《うえ》からして、読者の誰もが知るように、ついに光源氏の子供を産むことはなかった。しかし、光源氏の息子や娘を産んだ葵《あおい》の上《うえ》や明石《あかし》の君《きみ》にしても、これまた読者たちには周知のこととして、

光源氏の妻たちの位相

光源氏の愛情 ＼ 光源氏の子供	あり	なし
深い	A（藤壺中宮）	B 紫の上
浅い	C 葵の上 明石の君	D 六条御息所 花散里 末摘花 女三の宮

常に光源氏の愛情の浅さに悩まされなければならなかった。そして、六条御息所《ろくじょうのみやすどころ》・花散里《はなちるさと》・末摘《すえつむ》花《はな》・女三《おんなさん》の宮《みや》ともなると、光源氏からの愛情が浅かったうえに、光源氏の子供を産むこともなかったのである。

素敵な貴公子《きこうし》に深く愛され、かつ、その貴公子との間に子供を授かる——それは、物語の女主人公に約束される、定番の幸福であろう。が、『源氏物語』という物語には、そうしたかたちで幸せになる女君が、ただの一人もいないのである。そして、逆説的ながらも、こうしたところにこそ、この物語の魅力があるのかもしれない。

とはいえ、そんな『源氏物語』にも、光源氏から深く愛されたうえに光源氏の子供を産んだ女君が、全くいないわけではない。そう、この長編の物語の序盤において、光源氏が誰よりも愛した藤壺中宮《ふじつぼのちゅうぐう》が、光源氏との間に一人の男児を授かっているのである。

　ところが、藤壺中宮もまた、幸福な女君などではあり得ない。彼女にとっては、光源氏の愛情など、禍々《まがまが》しい呪《のろ》いでしかなく、光源氏との間の子供など、忌《い》まわしい災厄《さいやく》でしかなかった。桐壺帝《きりつぼてい》（桐壺《きりつぼ》院《いん》）の妃《きさき》であって、光源氏の継母《ままはは》であった藤壺中宮は、光源氏に愛されて、光源氏の子供を産んだことで、むしろ、とんでもなく不幸な女君となったのである。彼女は、常に身の破滅と隣り合わせの人生を送らなければならなかったのであった。

藤壺中宮を中心とする人物関係図

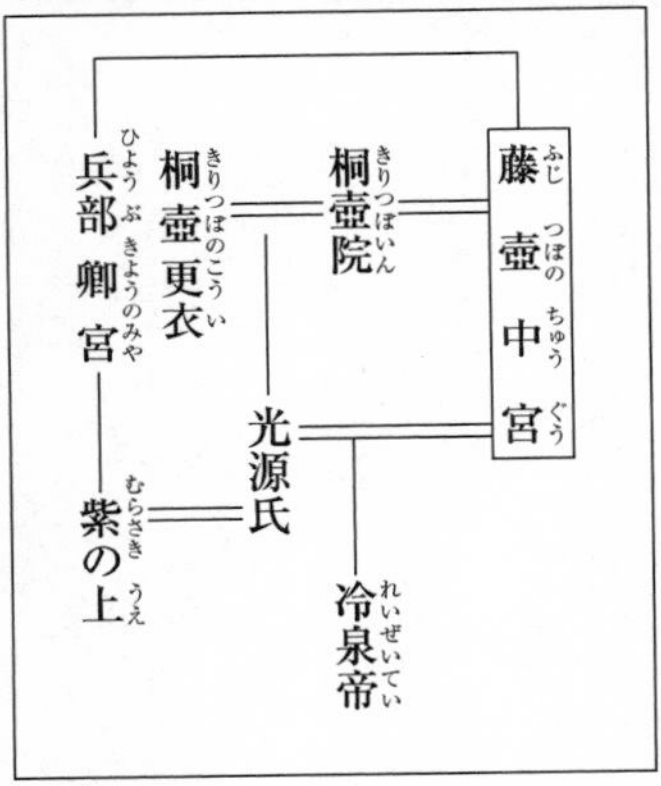

　それでも、物語の世界を生きる人々には、藤壺中宮の人生は、ずいぶんと幸福なものに見えていたことだろう。彼女は、桐壺帝（桐壺院）の寵妃《ちょうひ》となって、同帝の皇子を産み、その皇子が冷泉帝《れいぜいてい》として即位して後は、国母《こくも》（天皇の母親）として尊ばれたのである。そして、物語の住人たちの多くは、われわれ読者とは違い、冷泉帝の出生の秘密を知らない。とすれ

ば、藤壺中宮も、物語の世界の人々にとっては、これ以上ないほどに幸せそうな女君なのではないだろうか。

しかし、王朝時代の『源氏物語』の読者たちは、この藤壺中宮から、現実の王朝時代を生きた誰を思い浮かべたのだろうか。光源氏との密通《みっつう》の件はともかく、皇女《おうじょ》でありながら皇后（中宮）となり、さらには、皇子を産んで国母になった女性など、少なくとも紫式部が生きた頃には、誰もいなかったのである。

明確なモデルを持たない藤壺中宮

藤壺中宮が「藤壺中宮」と呼ばれるのは、その寝所が飛香舎《ひぎょうしゃ》であったからに他ならない。壺庭《つぼにわ》に藤の木が植えられていた飛香舎は、「藤壺《ふじつぼ》」とも呼ばれていたのである。

そして、まさに同じ飛香舎（藤壺）を寝所としたという点から、古くより藤壺中宮のモデルと見做されてきたのが、藤原彰子《あきこ》であった。

彼女は、左大臣藤原道長《みちなが》の娘として、わずか十二歳にして一条《いちじょう》天皇のもとに入内《じゅだい》すると、その翌年には中宮に立てられ、やがて敦成《あつひら》親王・敦良《あつなが》親王の二人の皇子を産む。そして、その皇子たちが後一条《ごいちじょう》天皇・後朱雀《ごすざく》天皇として続けて即位したために、彼らの母親である彰子は、足かけ三十年にも渡って、国母（天皇の母親）の地位を独占し続けたのである。

そんな彰子は、確かに、『源氏物語』の藤壺中宮のモデルであったかもしれない。

ただ、藤壺中宮と彰子との間には、一点、決定的な違いがあった。すなわち、藤壺中宮は、天皇を父親として生まれた皇女であったのに対して、彰子は、摂関家《せつかんけ》の娘とはいえ、藤原氏に生まれた身であり、あくまでも臣下の一人に過ぎなかったのである。

とはいえ、紫式部が生きた王朝時代＝平安時代中期の中頃には、入内して皇后（中宮）となり、皇子を産んで国母にまでなりおおせた皇女など、ただの一人もいなかった。

確かに、冷泉天皇の皇后は、朱雀《すざく》天皇皇女の昌子《まさこ》内親王であったが、この皇女では、藤壺中宮のモデルにはなり得まい。彼女は、皇子も皇女も産んでおらず、当然のことながら、国母になることはなかったのである。また、円融《えんゆう》天皇の後宮にも、冷泉天皇皇女の尊子《たかこ》内親王がいたが、こちらも、藤壺中宮のモデルとするには無理があろう。彼女は、女御《にょうご》の一人として扱われるばかりで、皇后（中宮）に立てられることはなく、しかも、皇子や皇女を産むこともないままに、若くして出家を遂《と》げてしまったのである。

その後、花山《かざん》天皇・一条天皇・三条《さんじょう》天皇・後一条天皇の時代には、足かけ五十三年もの間、皇女が入内することは、全くなかった。この半世紀余り、天皇の結婚は、摂関家が管理していたのであり、後宮は、藤原氏の女性たちがほとんど独占していたのである。当時の皇女たちには、皇后になることどころか、入内することさえ、まず不可能であった。

　したがって、紫式部は、国母になった皇女を、直接には知らなかったことになるだろう。いや、それどころか、彼女は、皇女の皇后（中宮）さえも知らなかったはずなのである。正確な生没年のわからない紫式部であるが、現時点では、彼女をめぐって、円融天皇の時代に生まれて後一条天皇の時代ほどに他界したと見ることが一般的となっている。

　ちなみに、冷泉天皇皇后の昌子内親王は、紫式部が生まれた円融朝には皇太后《こうたいごう》となっており、紫式部が『源氏物語』を書きはじめた一条朝には太皇太后《たいこうたいごう》となっていたが、この昌子内

天皇家略系図③
（●数字は即位した順番を示す）

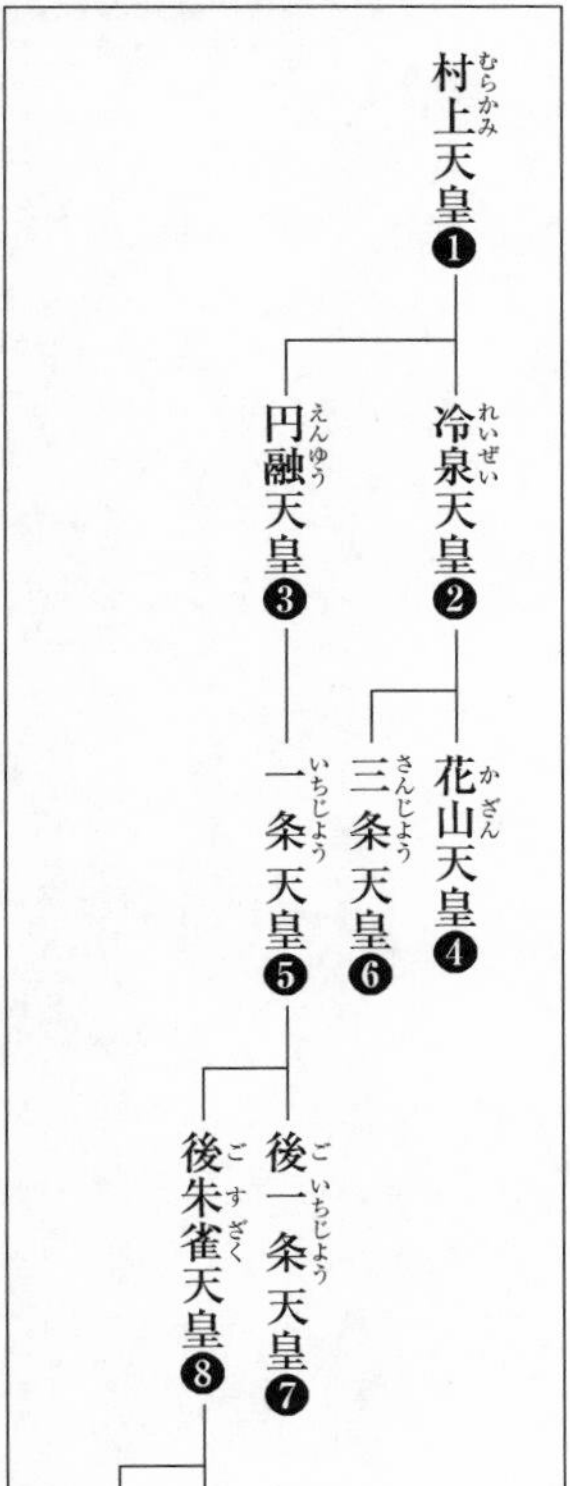

親王以前に皇后になった皇女を探すならば、平安時代前期に嵯峨《さが》天皇の皇女にして淳和《じゅんな》天皇の皇后となった正子《まさこ》内親王にまで遡らなければならない。さらに、紫式部からすれば、最後に国母になった皇女は、何と、奈良時代初期に文武《もんむ》天皇の母親となった阿閇皇女《あへのみこ》であった。文武天皇の死後には元明《げんめい》天皇ともなった阿閇皇女は、天智《てんじ》天皇の皇女である。

禎子内親王という皇女

そんな時代に、昌子内親王の立后《りっこう》から七十年余りを経た長暦《ちょうりゃく》元年（一〇三七）、久しぶりに皇女を皇后（中宮）に立てたのは、後朱雀天皇であった。彼は、兄の後一条天皇から譲られた玉座に登ると、迷うことなく、皇太子時代からの妃の禎子《よしこ》内親王を立后したのである。

この禎子内親王は、三条天皇の第三皇女であった。また、その母親は、藤原道長の娘で三条天皇中宮の妍子《きよこ》である。したがって、禎子内親王は、道長を外祖父《そとおおじ》に持つことになる。

そして、この皇女は、三条天皇の第一皇女・第二皇女にとっては、異母妹であった。第一皇女当子《まさこ》内親王・第二皇女禔子《ただこ》内親王の母親は、三条天皇皇后の藤原娍子《すけこ》なのである。

とすると、三条天皇の後宮には、皇后と中宮とが別個にいたことになる。が、「皇后」も、「中宮」も、天皇の正妻の称号である。本来、「皇后」と呼ばれる女性と「中宮」と呼ばれる女性とは、同一人物でなければならない。それが、三条天皇の後宮に皇后と中宮とが別々に存在することになったのは、天皇の純愛と道長の権勢欲とが衝突した末のことであった。

三条天皇は、まだ皇太子居貞《いやさだ》親王であった頃から、娍子を妃としていた。そして、居貞親王と娍子とは、実に仲睦《なかむつ》まじく、二人の間には、四男二女が誕生してさえいたのである。居貞親王としては、即位した暁《あかつき》には、娍子こそを皇后（中宮）に立てるつもりであったろう。その一方で、三条天皇（居貞親王）には、即位の直前になって道長から明らかに政治的な意図のもとに押し付けられただけの妍子など、厄介《やっかい》な客人でしかなかったに違いない。

ところが、いざ三条天皇が即位してみると、それからほどなく立后されたのは、娍子ではなく、妍子であった。もちろん、そんなことになったのは、先代の一条天皇の時代から朝廷を牛耳《ぎゅうじ》っていた道長のゴリ押しがあってのことである。道長としては、娍子の産んだ皇子たちを差し置いて、妍子がこれから産むかもしれない皇子を次代の天皇にするために、その布石として、妍子を娍子よりも格の高い妃にしておきたかったのだろう。

これに対して、三条天皇は、娍子をも立后する。彼には、愛する娍子を妍子の風下に立たせることなどできなかったのである。そして、三条天皇の後宮には、「皇后」と呼ばれる娍子と「中宮」と呼ばれる妍子との、二人の正妻が並び立つことになる。

禎子内親王を中心とする人物関係図

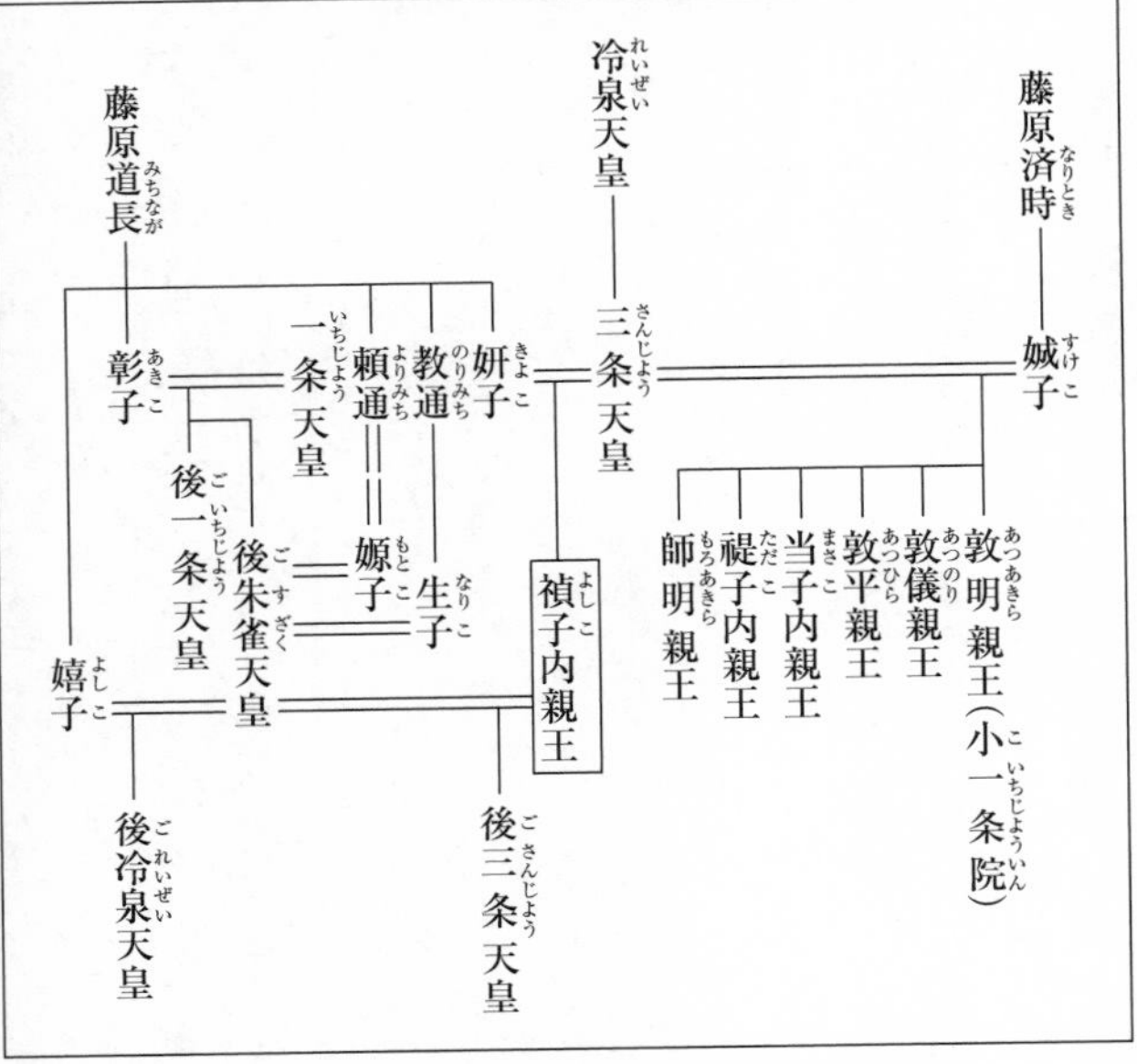

とはいえ、中宮妍子が三条天皇に愛されていなかったことは、妍子には禎子内親王の他に子供がないことからも察せられよう。そして、そんな妍子を母親とする禎子内親王も、三条天皇からは、あまり深くは愛されていなかったのではないだろうか。

それでも、やがては、皇女としては七十余年ぶりに皇后（中宮）に冊立《さくりつ》されるのが、禎子内親王である。しかも、この皇女は、皇后になったばかりか、彼女の産んだ皇子が天皇になることで、ついには、国母（天皇の母親）の地位を占めることにもなるのであった。

とすれば、王朝時代の終わり頃の『源氏物語』の読者たちには、この禎子内親王こそが、藤壺中宮のリアルであったろう。もちろん、紫式部が他界した後に立后された禎子内親王は、藤壺中宮のモデルではあり得ない。が、それでも、紫式部没後の世代の王朝時代の読者たちであれば、藤壺中宮のリアルとしては、禎子内親王こそを思い浮かべたことだろう。

外伯母の庇護

歴史物語の『大鏡《おおかがみ》』は、三条天皇について語る中で、「この宮《みや》を、殊《こと》の外《ほか》にかなしうし奉《たてまつ》らせ給《たも》うて」と、同天皇が禎子内親王をたいへんかわいがっていたとする。同書によれば、三条天皇は、例えば、「渡《わた》らせ給《たま》ひたるたびには、さるべきものを必《かなら》ず奉《たてまつ》らせ給《たま》ふ」と、禎子内親王と対面するたびに、必ず立派な贈り物をしていたのである。

しかし、こうした三条天皇の禎子内親王に対する態度は、かなりの程度に政治的なものだったのではないだろうか。すなわち、三条天皇は、立后の件などで道長と対立していたことを踏まえ、道長の娘の中宮妍子が産んだ禎子内親王をかわいがることによって、どうにか道長との関係を穏便《おんびん》なものにしようと試みていた、と考えられるのである。道長こそが朝廷を牛耳っていたという現実に照らせば、三条天皇としては、中宮妍子や禎子内親王にさして愛情を持っていなかったとしても、そうした対応をせざるを得なかっただろう。

ただ、道長は道長で、その外祖父であったにもかかわらず、禎子内親王を大切に思ってはいなかったらしい。というのも、長和《ちょうわ》二年（一〇一三）の七月六日、禎子内親王が生まれた折の道長の反応を、藤原実資《さねすけ》の『小右記《しょうゆうき》』が次のように伝えているからである。

悦《よろこ》ばざるの気色《けしき》の甚《はなは》だ露《あら》はなり。女を産《う》ましめ給《たま》ふに依《よ》る歟《か》。

道長にしてみれば、娘たちを天皇たちの後宮に入れるのは、あくまでも、自身が将来も権力を握り続けるべく、次代・次々代・次々々代の天皇とする皇子を、自身の外孫《そとまご》として確保するためであった。そんな道長は、当然、娘が皇女を産むことなど、全く望んでいなかっただろう。王朝時代は、皇女が即位して天皇となることが絶えて久しい時代であった。

だが、禎子内親王も、外伯母《そとおば》の彰子には、ずいぶんとかわいがられた。道長の長女として一条《いちじょう》天皇の中宮になった彰子は、三条天皇の時代には皇太后となり、後一条天皇の時代には太皇太后《たいこうたいごう》となっていたが、その彰子が禎子内親王をたいへんかわいがったのである。

例えば、後一条天皇の治安《じあん》三年（一〇二三）四月一日、十一歳になった禎子内親王の着裳《もぎ》の儀を主催したのは、太皇太后彰子であった。着裳というのは、当時における女性の成人儀礼であり、禎子内親王のそれは、本来、外祖父《そとおおじ》の道長によって取り仕切られるべきであったろう。が、『小右記』の詳細な記録によると、禎子内親王の着裳は、太皇太后彰子の御所において、太皇太后彰子の主催のもとに執《と》り行《おこな》われたのであった。

すると、道長としても、禎子内親王を完全に棄《す》て置《お》くわけにはいかない。その頃の彰子は、後一条天皇の母親として国母の地位にあったのであり、道長よりも大きな権威を有していたのである。それゆえ、禎子内親王は、着裳の儀に臨んだその日、道長の計らいにより、朝廷から一品《いっぽん》の品階《ほんかい》を与えられて、「一品《いっぽん》の宮《みや》」と呼ばれる身となる。

また、万寿《まんじゅ》四年（一〇二七）三月三日、禎子内親王を皇太子敦良親王に入内させたのも、実質的には、その前年に「上東門院《じょうとうもんいん》」と呼ばれる准太上天皇《じゅんだいじょうてんのう》になった彰子であろう。やがて後朱雀天皇として即位する敦良親王は、彰子が産んだ皇子に他ならない。外伯母の彰子の庇護《ひご》を受け続けた禎子内親王は、ついには、その外伯母の息子の嫁に迎えられたのである。

蜜月の皇太子妃時代

しかし、禎子内親王は、敦良親王が初めて迎えた妃ではない。敦良親王の最初の妃となったのは、道長の娘の嬉子《よしこ》であった。この嬉子は、彰子や妍子の同母妹であって、禎子内親王には外叔母《そとおば》にあたることになる。叔母と姪《めい》とが同じ一人の男性を夫とするというのは、われわれ現代人には、かなり奇妙なものである。

ただ、禎子内親王が入内したとき、嬉子は既に他界していた。嬉子は、十七歳になった治安元年（一〇二一）、十五歳の敦良親王に入内すると、その二年後、十九歳の万寿二年（一〇二五）に、一人の皇子を産んでほどなく、帰らぬ人となったのである。その折に彼女が産んだ皇子は、やがて後冷泉《ごれいぜい》天皇として即位するから、この嬉子は、国母となる資格を持ちながら、皇后（中宮）になることもできず、皇太子妃のまま亡くなった、何とも気の毒な女性であった。

したがって、万寿四年（一〇二七）に禎子内親王が入内した際の敦良親王は、結婚経験があって子供まで持っていながらも、再び独り身に戻っていたことになる。しかも、敦良親王は、嬉子を妃としていたときと同じく、皇太子という立場にありながら、他に妃を迎えようとはしなかったから、敦良親王・禎子内親王は、かなり仲睦まじい夫婦であったらしい。ちなみに、禎子内親王が入内した時点で、内親王自身は十五歳であり、敦良親王は十九歳である。

禎子内親王は、短命な女性が多い皇女であったものの、かなり丈夫な身体《からだ》の持ち主であったらしく、敦良親王が即位するまでの間に、三人もの皇子・皇女を産んでいる。この年若い皇太子夫妻の最初の子供は、長元《ちょうげん》二年（一〇二九）に誕生した良子《ながこ》内親王であり、これに続く第二子は、長元五年に生まれた娟子《きよこ》内親王であった。そして、おそらく周囲からは待望されていたであろう皇子は、ようやく第三子として誕生することになる。すなわち、長元七年、やがて後三条天皇となる尊仁《たかひと》親王が生まれたのであった。

こうして、いつでも即位できるだけの準備が整った敦良親王であるが、彼が兄の後一条天皇から玉座を受け継ぐのは、長元九年にもなってからのことであった。そのとき、敦良親王（後朱雀天皇）は、既に二十八歳にもなっており、禎子内親王もまた、二十四歳になっていた。王朝時代の天皇としては、二十八歳での即位は、かなり遅い方である。

後朱雀天皇の兄の後一条天皇は、九歳で即位しており、また、この兄弟の父親の一条天皇に至っては、わずか七歳で即位しているように、王朝時代の天皇たちは、幼くして即位するものであった。そして、それは、摂関《せっかん》政治の時代であったがゆえのことであったろう。が、敦良親王の場合、わずか一つ年長であるだけの兄の後一条天皇の皇太子（皇太弟《こうたいてい》）に立てられたため、どうしても、皇太子として過ごす歳月が長くなって、それなりの年齢に達してからしか即位できなかったのであった。

だが、その皇太子敦良親王の妃となった禎子内親王にとっては、夫が即位するまでの間こそが、人生において最も幸福な期間であったかもしれない。

陽明門院禎子内親王

長元九年（一〇三六）、皇太子敦良親王が後朱雀天皇として即位すると、皇太子妃禎子内親王は、その翌年に皇后（中宮）に冊立《さつりつ》される。これは、唯一の妃として足かけ十四年も皇太子と連れ添い、一男二女まで儲《もう》けた禎子内親王に対して、あまりにも当然の処遇であった。

が、そのとき、禎子内親王の幸せな生活は、既に壊れはじめていた。いや、それは、壊されはじめていたのである。それも、彼女を育《はぐく》んだ藤原摂関家の手によって。

まず、後朱雀天皇が即位した長元九年の十一月、禎子内親王には第一子となる良子《ながこ》内親王が、伊勢斎宮《いせのさいぐう》に卜定《ぼくじょう》される。しかも、それと同時に、禎子内親王の第二子である娟子《よしこ》内親王までが、賀茂斎院《かものさいいん》に卜定されてしまう。こうなった以上、後朱雀天皇が玉座にある限り、二人の娘たちが禎子内親王のもとに戻ることはあり得ない。禎子内親王は、皇后（中宮）になる代わりに、二人の娘たちを奪われたようなものであった。

なお、伊勢斎宮や賀茂斎院の選定が「卜定」と呼ばれるのは、それが神祇官《じんぎかん》の卜占《ぼくせん》専門官である卜部《うらべ》たちの卜占（亀卜《きぼく》）によるものであったからに他ならない。ただ、王朝時代の伊勢斎宮・賀茂斎院の卜定は、けっして公正なものではなかった。それは、あらかじめ摂関家にとっては不要な皇女こそが選ばれるように仕組まれた、所謂《いわゆる》「出来《でき》レース」でしかなかったのである。したがって、あまりにもみごとに禎子内親王を母親とする二人の皇女たちを指名した長元九年の卜定には、禎子内親王に対する悪意を見るべきであろう。

そして、その悪意の主は、間違いなく、関白頼通《かんぱくよりみち》であった。万寿四年（一〇二七）十二月に薨《こう》じた道長に代わって新たな摂関家当主となった頼通は、自身の娘こそを後朱雀天皇の皇后（中宮）に据えたかったのであり、それゆえ、心の底から禎子内親王を邪魔に思っていたのである。

事実、頼通は、禎子内親王の立后の前月に、養女の嫄子《もとこ》を後朱雀天皇に入内させ、しかも、禎子内親王の立后の翌月には、その嫄子をも立后させている。頼通は、ゴリ押しにゴリ押しを重ねて、一人の天皇に二人の皇后（中宮）を持たせたのである。ただ、さすがの頼通も、二人ともを皇后（中宮）とすることには無理を感じたのだろう、禎子内親王は「皇后」とだけ呼ばれて嫄子は「中宮」とだけ呼ばれるように手配したのであった。

後三条天皇を中心とする人物関係図

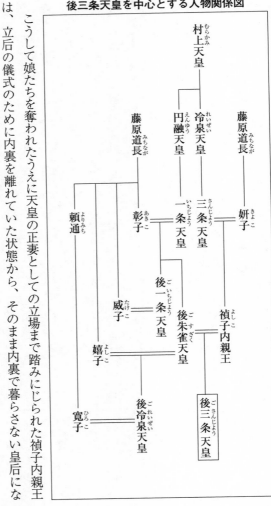

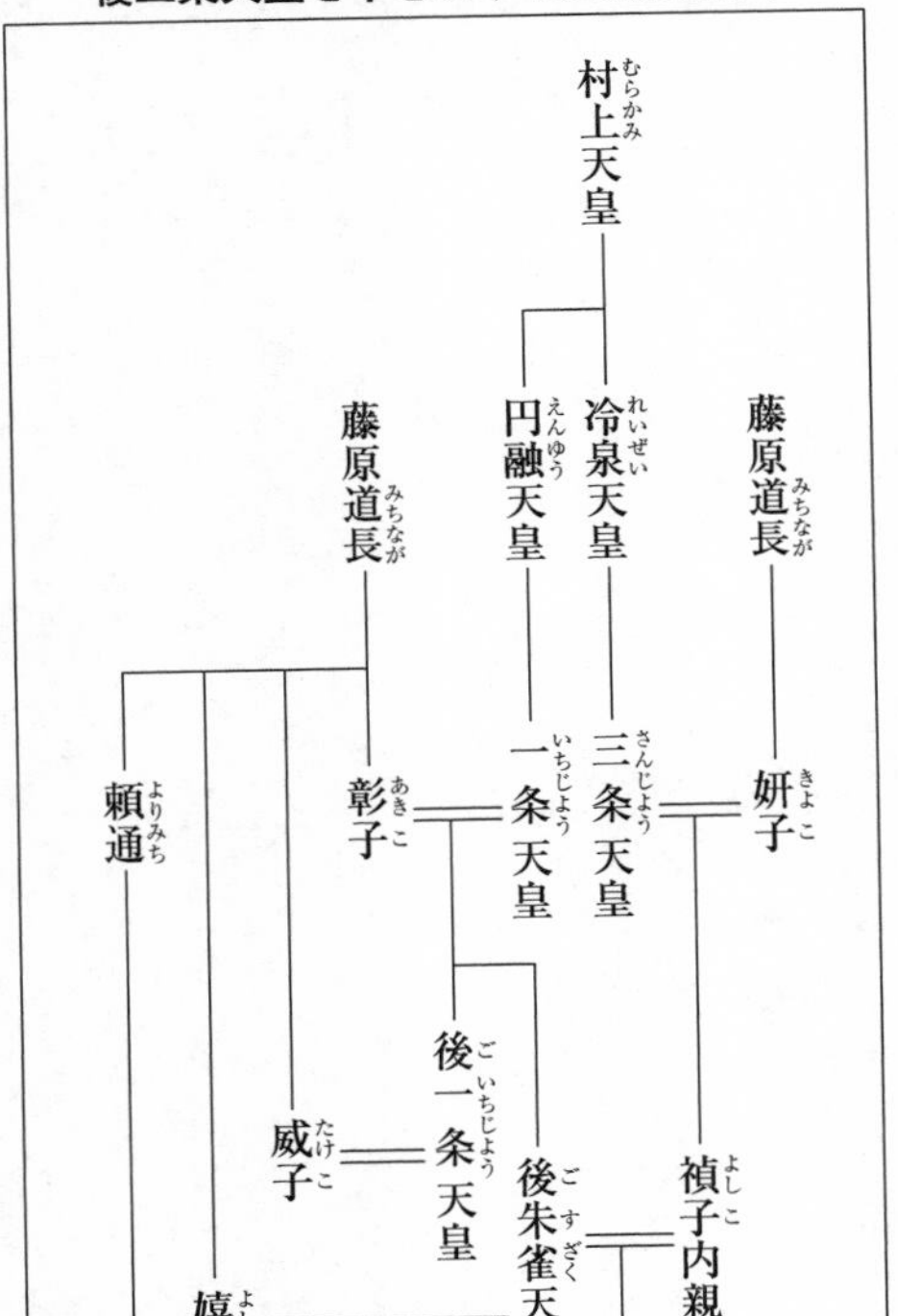

こうして娘たちを奪われたうえに天皇の正妻としての立場まで踏みにじられた禎子内親王は、立后の儀式のために内裏を離れていた状態から、そのまま内裏で暮らさない皇后になる。それは、彼女なりの無言の抗議だったのだろう。

そんな禎子内親王がどうにか溜飲《りゅういん》を下げたのは、五十七歳となった治暦《じりゃく》五年（一〇六九）、女院《にょいん》として「陽明門院《ようめいもんいん》」と呼ばれる身となったときであったろうか。

後朱雀天皇が崩じ、その次の後冷泉天皇も崩じると、治暦四年（一〇六八）、禎子内親王を母親とする尊仁親王が、ついに後三条《ごさんじょう》天皇として即位する。すると、この天皇は、それまでの辛苦《しんく》に報いようと、ようやく国母となった母親に、さらに、女性の准上皇《じゅんじょうこう》である女院《いん》の身分を与えたのであった。そして、陽明門院禎子内親王は、後三条天皇を嚆矢《こうし》とする院政《せい》の世に藤原摂関家が凋落《ちょうらく》していくのを見守りつつ、八十二歳まで生きたのである。

コラム④

「夜歩き」のリアル　皇子が乳母に叱られるとき

貴公子の「夜歩き」への非難

現代においても、「夜歩き」という言葉には、あまりいい意味合いはない。そして、「夜歩き」と書いて「よありき」と読んだ王朝時代においても、貴公子《きこうし》たちが「夜歩《よあり》き」

や夜の「歩《あり》き」をすれば、その周囲の人々は、眉《まゆ》をひそめずにはいられないものであった。例えば、光源氏に仕《つか》える女房《にょうぼう》たちなどは、次に引用する夕顔《ゆうがお》巻の一節において、光源氏が「夜歩き」を繰り返すことを、ひどく嫌《いや》がっている。

あやしう夜深《よぶか》き御歩《おんあり》きを、人々《ひとびと》、「見苦《みぐる》しきわざかな。この頃《ころ》、例《れい》よりも静心《しずごころ》なき御忍《おんしの》び歩《あり》きの、頻《しき》る中《なか》にも、昨日《きのう》の御気色《みけしき》の、いと悩《なや》ましう思《おぼ》したりしに。いかで、かくたどり歩《あり》き給《たま》ふらむ」と、嘆《なげ》き合《あ》へり。

（光源氏さまの驚くほど遅い時刻のお出かけを、女房たちは、「みっともないことよ。最近は、何か慌《あわ》ただしくこっそりとお出かけになることが多い中でも、昨日のご様子など、ひどくご気分が悪くいらっしゃるようだったというのに。どうして、こうもお出かけになるのかしら」と、互いに嘆き合ったのでした。）

そして、貴公子の「夜歩き」が、王朝時代において、これほどまでに周囲の人々を困惑させたのは、「夜歩き」や夜の「歩き」が、すなわち、恋人や愛人など、とにかく妻ではない女性のもとへの訪問であったからに他ならない。それなりの身分の男性が、色好《いろごの》みに耽《ふけ》るとなれば、その両親や兄弟姉妹のみならず、女房のような従者たちまでもが困った顔をしたとしても、それは、いかにも当然のことであったろう。

いや、それどころか、やんごとない貴公子が色好みの「夜歩き」を繰り返せば、さらには、世間さえもが、黙ってはいられないものであった。次の『栄花物語《えいがものがたり》』の一節の如くに。

弾正宮《だんじようのみや》、うちはへ御夜歩《おんよあり》きの恐《おそ》ろしさを、世《よ》の人《ひと》、「安《やす》からず、あいなきことなり」と、賢《さか》しらに聞《き》こえさせつる、……、あさましかりつる御夜歩《おんよあり》きの験《しるし》にや、いみじう患《わずら》はせ給《たま》ひて、失《う》せ給《たま》ひぬ。

（弾正尹《だんじよういん》をお務めになる為尊《ためたか》親王さまが、なおも夜のお出かけをなさることの恐ろしさを、世間では、「危《あぶ》なっかしく、不都合なことである」と、小賢《こざか》しく噂《うわさ》し申し上げますが、……、呆《あき》れるほどに頻繁《ひんぱん》であった夜のお出かけが原因でしょうか、親王さまは、ひどい病気に罹《かか》られて、お亡《な》くなりになってしまいました。）

冷泉《れいぜい》天皇第三皇子の為尊親王が二十六歳の若さで世を去ったのは、悪性の腫瘍《しゆよう》のためである。が、生前に「夜歩き」が頻繁であった彼は、当時の世間から、「夜歩き」をやめなかったために病を得て死んだものとして、その色好みを非難されたのであった。

乳母を憚る光源氏

しかし、自身の「夜歩き」を非難する者として、光源氏が最も恐れていたのは、彼に仕える女房たちでもなければ、世間一般の人々でもなかった。あるいは、それは、父親の桐壺帝《きりつぼてい》（桐壺院《きりつぼいん》）や舅《しゅうと》の左大臣《さだいじん》でもない。ましてや、光源氏は、正妻の葵《あおい》の上《うえ》に「夜歩き」を咎《とが》められることなど、何とも思っていなかっただろう。もっとも、葵の上の場合、そもそも、光源氏を夫とは認めていなかったのだから、彼に頻繁な「夜歩き」があったところで、そんなことは気にもしなかったのだが。

では、光源氏の「夜歩き」を叱責《しっせき》して、最も効果のある人物は、いったい誰であったかといえば、それは、他でもない、彼の乳母《めのと》であった。

光源氏の乳母といえば、まず誰よりも、「大弐の乳母《だいにのめのと》」として知られる女性であろう。物語の語り手によって「大弐の乳母」として紹介される彼女は、光源氏の乳母であるとともに、大宰大弐《だざいだいに》の妻であった。大宰大弐というのは、大宰府《だざいふ》の実質的な長官《かみ》にあたる官職であり、上級貴族が任命されるべき要職であったから、大弐の乳母は、上級貴族家の奥方であったことになる。皇子の乳母を任される女性には、それくらいの身分が必要だったのだろう。

ちなみに、この大弐の乳母こそが、あの惟光《これみつ》の母親である。光源氏に最も親しく仕える惟光は、光源氏の乳母子《めのとご》なのである。

そして、そんな大弐の乳母は、夕顔《ゆうがお》巻の冒頭、重い病気のゆえに出家した、高齢の尼《あま》君《ぎみ》として登場する。それゆえ、光源氏は、彼女を「尼君」と呼ぶのであるが、その尼君＝大弐の乳母は、五条大路《ごじょうおおじ》に近い仮住《かりず》まいにおいて療養中であって、そこを光源氏が見舞いのために訪れるところからはじまるのが、夕顔巻の物語である。だからこそ、皇子である光源氏が、やんごとない人々であれば滅多《めった》に近寄らないはずの五条大路界隈《かいわい》などで、夕顔という女君《おんなぎみ》を見出すことになるのであった。

しかし、光源氏としては、夕顔を新たな恋人として、新たな「夜歩き」をはじめたことを、大弐の乳母＝尼君には知られたくなかった。それゆえ、彼は、いつも夕顔のもとへの「夜歩き」に付き合わせていた惟光に対して、こんな発言を繰り返すのである。

「かの尼君《あまぎみ》などの聞《き》かむに、おどろおどろしく言《い》ふな。かかる歩《あり》き許《ゆる》さぬ人なり」

「尼君《あまぎみ》、況《ま》して、かやうのことなど諫《いさ》めらるるを、心恥《こころは》づかしくなん、思《おぼ》ゆべき」

光源氏にとっては、大弐の乳母＝尼君こそが、「かかる歩き許さぬ人」であって、「夜歩き」のことを知られたなら、必ずや「かやうのことなど諫めらるる」はずの人であった。

光源氏にとっての大弐の乳母

それにしても、光源氏は、どうして、こうも大弐の乳母のことを気にするのだろうか。

確かに、大弐の乳母は、光源氏を育てた女性である。が、彼女は、けっして、光源氏を産んだ実の母親ではなく、もちろん、彼の尊属ではない。むしろ、主従関係というものが存在した王朝時代においては、大弐の乳母もまた、光源氏にとっては、彼に仕える大勢の従者たちの一人でしかなかったはずであろう。

ところが、実際には、光源氏は、大弐の乳母という女性を、ある意味において、ひどく恐れていた。光源氏にしてみれば、大弐の乳母こそは、彼の「夜歩き」を強く諫めることのできる唯一の存在でさえあったのである。

そして、このような不思議な関係が成立していたのは、どうやら、光源氏と大弐の乳母とが、主従の関係などをはるかに超えて、本当の親子が思い合う以上に思い合う、特別な関係にあったためであるらしい。光源氏は、大弐の乳母のことを、他の従者たちと同列になど思っておらず、それどころか、誰よりも大切な存在と見做《みな》していたようなのである。そのあたりは、病床の大弐の乳母＝尼君のもとを訪れた際の、次のような彼の見舞いの言葉に明らかであろう。

「日来《ひごろ》、怠《おこた》り難《がた》くものせらるるを、安《やす》からず嘆《なげ》き渡《わた》りつるに、かく、世《よ》を離《はな》るるさまにものし給《たま》へば、いとあはれに口惜《くちお》しうなむ。命長《いのちなが》くて、なほ位高《くらいたか》くなど見成《みな》し給《たま》へ。さてこそ、九品《ここのしな》の上《かみ》にも、障《さわ》りなく生《う》まれ給《たま》はめ。この世《よ》に少《すこ》し恨《うら》み残《のこ》るは、悪《わろ》き態《わざ》となむ聞《き》く」

（この数日、あなたがなかなか快方《かいほう》に向かわずにいらっしゃるのを、心配しながら過ごしてきましたが、このように、尼《あま》の姿でいらっしゃるので、たいへん残念に思います。長生きして、私がもっと出世するのをお見届《みとど》けください。その方《ほう》が、亡くなった後、極楽浄土《ごくらくじょうど》の上階に生まれ変わることも、容易《ようい》でいらっしゃいましょう。亡くなるとき、この世に少しでも心残《こころのこ》りがあるのは、よくないことだと聞きますよ。）

これを、光源氏は、「涙《なみだ》ぐみて宣《のたま》ふ」たのだという。そして、その涙は、真心の涙であったろう。この光源氏は、自身の不実さを棚に上げて、思い悩む六条《ろくじょうの》御息所《みやすどころ》に「なほ言《い》ふ甲斐《かい》なきにても御覧《ごらん》じ果《は》てむや、浅《あさ》からぬにはあらん（私の不甲斐《ふがい》なさも大目に見て、末永く見守ってくださるというのが、深い愛情というものなのではないでしょうか）」などと言い放つ、思いやりの欠片《かけら》もない葵《あおい》巻の彼とは、全くの別人のように見えてしまいさえする。

大弐の乳母にとっての光源氏

また、光源氏は、病床の大弐の乳母には、こんな言葉をかけもする。

「稚《いわ》けなかりけるほどに、思《おも》ふべき人々《ひとびと》のうち捨《す》ててものし給《たま》ひにける名残《なごり》、育《はぐく》む人《ひと》、数多《あまた》あるやうなりしかど、親《した》しく思《おも》ひ睦《むつ》ぶる筋《すじ》は、またなくなむ思《おぼ》ほえし。人《ひと》となりて後《のち》は、限《かぎ》りあれば、朝夕《あしたゆうべ》にしもえ見奉《みたてまつ》らず、心《こころ》のままに訪《とぶら》ひ詣《もう》づることはなけれど、なほ、久《ひさ》しう対面《たいめ》せぬときは、心細《こころぼそ》く思《おぼ》ゆるを、『さらぬ別《わか》れはなくもがな』」

（まだ私が幼かった頃、私を愛してくれるはずの人々が私を残して亡くなった後、それでも、私を養育する人は、数多くいるようであったけれども、私が懐《なつ》いていたのは、あなただけでした。しかし、成人してからは、公務などもあって時間が限られているため、昔のように朝夕《あさゆう》にお会いすることもできず、気ままにお訪ねすることもありませんでしたが、やはり、久《ひさ》しくお会いしないときには、心細《こころぼそ》く感じましたので、古い和歌にもあるように、「死などというものがなければいいのに」といったところです。）

もちろん、このときにも、「細《こま》やかに語《かた》らひ給《たま》ひて、おし拭《のご》ひ給《たま》へる」と、涙ながらに言葉を紡いだ光源氏であった。

では、一方の大弐の乳母はというと、彼女もまた、見舞いに訪れた光源氏を、こんな言葉で迎えていた。

「惜《お》しげなき身《み》なれど、捨《す》て難《がた》く思《おも》う給《たま》へつることは、ただ、かく御前《おまえ》に候《さぶら》ひ、御《ご》覧《らん》ぜらるることの変《か》はり侍《はべ》りなむことを口惜《くちお》しく思《おも》ひ給《たま》へ、揺蕩《たゆた》ひしかど、忌《い》むことの験《しるし》に蘇《よみがえ》りてなむ、かく渡《わた》り御《おわ》しますを、見《み》給《たま》へ侍《はべ》りぬれば、今《いま》なむ阿弥陀仏《あみだぶつ》の御光《おんひかり》も、心清《こころきよ》く待《ま》たれ侍《はべ》るべき」

（私など、死ぬのが惜《お》しいような身ではありませんものの、なかなか出家に踏み切れずにおりましたのは、ただただ、このように光源氏さまにお目にかかることができなくなってしまいますのを残念に思い申し上げて、ぐずぐずしておりましたわけなのですが、出家して受戒《じゅかい》したご利益《りやく》で一命を取り留めまして、このように光源氏さまがお越しくださいましたお姿を拝見《はいけん》しましたので、今はもう、阿弥《あみ》陀仏《だぶつ》のお迎えも、心残りのないすがすがしい気持ちでお待ちできそうです。)

こう言って泣く大弐の乳母は、やはり、光源氏のことを、お腹《なか》を痛めて産んだ実の子たちよりも、ずっと愛しく思っていたのではないだろうか。

乳母の小言

では、もし、大弐の乳母＝尼君に「夜歩き」のことを知られてしまった場合、光源氏は、どのように叱《しか》られるはずだったのだろうか。

これについては、敦道《あつみち》親王が彼の乳母からもらった小言《こごと》が、いい参考になるだろう。敦道親王というのは、このコラムの冒頭に登場した為尊《ためたか》親王の弟宮にあたる冷泉天皇第四皇子である。この皇子は、和泉式部《いずみしきぶ》のもとを訪れる「夜歩き」を繰り返したために、「侍従《じじゅう》の乳母《めのと》」と呼ばれる乳母に叱られたのであった。なお、ここに紹介する侍従の乳母の小言は、もちろん、『和泉式部日記《いずみしきぶにっき》』が伝えるものである。

「出《い》でさせ給《たま》ふか。いづちぞ。このこと、いみじく人々申《ひとびともう》すなるは。何《なん》のやむごとなき人《ひと》にもあらず。『召《め》し使《つか》はせ給《たま》はむ』と思《おぼ》し召《め》さむ限《かぎ》りは、召《め》してこそ使《つか》はせ給《たま》はめ。軽々《かろがろ》しき御歩《おんあり》きは、なほ、いと見苦《みぐる》しきことなり。そが中《なか》にも、人々《ひとびと》いみじう通《かよ》ふところなり。便《び》なきことどももし出《い》で詣《もう》で来《き》なむ。全《すべ》てよくもあらぬことは、この右近《うこん》の尉《じようなにがし》某がしはじむることなり。故宮《こみや》も、これこそは率《い》て歩《あり》き奉《たてまつ》りしか。夜夜中《よるよなか》と歩《ある》かせ給《たま》ひては、よきことやはある。かかる御供《おんとも》に歩《ある》かむ人《ひと》は、大《おお》殿《との》に申《もう》さむ。世《よ》の中《なか》は、今日明日《きようあす》とも知《し》らず変《か》はりぬべかめり。殿《との》の思《おぼ》し置《お》きてしこともあるものを、世《よ》の有様御覧《ありさまごらん》じ果《は》つるまでは、かかる御歩《おんあり》きなくてこそ御《おわ》しまさめ」

（お出かけですか？　どちらまで？　親王《しんのう》さまの夜のお出かけのことにつきましては、とかく人々がお噂《うわさ》し申し上げているようです。お相手は、さして高貴な女性でもありません。「お側《そば》に置きたい」とお思いの女性たちは、このお屋敷に召し上げておしまいなさい。軽率なお出かけは、やはり、たいへん見苦《みぐる》しいものです。そんな中でも、親王さまが今まさに夢中《むちゆう》になられているのは、多くの男性たちが通《かよ》うような女性なのです。そんなところをお訪《たず》ねになっては、体裁《ていさい》の悪い出来事も起きることでしょう。全ての悪いことは、例の右近衛将監《うこのえのしょうげん》の某《なにがし》が手引きしていることです。お亡《な》くなりになった為尊親王さまも、この男こそがお連れ申し上げていたのだとか。夜遅くに出歩《であ》かれて、いいことがあるでしょうか。そんな夜歩きのお供《とも》をするような不届き者のことは、私から今は亡き藤原兼家《かねいえ》さま（「大殿《おおとの》」）に言い付けましょう。世の中は、今日や明日にも急に変わるかもしれません。亡くなった兼家さまが生前にお決めになったこともあるのですから、世の中の様子をお見極《みきわ》めになるまでは、このような夜歩きはお控《ひか》えくださいませ。）

叱られる皇子

このように叱られた敦道親王は、けっして、侍従の乳母に逆らおうとはしない。彼は、こんな返答をするばかりであった。

「いづちか行《ゆ》かむ。徒然《つれづれ》なるに、儚《はかな》き遊《すさ》みごとするにこそあれ。事々《ことごと》しう人《ひと》の言《い》ふべきにもあらず」

（どこに行こうというわけでもありません。退屈《たいくつ》でしたので、ちょっとした気晴《きば》らしをしようとしているだけですよ。大袈裟《おおげさ》に誰かが咎《とが》め立《だ》てしなければならないようなことでもありません。)

彼は、皇子《おうじ》という高貴な身にありながら、自分の行動を規制しようとする乳母に腹を立てたりはしない。むしろ、彼の態度は、それ以上は叱られないようにすることこそを、最も重視しているかの如くなのである。おそらくは、敦道親王と侍従の乳母との関係も、光源氏と大弐の乳母との関係のようなものだったのだろう。敦道親王は、侍従の乳母を大切に思えばこそ、彼女を落胆させたくはなかったに違いない。

ところが、侍従の乳母の側は、皇子を相手にしているというのに、敦道親王に対して、かなり遠慮のないことを言ったものである。確かに、例えば「かかる御歩《おんあり》きなくてこそ御《おわ》しまさめ」などと、たいへん丁寧に話してはいる。が、話している内容はというと、敦道親王が熱を上げている女性への非難であり、また、敦道親王の最も親しい従者への非難であって、要するに、間接的なものながらも、敦道親王本人に対する非難なのである。

とはいえ、こうも無遠慮に皇子を叱ることができるのも、やはり、この侍従の乳母と敦道親王との間には、血のつながった母子の関係にも負けないほどの、強く確かな関係があったからこそなのではないだろうか。侍従の乳母もまた、敦道親王に対して、実の息子や実の娘に対してよりも、ずっと大きな愛情を持っていたのだろう。

それにしても、「小言」と呼ぶにはずいぶんと長い小言の中で、敦道親王に最も親しく仕える従者の「右近《うこん》の尉《じよう》某《なにがし》」が槍玉《やりだま》に挙げられているあたりは、何とも興味深い。乳母の立場からすれば、彼女が育てた若君が色好みの「夜歩き」などをするのは、それを先導する従者がいるからこそ、なのだろう。そして、それは、かなりの程度に正鵠《せいこく》を射《い》た考え方であるように思われる。

事実、光源氏の夕顔巻での「夜歩き」などは、惟光の存在がなければ、けっしてはじまりさえしなかったはずなのである。ただ、そうした意味で大弐の乳母が最も敵視するべきであった惟光は、大弐の乳母の実子だったのである。

第五章

男君を待ち続ける女君たちのリアル

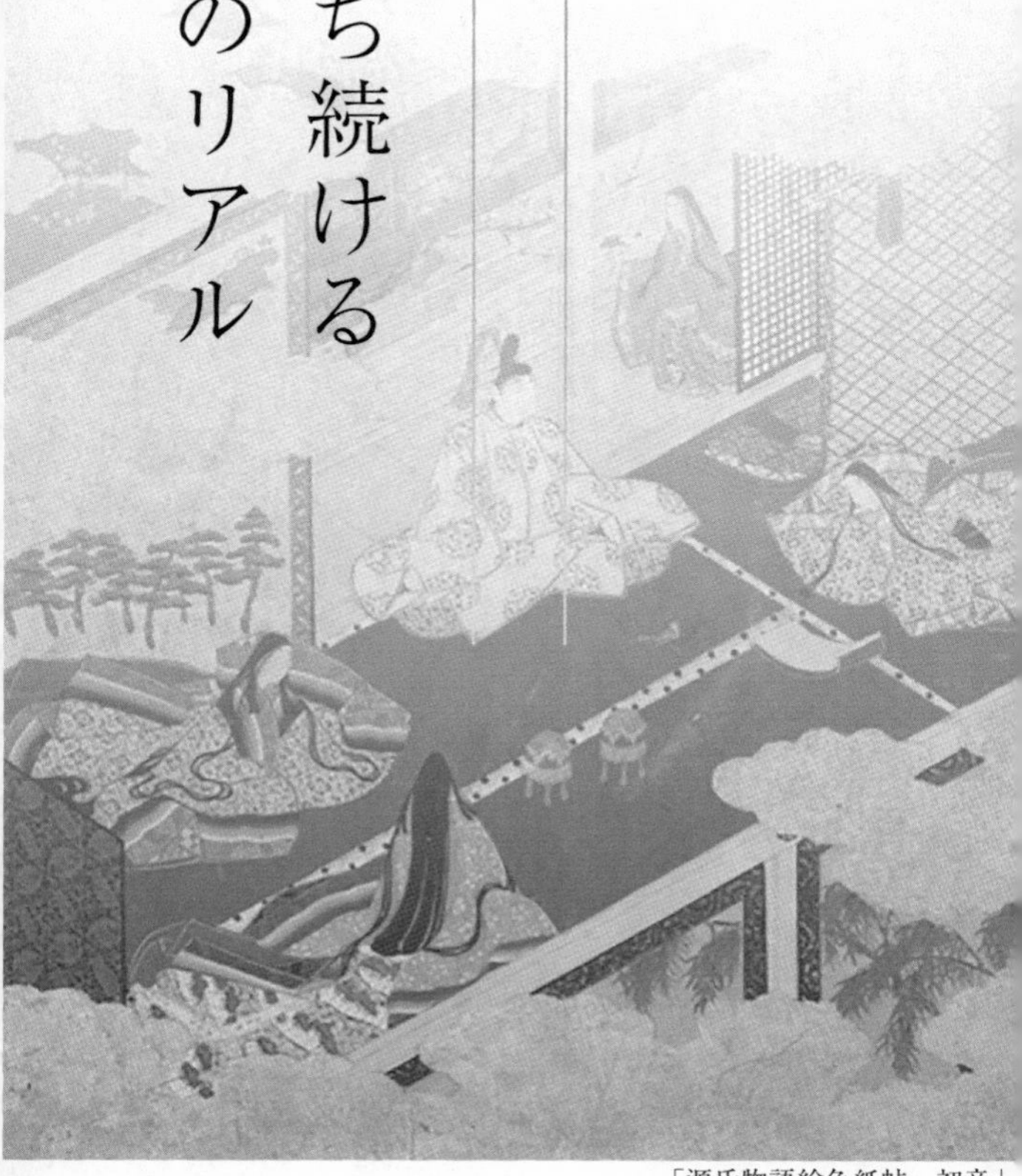

「源氏物語絵色紙帖　初音」

和泉式部《いずみしきぶ》——夕顔のように皇子によって自宅から連れ出された女性

尊厳を踏みにじられた夕顔

猶予《いさよ》ふ月《つき》に縁《ゆくり》なく憧《あくが》れんことを、女《おんな》は思《おも》ひ休《やす》らひ、とかく宣《のたま》ふほど、にはかに雲隠《くもがく》れて、明《あ》けゆく空《そら》、いとをかし。「はしたなきほどならぬ前《さき》に」と、例《れい》の急《いそ》ぎ出《い》で給《たま》ひて、軽《かろ》らかにうち乗《の》せ給《たま》へれば、右近《うこん》ぞ乗《の》りぬる。

（山《やま》の端《は》に沈《しず》みそうでなかなか沈まない月に誘われて、不意に、行き先もわからずに出かけて行くということを、夕顔の君は、嫌がって躊躇《ちゅうちょ》しましたので、光源氏は、あれこれと説得なさいます。その間に、月は、急に雲に隠れてしまいまして、やがて白《しら》んでいく空は、たいそう風雅なものでした。すると、光源氏さまは、「おかしな時間帯に出歩くところを誰かに見咎《みとが》められて体裁が悪くなる前に」と、いつもの逢瀬《おうせ》の後の暁《あかつき》のお帰りと同じように、急いでお出になろうとされて、なおも躊躇《ためら》う夕顔《ゆうがお》の君《きみ》を、軽々《かるがる》と有無を言わさず牛車《ぎつしや》にお乗せになります。そして、右近《うこん》もまた、夕顔の君のお供《とも》として、自ら光源氏さまの牛車に乗り込んだのでした。）

これは、夕顔《ゆうがお》巻の一節である。ここで、この巻の女主人公である夕顔《ゆうがお》は、彼女の五《ご》条大《じょうおお》路《じ》付近の仮住《かりず》まいから、光源氏によって、かなり強引に連れ出されてしまう。

われわれ読者が「夕顔」と呼ぶ女性は、本来、上級貴族家の姫君《ひめぎみ》であった。彼女の父親は、三位中将《さんみのちゆうじよう》という高い地位を得ていたのである。しかし、その三位中将が早くに薨《こう》じたため、後見《うしろみ》を失った夕顔は、いずれにせよ、やがては零落《れいらく》するはずの身であった。

ただ、夕顔の場合、何とも気の毒なことに、あの頭中将《とうのちゆうじよう》に見初《みそ》められたことで、その身の零落を加速させてしまう。すなわち、彼女は、頭中将に愛されたがゆえに、頭中将の正妻の実家である右大臣家《うだいじんけ》に睨《にら》まれるところとなり、早くも父親の残した邸宅で暮らし続けることさえできなくなったのである。夕顔には、右大臣家から身を隠すべく、頭中将とも連絡を断って、乳母《めのと》の右京《うきよう》（西京）の家に身を寄せるしかなかったのだという。

しかも、平安京の西側の半分である右京は、王朝時代において、上級貴族層の人々が暮らすにふさわしいところではなかった。それは、『枕草子《まくらのそうし》』の「返《かえ》る年《とし》の二月廿余日《はつかあまり》」と語り出される段でも、「西の京《にしのきよう》といふところの、あはれなりつること」が話題にされている如

夕顔を中心とする人物関係図

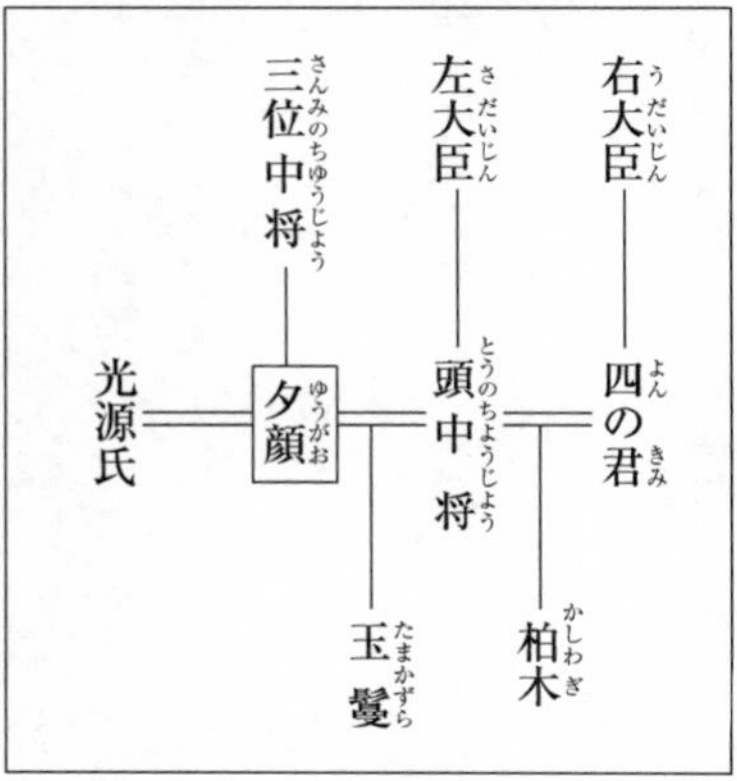

く、当時の右京（「西の京」）は、ひどく荒廃していたからに他ならない。

さらに、夕顔は、光源氏に見出されたとき、平安京の東側の半分である左京《さきょう》（東京）の五条大路に近い家に暮らしていたのであったが、ここにも、彼女の零落ぶりを見ることができる。王朝時代には、同じ左京であっても、四条大路《しじょうおおじ》よりも南の地域ともなると、上級貴族層が住まうべきところではなかったのである。夕顔の五条大路界隈《かいわい》の住まいは、あくまでも方違《かたたがえ》のための仮住まいでしかなかったにしても、それでも、そんな仮住まいしか確保できなかった彼女は、明らかに、零落した姫君であった。

しかし、そんな夕顔であっても、また、一時的な仮住まいからであっても、光源氏は、連れ出すようなまねをするべきではなかった。なぜなら、当時の貴族女性は、男性によって自身の住まいから連れ出されることで、ひどく尊厳を傷付けられたからである。

平安京図

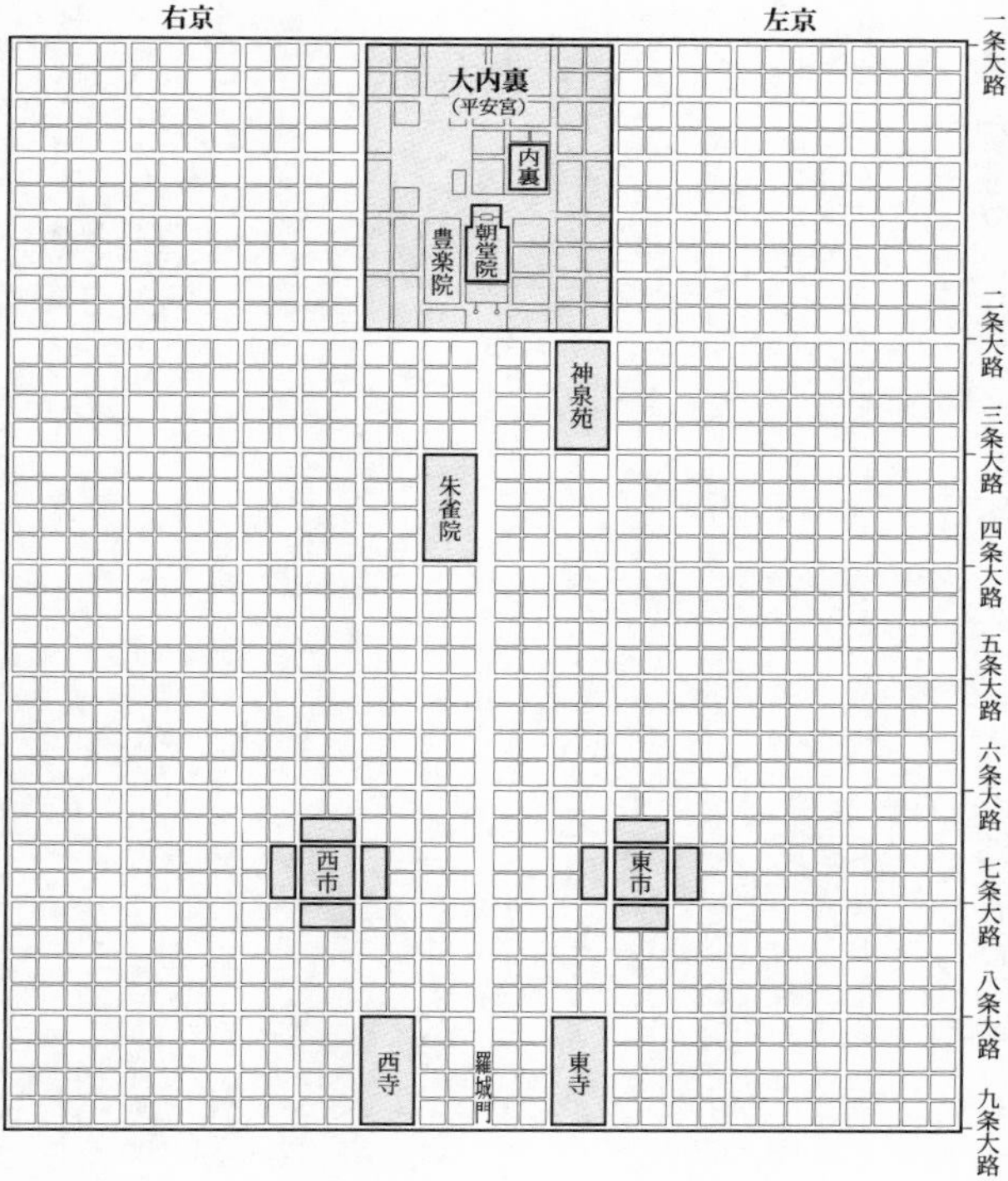
右京
左京
大内裏
（平安宮）
内裏
朝堂院
豊楽院
神泉苑
朱雀院
西市
東市
西寺
東寺
羅城門
一条大路
二条大路
三条大路
四条大路
五条大路
六条大路
七条大路
八条大路
九条大路

連れ出される和泉式部

『和泉式部日記《いずみしきぶにっき》』（『和泉式部物語《いずみしきぶものがたり》』）によると、和泉式部《いずみしきぶ》もまた、男性によって自身の住まいから連れ出されることを経験していた。もちろん、彼女を連れ出した男性というのは、あの敦道親王《あつみち》である。この皇子は、現実の王朝時代においてまたしても、女性に対して光源氏ばりの理不尽な振る舞いをしていたことになる。

それは、長保《ちょうほ》五年（一〇〇三）の五月の上旬のことであった。和泉式部と敦道親王とが初めて男女の関係を持ったのは、その前月の下旬であったから、敦道親王は、契《ちぎ》りを交《か》わしてほどない女性を相手に、その住まいから連れ出すという乱暴なことをしたわけである。

しかも、そうして敦道親王が和泉式部を連れ出すというかたちで持たれた非常識な逢瀬《おうせ》は、二人にとって、まだ二回目にしかならない逢瀬であった。光源氏でさえ、夕顔を彼女の仮住まいから連れ出したのは、彼女の仮住まいでの逢瀬を幾度《いくど》かは繰り返した後のことであったから、敦道親王というのは、光源氏をも上回るほどに、女性に対して強引で理不尽な皇子だったのだろう。

その夜、最初の逢瀬から数日を空《あ》けて久しぶりに和泉式部のもとを訪れた敦道親王は、まずは、久しぶりの訪れとなったことについて、こんな長広舌《ちょうこうぜつ》の言い訳をする。
「あさましう心《こころ》より他《ほか》に覚束《おぼつか》なくなるを、疎《おろ》かにな思《おぼ》しそ。御過《おんあやま》ちとなむ思《おも》ふ。かく参《まい》り来《く》るを、『便《び》なし』と思《おも》ふ人、数多《あまた》あべかめるやうに聞《き》けば、いとほしうてなむ。大《おお》方《かた》も慎《つつ》ましきうちに、いとどほど経《へ》ぬる」
（思いがけず不本意ながら足が遠のいてしまいましたが、私の愛情がいい加減なのだとはお思いにならないでください。これも、あなた自身の過《あやま》ちのゆえだと思うのです。こうして私があなたをお訪ねするのを、「迷惑《めいわく》なことだ」と思う男も、たくさんいるように聞いていますので、あなたに迷惑がかかっては気の毒だと思って遠慮していたのです。また、世間体からも訪問を控えているうちに、ずいぶんと日が経《た》ってしまったのです。）

これはまた、ずいぶんな言《い》い種《ぐさ》であろう。この皇子、実のところは、身分違いの女性のもとに通うことで自分の世間体が悪くなることをひどく気にしており、それゆえに足を運ばなかっただけであったものを、「あなたには、他にも恋人がいるのでしょう?」と、相手の女性に非があるかのように言い出したのである。

しかし、和泉式部の側では、これに腹を立てるでもなかったらしい。『和泉式部日記』には、右の敦道親王の言葉に続けて、「と、細《まめ》やかに御物語《おんものがたり》し給《たま》ひて」と見えるばかりなのである。これも、皇子の身分のゆえであろうか。

そして、これで調子に乗った皇子は、不意に、こんなことを言い出すのであった。

「いざ給《たま》へ。今宵《こよい》ばかり。人《ひと》も見《み》ぬところあり。心長閑《こころのどか》にものも聞《き》こえむ」

（さあいらっしゃい。今夜だけは。誰の眼もないところがあるのです。ゆっくりと私のあなたへの想《おも》いを申し上げましょう。）

皇子の自宅に連れ込まれた和泉式部

そう言った敦道親王は、『和泉式部日記』によると、「車《くるま》を差《さ》し寄《よ》せ給《たま》ひて、ただ乗《の》せに乗《の》せ給《たま》へば」と、自分が乗ってきた牛車を建物に寄せさせると、その牛車へと和泉式部を押し込む。

ここで、「押し込む」という表現が本当に適切であるかは、少し怪しいものの、「ただ乗せに乗せ給へば」というからには、親王は、かなり強引なかたちで和泉式部を牛車に乗せたはずである。「軽《かろ》らかにうち乗《の》せ給《たま》へれば」と表現される光源氏の場合、夕顔を抱《だ》きかかえて車内に運んだことが想像されるが、敦道親王も、これと同様のことをしたのかもしれない。

あるいは、親王の場合には、ただ強い口調で乗るように命じただけであったろうか。

いずれにせよ、和泉式部はというと、自《みずか》ら「われにもあらず乗《の》りても」と表現するように、正気を失って（「われにもあらず」）、敦道親王の思うまま、おとなしく牛車に収まるばかりで、全く逃げ出そうなどとはしなかったらしい。彼女にしてみれば、まさか自宅から連れ出されるなどとは思っていなかったところに、不意に牛車に乗らされることになったのだから、あまりのことに正常な判断ができなかったのだろう。

ただ、そんな和泉式部も、牛車に乗ってしまってから、「人《ひと》もこそ聞《き》け」と思ったのだという。ここに言う「人もこそ聞け」を、少し言葉を補って現代語に訳すならば、「こんなこと、他人《ひと》に知られたなら、どれほどみっともないことか」といったところであろうか。

そう、男性によって自分の住まいから連れ出されることは、王朝時代の貴族女性たちにとっては、みっともないことだったのである。それは、彼女たちには、尊厳に関わることであり、たいへん重大なことであった。しかも、このことは、彼女たちを連れ出す男性が、皇子ほどに尊貴な男性であったとしても、少しも変わるところがなかったのである。

しかし、そんな和泉式部の困惑ぶりに関わりなく、敦道親王は、彼女を乗せた牛車を走らせる。和泉式部の心中を慮《おもんばか》ることなど、この皇子には、全くあろうはずがなかった。

東三条殿第および南院第

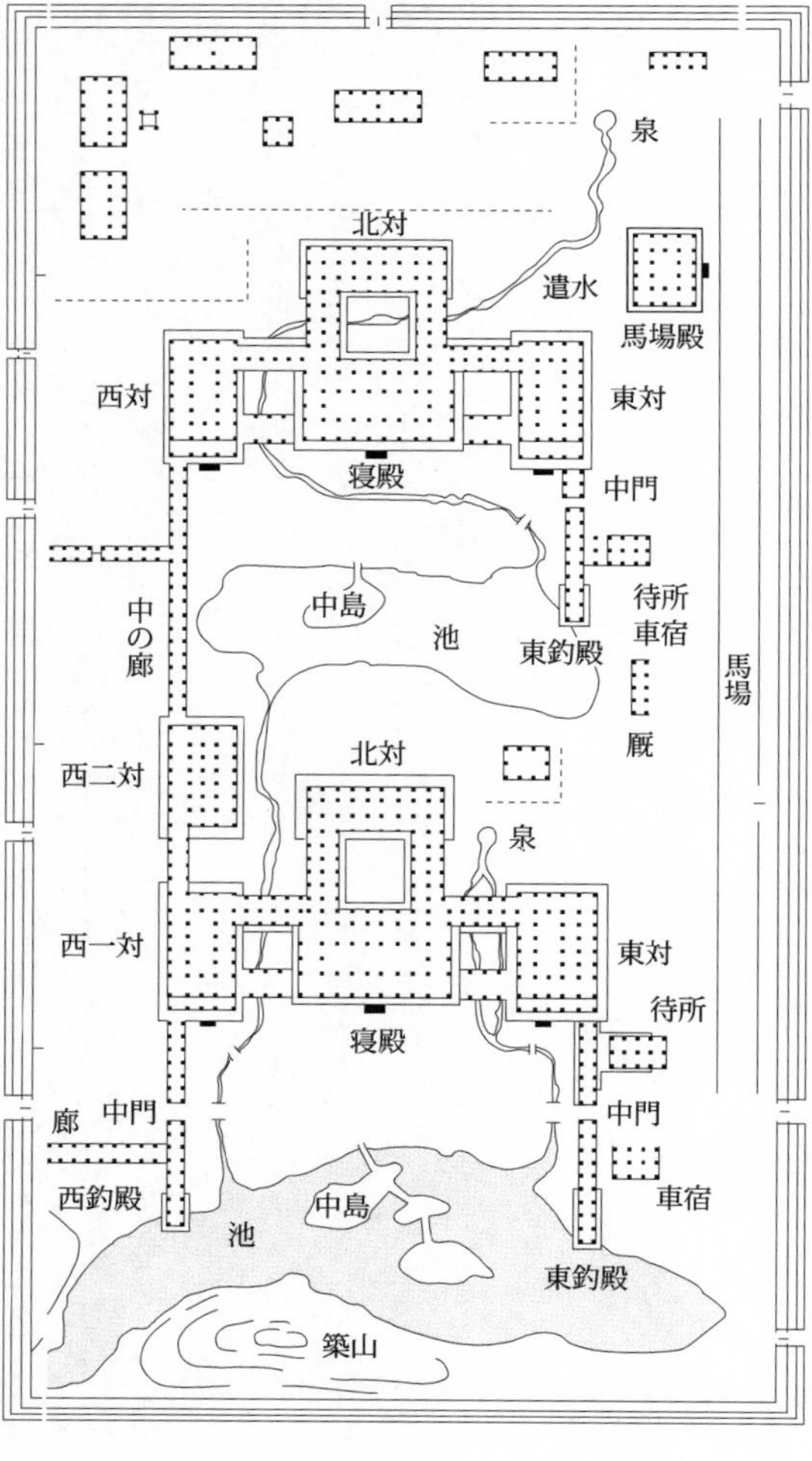

そして、親王の牛車が向かった先は、何と、親王自身の住まいであった。

その頃の敦道親王の御所《ごしょ》は、藤原摂関家《せつかんけ》の本宅である東三条殿《ひがしさんじょうどの》第の敷地内に第内の別宅として営まれる南院《みなみのいん》第であった。それは、別宅とはいっても、寝殿《しんでん》はもちろん、複数の対《たいの》屋《や》をも備えた、所謂《いわゆる》「寝殿造《しんでんづくり》」の立派な邸第であったが、同第が「南院」と呼ばれたのは、東三条殿第の広大な敷地の南側に位置していたからである。そして、この南院第は、かねてより冷泉《れいぜい》上皇の御所となっていたために、冷泉上皇を父親とする敦道親王も、同第を住まいとしていたのであった。おそらく、当時の南院第においては、寝殿が冷泉上皇の寝所となっていて、東対《ひがしのたい》なり西対《にしのたい》なりが敦道親王の寝所となっていたのだろう。

だが、敦道親王が和泉式部を連れ込んだのは、南院第とはいっても、寝殿でもなければ、東対や西対でもなく、いずれかの廊《ろう》であった。親王は、同居する正妻に知られないように、自身の寝所ではなく、普段は絶対に寝所として使うことのない廊を、その夜の逢瀬の場に選んだのである。

和泉式部の驚き

南院第に到着してすぐの二人の様子を、『和泉式部日記』は、次のように伝える。

やをら人《ひと》もなき廊《ろう》のあるに差《さ》し寄《よ》せて、降《お》りさせ給《たま》ひぬ。月《つき》もいと明《あ》かければ、
「降《お》りね」
と忍《しの》びて宣《のたま》へば、あさましきやうにて降《お》りぬ。

牛車が南院第の廊の一つに寄せられると、敦道親王は、すぐに牛車から廊へと上がる。が、和泉式部は、尻込みして、なかなか牛車から出ようとしない。知らないところに連れ込まれたうえに、「月《つき》もいと明《あ》かければ」という状況であったから、それは、王朝時代の貴族女性には当然の反応である。できる限り誰にも姿を見られたくないというのが、当時の貴族女性たちの基本的な姿勢であった。

そこで、親王は、和泉式部に「降《お》りね」と言葉をかけたのであったが、これは、女性を相手に使うには、それも、恋仲にある女性を相手に使うには、強過ぎるほどに強い言葉である。これを現代語に訳すならば、「降りろ」とするしかないだろう。

実は、王朝時代の貴公子たちは、相手が自家の女房《にようぼう》などであってさえ、貴族女性を相手には、敬語を用いるものであった。例えば、『枕草子』を紐解《ひもと》くならば、関白家《かんぱくけ》の嫡男《ちやくなん》であって権大納言《ごんのだいなごん》という重職にある藤原伊周《これちか》が、清少納言《せいしようなごん》に対しても、当たり前のように敬語を使っている如くである。また、『源氏物語』においても、光源氏は、同じく貴族身分の従

廊

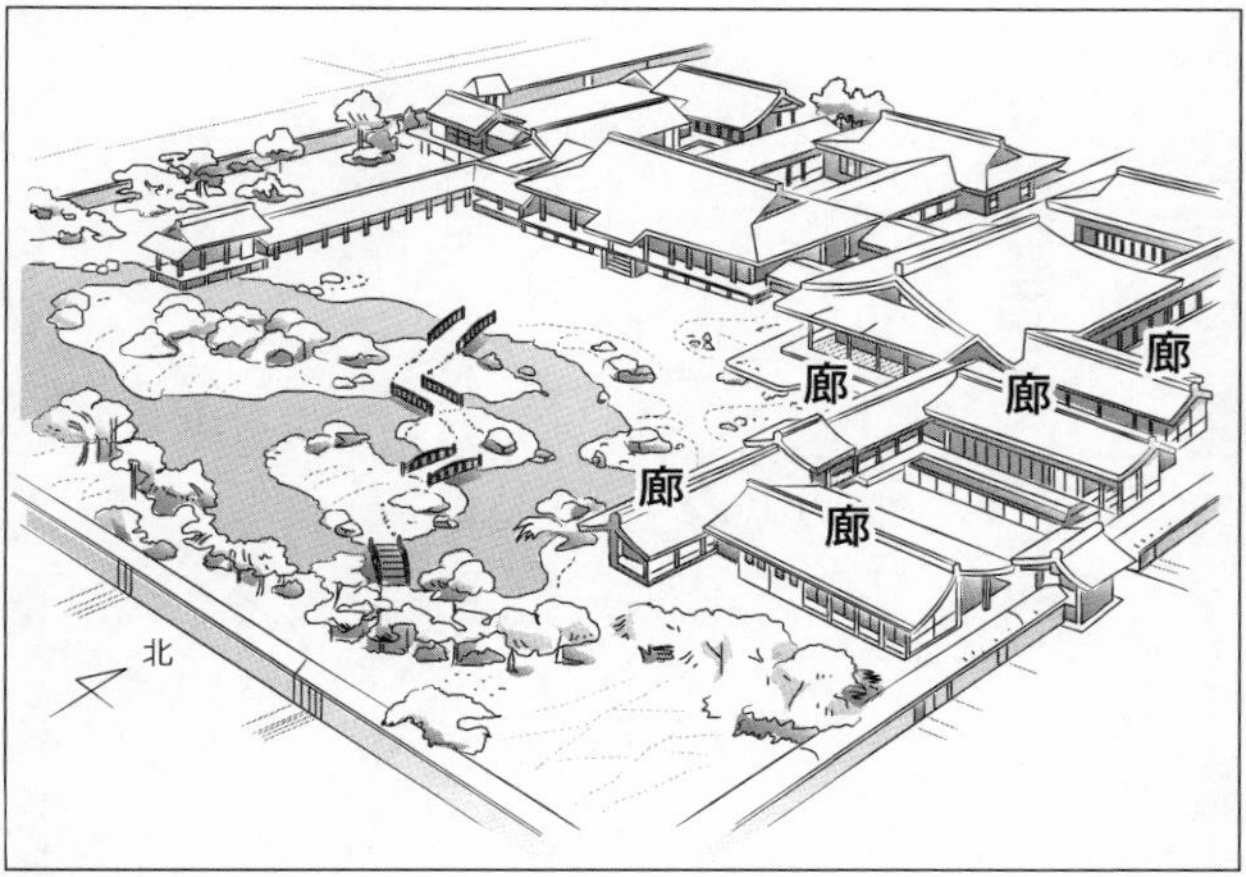

者に指示を出すにしても、男性である惟光《これみつ》には普通に命令口調を使うにもかかわらず、女房《にようぼう》たちには敬語を使っていないだろうか。そして、『和泉式部日記』を初めから読み返すならば、敦道親王も、和泉式部との対話には、ずっと敬語を使ってきていたのである。

ところが、その敦道親王が、右の場面においてだけは、王朝時代の貴公子たちにはあるまじき振る舞いながらも、「降りね」と、敬意の欠片《かけら》も見られない命令口調を用いたのであった。これは、それほど和泉式部が尻込みしていたということを意味するとともに、それほど敦道親王が自宅の廊での逢瀬にこだわっていたということを意味するのだろう。

そして、強く命じられた和泉式部は、「あさましきやうにて降《お》りぬ」と、ひどく驚きながら、牛車を出て、眼の前の廊に上がるのであった。

なお、この折、敦道親王が逢瀬の場に選んだ廊であるが、王朝貴族たちの言う「廊」は、われわれ現代人が「廊下」として思い浮かべるものとは、かなり異なっている。

王朝時代の貴族たちの家に設けられていた廊は、単なる通路ではない。それは、寝殿や対屋に比べれば、異様に細長く造られていたものの、母屋《もや》の他に廂の間《ひさしま》をも備えた立派な家屋であった。それゆえ、王朝貴族たちは、自宅の廊を、通路として使いはしたものの、かなりしばしば、居住の場として使いもしたのである。例えば、王朝貴族家では、いずれ聟《むこ》を迎える娘の寝所は、寝殿や対屋に置かれた一方で、いずれ聟に行く息子の寝所は、廊に置かれたのであった。

したがって、和泉式部の驚きも、廊に通されたことをめぐるものではなかっただろう。

連れ出されたくない和泉式部

こうして、南院第のいずこかの廊に落ち着いた和泉式部と敦道親王とであったが、この逢瀬の語らいの中で、親王は、こんなことを言い出すのであった。

「さりや。人《ひと》も見《み》ぬところぞかし。今《いま》よりは、かやうに聞《き》こえさせむ。『人《ひと》などのある折《おり》にもや』と思《おも》へば、慎《つつ》ましう」

（どうですか。誰も見ていないところですよ。今日からは、こんなふうにして私の気持ちを申し上げましょう。あなたのお宅《たく》では、「他の男が来ているときなのではないだろうか」と思うと、気がねしてしまうので。）

どうやら、敦道親王は、これ以降も、和泉式部を彼女の自宅から連れ出して、南院第で逢瀬を楽しみたいと思っていたようなのである。しかも、少なくともこの時点では根も葉もない話だったにもかかわらず、和泉式部には他にも恋人がいることを口実にして。

そして、夜が明けると、親王は、自家の牛車に和泉式部を送らせるのであったが、これに親王自身が同行することはなかった。彼は、和泉式部宅への出入りを人々に見られて世間体を悪くすることを、どうしても避けたかったのである。何とも身勝手な話ではあるが。

これに対して、和泉式部は、自宅への帰路の車中で、こんな懸念をしたのだという。

「あやしの歩《あり》きや。いかに人思《ひとおも》ふらむ」

（奇妙な夜歩《よある》きだわ。どんなふうに人々は思うことかしら。）

貴族女性である彼女としては、やはり、自宅から連れ出されての逢瀬は、どうにも受《う》け容《い》れ難いものだったのである。そして、その受け容れ難さというのは、世間の眼を気にしてのものであった。つまり、自宅から連れ出されて逢瀬を持つことは、当時の貴族女性たちにとっては、世間体の悪いことだったのである。

そこで、和泉式部は、自宅に帰るや、すぐさま、敦道親王へと次のような和歌を贈る。女性の側から後朝《きぬぎぬ》の文《ふみ》を送るようで、何やら妙な具合ではあるが、彼女は、この一首によって、今後は自宅から連れ出されたくないということを訴えたのであった。

「宵《よい》ごとに　帰《かえ》しはすとも　いかでなほ　暁《あかつき》起《お》きを　君《きみ》にさせまじ　」

(私のもとにおいでになったあなたを、毎晩毎晩、ご自宅へとお帰しすることはありましても、どうして、この先《さき》も、夜明け前に起きて私を見送るなどという、女たちには当たり前の辛《つら》いことを、あなたにさせられましょうか。)

これは、かなり遠回しではあるものの、彼女の心の底からの訴えであったろう。ところが、この訴えも、あっさりとはぐらかされてしまう。敦道親王は、次のような返歌によって、おそらくは意図的に、和泉式部の歌の表面的な内容にだけ応えたのである。

「朝露《あさつゆ》の　おくる思《おも》ひに　比《くら》ぶれば　ただに帰《かえ》らむ　宵《よい》は勝《まさ》れり　」

(朝露《あさつゆ》が置く早朝に起きてあなたを見送るときの辛《つら》さと比べても、せっかく訪ねて行っても、あなたに逢《あ》うこともできずに帰らなければならない夜の辛さの方《ほう》が、ずっと上なのですよ。）

「召人」とは呼ばれたくない貴族女性たち

しかも、敦道親王は、右の一首に添《そ》えて、こんなことまで言ってきたのであった。

「さらに、さらに、かかること聞《き》かじ。夜《よ》さりは方塞《かたふたがり》なり。御迎《おんむか》へに参《まい》らむ」

（けっして、けっして、あなたとお逢《あ》いできないなどということは受け容れられません。今夜は、わが家からあなたのお宅の方角は悪い方角になります。ですから、今夜も、お訪ねするのではなく、お迎えに上がります。）

呆《あき》れるばかりの強引さであるが、敦道親王としては、とにかく、自身の居所において逢瀬を持ちたかったのである。そして、ここには、彼なりの——あまりにも身勝手なものではあるが、彼の中では一応は筋が通ったものとしての彼なりの——理由が存在していた。

敦道親王が和泉式部との交際をめぐって乳母《めのと》から小言《こごと》をもらっていたことは、既に「夜歩《よあり》き」についてのコラム（一九九ページ）で触れたところであるが、親王の乳母は、どうしても和泉式部を諦めそうにない親王への小言の中で、こんなことを言っていた。

「……。『召《め》し使《つか》はせ給《たま》はむ』と思《おぼ》し召《め》さむ限《かぎ》りは、召《め》してこそ使《つか》はせ給《たま》はめ。軽々《かろがろ》しき御歩《おんあり》きは、なほ、いと見苦《みぐる》しきことなり。……」

（……。「お側《そば》に置きたい」とお思いの女性たちは、このお屋敷に召し上げておしまいなさい。軽率なお出かけは、やはり、たいへん見苦《みぐる》しいものです。……）

皇子の乳母ともなると、とんでもないことを言い出すものであるが、彼女は、大真面目《おおまじめ》にこんなことを言ったのである。そして、敦道親王も、乳母の言を、大真面目に受け取ったのであった。すなわち、彼が不意に和泉式部を彼女の住まいから連れ出しはじめたのは、右の乳母の小言を真に受けてのことだったのである。彼は、いずれは自身の御所に和泉式部を住まわせようと、彼女が南院第に慣れる機会を作ろうとしていたのであった。

だが、もし、敦道親王の望むままに南院第で暮らすようになった場合、和泉式部は、世に「召人《めしうど》」と呼ばれる存在になってしまう。そして、それは、きちんと父親のいる貴族女性たちにとっては、恥ずべきことであった。

王朝時代において「召人」と呼ばれたのは、典型的には、女房勤めに上がった先で、その主人の所謂《いわゆる》「お手付き」になったような女性である。彼女は、相手の男君と一つ屋根の下に暮らしてはいても、「妻」と呼ばれる女性とは、ほど遠い存在であった。召人は、主人を慰める存在でしかなく、世間的には使用人の一種でしかなかったのである。

そして、男性によって自分の住まいから連れ出されることで、王朝時代の貴族女性たちが尊厳を傷付けられたのは、こうした事情からに他ならない。男性によって自宅から連れ出された女性は、周囲から召人になったと見做《みな》されかねなかったのであった。

王朝時代の貴族女性たちの恋愛は、自身の住まいに男性を迎えてこそ、尊厳ある恋愛であり得た。だからこそ、和泉式部も、夕顔も、連れ出されることに抵抗したのである。

もっとも、和泉式部の場合、結局は、愛情にほだされて、召人として南院第で暮らすことを受け容れてしまうのであるが。

宮道列子《みやじのつらこ》——明石の君の幸運に現実味を与える田舎育ちの女性

明石の君のリアルとしての宮道列子

明石《あかし》の君《きみ》を母親とする光源氏の唯一の娘が、明石《あかし》の姫君《ひめぎみ》である。この姫君は、長じては帝《みかど》の正妻である中宮《ちゅうぐう》となって、やがては所謂《いわゆる》「宇治十帖《うじじゅうじょう》」の主人公の一人である匂宮《におうのみや》を産むことになる。見ようによっては、彼女こそが、『源氏物語』の数多《あまた》の女君《おんなぎみ》たちの中でも、真っ当な幸福を把《つか》んだ唯一の存在かもしれない。

しかし、そんな明石の姫君にも、おそらくは誰からもうらやまれることのなさそうな事情があった。彼女は、まだ幼い頃に、実母の明石の君から引き離されて、光源氏の正妻の立場にあった紫《むらさき》の上《うえ》の養女となっていたのである。それゆえ、入内《じゅだい》した折の明石の姫君は、表向きには、紫の上を母親とする光源氏の一人娘ということになっていたのであった。

そして、この姫君が紫の上の養女になったのは、一つには、実母の明石の君の身分が低かったためである。明石の君は、前播磨守《さきのはりまのかみ》の明石《あかし》の入道《にゅうどう》の娘であった。つまり、彼女は、受《ず》領《りょう》の娘だったのである。これに比べれば、紫の上は、「兵部卿宮《ひょうぶきょうのみや》」として知られる皇子《おうじ》（親王）の娘であり、皇孫女《こうそんじょ》（二世女王《にせいじょおう》）であったから、確かに、その娘ということにしておいた方が、いずれは入内するはずの身であった明石の姫君には、何かと都合がよかっただろう。

ただ、現実の王朝時代において、受領の娘を母親とする姫君では、入内することはできなかったかというと、実は、そんなことは全くなかった。例えば、一条《いちじょう》天皇の中宮（皇后）となった藤原定子《さだこ》なども、その母親は、受領の娘だったのである。定子を産んだ高階貴子《たかしなのたかこ》の父親は、大和守《やまとのかみ》を務めた高階成忠《なりただ》であった。また、円融《えんゆう》天皇の女御《にょうご》として一条天皇を産んだ藤原詮子《あきこ》にしても、その母親の藤原時姫《ときひめ》は、摂津守《せっつのかみ》を務めた藤原中正《なかまさ》の娘だったのである。

しかも、明石の君の場合、その父親の明石の入道は、本来、大臣家《だいじんけ》の御曹司《おんぞうし》であった。彼は、上級貴族家の御曹司にふさわしい近衛中将《このえちゅうじょう》の官職を棄《す》てて、自《みずか》ら望んで播磨守に任官したという、かなりの変わり者だったのである。それゆえ、明石の君は、彼女にとってより都合のいいかたちで紹介するならば、大臣の孫娘であった。また、ついでに言うならば、明

明石の君を中心とする人物関係図

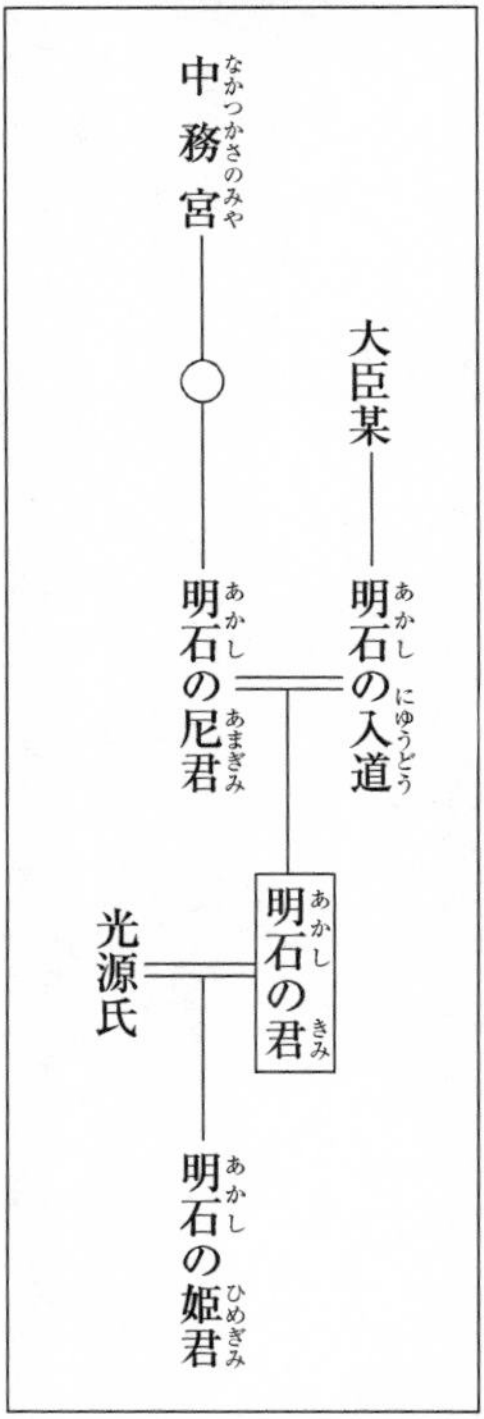

石の君の母親の明石《あかし》の尼君《あまぎみ》は、「中《なか》務宮《つかさのみや》」と呼ばれた皇子の孫娘である。したがって、明石の君は、母方の系譜をたどれば、帝の玄孫《やしやご》（孫の孫）にあたることになる。

だが、それでも、光源氏としては、明石の姫君を明石の君の娘として入内させるわけにはいかなかった。なぜなら、明石の君こそが母親であることを認めてしまうと、明石の姫君が都《みやこ》の生まれでないことをも認めなくてはならなくなるからである。そして、実のところ、光源氏が最も気にしたのは、この点であった。彼の価値観では、田舎で生まれた姫君では、恥ずかしくて帝《みかど》に奉《たてまつ》ることなどできなかったのである。

では、この点は、王朝時代の現実においては、どうだったのだろうか。やはり、現実の王朝時代にも、田舎で生まれた女性の入内には、何か問題があったのだろうか。

これに簡潔に答えるならば、「否《いな》」ということになる。というのも、宇多《うだ》天皇の女御《にようご》として醍醐《だいご》天皇を産んだ藤原胤子《たねこ》が、郡司《ぐんじ》の娘である宮道列子《みやじのつらこ》を母親としていたからである。

そして、明石の君のリアルを探すならば、この宮道列子こそが、それに該当するだろう。

内大臣藤原高藤

醍醐天皇の時代に内大臣《ないだいじん》にまで昇った藤原高藤《たかふじ》は、例外的な出世をした人物である。

彼の父親の良門《よしかど》は、正六位上《しょうろくいじょう》の内舎人《うどねり》という、全く出世していない身で早くに他界してしまっていた。したがって、父親による引き立てを期待できない高藤には、大臣にまで出世する機会など、本来、あるはずがなかった。

それでも、夭折《ようせつ》した良門は、臣下として初めて摂政《せっしょう》となった藤原良房《よしふさ》の弟であったため、良門の息子の高藤は、摂政良房には甥《おい》にあたっていたことになる。とすれば、高藤には、伯《お》父《じ》の庇護《ひご》を期待するところもあっただろう。が、良房の甥は、高藤だけではなかった。兄弟の多かった良房には、少なくとも二十五人もの甥がいたのである。それゆえ、良房に眼をかけてもらえたのは、息子を持たなかった彼の養子となって嫡男《ちゃくなん》となった基経《もとつね》のような、はっきりと優秀な甥だけであったろう。

こうした事情から、高藤の場合、中央の諸官司《しょかんし》の長官《かみ》を務めたり受領《ずりょう》国司《こくし》を務めたりするための最低限の位階《いかい》である従五位下《じゅごいげ》に叙《じょ》されたのさえ、ようやく三十一歳にもなってからのことであった。同じ良房の甥であっても、十九歳にして従五位下に叙された基経と比べれば、ずいぶんと遅々《ちち》とした昇進である。

また、良房に後継者と見込まれた基経は、三十一歳のときには、正月に従四位上《じゅしいじょう》へと昇進したうえに、三月には正四位下《しょうしいげ》へと昇進しており、さらに、十二月に従三位《じゅさんみ》への昇進をも果たしている。そして、同じく三十一歳の基経の官職を見るならば、左近衛中将《さこのえのちゅうじょう》を兼ねる参議《さんぎ》（宰相中将《さいしょうのちゅうじょう》）として正月を迎えながら、年末には中納言《ちゅうなごん》に昇任していたのであった。それに比べて、三十一歳で従五位下に叙された高藤は、同年のうちは官職を帯びない散《さん》位《に》の身で過ごし、その翌年になって播磨権介《はりまごんのすけ》に補《ぶ》されたに過ぎない。

ところが、そんな高藤も、寛平《かんぴょう》五年（八九三）の四月、やがて醍醐天皇となる敦仁《あつひと》親王が皇太子に立てられるや、五十歳代後半にして、急激に昇進を重ねはじめる。

まずは、寛平六年（八九四）、彼の位階は、それまでの従四位下から従三位へと、ひと息に四階梯《かいてい》も上昇する。そして、それまで遥任《ようにん》を前提とする名ばかりの播磨権守であった高藤が、寛平七年（八九五）には、参議に任じられて播磨権守を兼ねる参議になる。しかも、その後も、彼は、寛平九年（八九七）には、中納言へと昇任するとともに、正三位《しょうさんみ》へと昇進し

藤原氏北家略系図

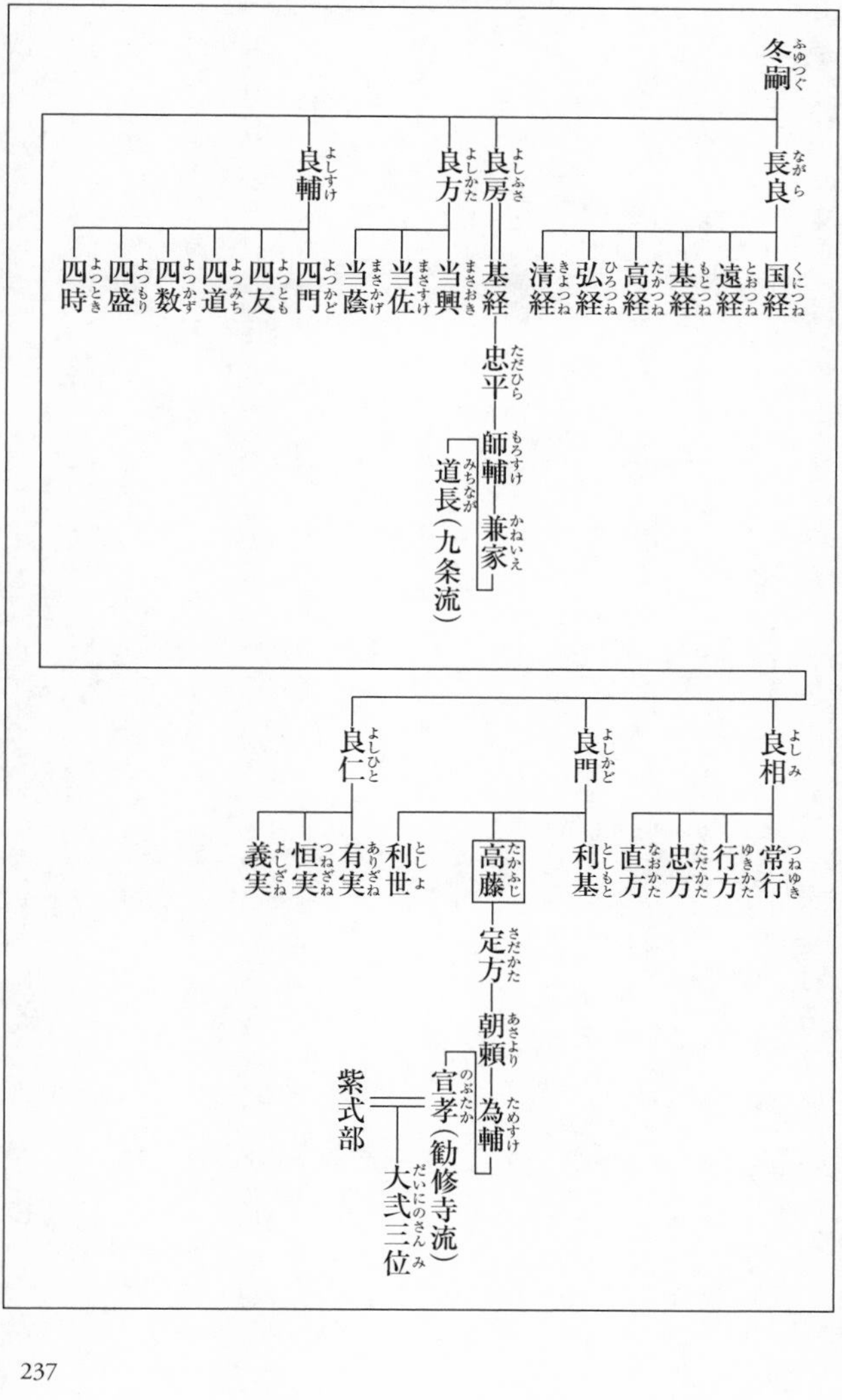
冬嗣《ふゆつぐ》
長良《ながら》
良房《よしふさ》
良方《よしかた》
良輔《よしすけ》
国経《くにつね》
遠経《とおつね》
基経《もとつね》
高経《たかつね》
弘経《ひろつね》
清経《きよつね》
基経
当興《まさおき》
当佐《まさすけ》
当蔭《まさかげ》
四門《よつかど》
四友《よつとも》
四道《よつみち》
四数《よつかず》
四盛《よつもり》
四時《よつとき》
忠平《ただひら》
師輔《もろすけ》
兼家《かねいえ》
道長《みちなが》（九条流）
良相《よしみ》
良門《よしかど》
良仁《よしひと》
常行《つねゆき》
行方《ゆきかた》
忠方《ただかた》
直方《なおかた》
利基《としもと》
高藤《たかふじ》
利世《としよ》
有実《ありざね》
恒実《つねざね》
義実《よしざね》
定方《さだかた》
朝頼《あさより》
為輔《ためすけ》
宣孝《のぶたか》（勧修寺流）
紫式部
大弐三位《だいにのさんみ》

ており、昌泰《しょうたい》二年（八九九）には、大納言《だいなごん》へと昇任する。そして、昌泰三年（九〇〇）、六十三歳になった高藤は、ついに内大臣に昇るのであった。

さて、こうした高藤の駆け足の出世が敦仁親王（醍醐天皇）の立太子《りったいし》の後にはじまったのは、けっして単なる偶然などではない。高藤は、まさに、敦仁親王が皇太子になったからこそ、遅蒔《おそま》きながら、急速に地位を上げることになったのである。いや、高藤については、皇太子敦仁親王のために、かなり強引に地位を引き上げられた、と見做《みな》すべきであろう。

そして、そんなことになったのは、この高藤こそが、敦仁親王（醍醐天皇）の外祖父《そとおおじ》（母方の祖父）であったからに他ならない。

迷子になった若き日の高藤

藤原高藤が醍醐天皇の外祖父であったからには、醍醐天皇を産んだ女性は、高藤の娘であったことになるわけだが、その高藤の娘として生まれて醍醐天皇を産んだ女性には、本当に物語のような出生の物語があった。そして、『今昔物語集《こんじゃくものがたりしゅう》』が巻第二十二第七の「高藤《たかふじ》の内大臣《ないだいじん》の語《こと》」として伝えるところでは、その物語は、若き日の高藤が平安京東郊の山科《やましな》の地で迷子になったことにはじまることになる。

父親の良門の影響で鷹狩《たかがり》を趣味としていた高藤は、十五歳もしくは十六歳になった年の九月某日、鷹狩を楽しもうと、山科へと出かける。このとき、高藤には、馬の飼育を仕事として「馬飼《うまかい》」と呼ばれた使用人をはじめ、幾人《いくにん》かの従者たちや使用人たちが供人《ともびと》として付き従っていたという。

ところが、その日、高藤の一行は、南山科の渚《なぎさ》の山《やま》で鷹狩を行っていた最中《さなか》、急な嵐に見舞われて、散り散りになってしまう。それは、申時《さるのとき》（午後三時〜午後五時）ほどのこと、にわかに空が暗くなったかと思えば、いきなり冷たい雨が降りはじめ、さらには、強い風が吹きはじめるとともに、雷までが轟《とどろ》きはじめたために、一行の面々は、「雨宿《あまやどり》をせむ」と、それぞれに走り出して、ついには互いが互いを見失ってしまったのである。そして、高藤のもとに残ったのは、馬飼一人だけであった。

そうして供人たちのほとんどとはぐれた高藤は、さらに、自分がどこにいるのかもわからずにいた。彼は、少しばかり都《みやこ》から離れた田舎において、嵐に見舞われる中、すっかり迷子になっていたのである。

それでも、高藤・馬飼の主従は、どうにか、雨宿りできる屋根を確保する。彼らは、都と山科とを隔てる東山の山々の麓《ふもと》に一軒の家を見付けたのであった。

しかも、その家は、明らかに、ただの庶民の家などではなかった。その家は、外側には「桧垣指し廻《ひがきさめぐ》らし」て「小《ちい》さき唐門屋《からもんや》」を構え、かつ、内側には「板葺《いたぶき》の寝殿《しんでん》」と「三間許《さんげんばかり》の小《ちい》さき廊《ろう》」とを備えていて、なかなか立派な造りをしていたのである。

そして、勝手に門内に入った高藤が、これまた勝手に廊の板敷《いたじき》に上がって雨宿りをしていると、寝殿の後方から、青鈍色《あおにびいろ》の狩衣《かりぎぬ》を着た四十歳過ぎほどの男性が現れた。その家の主人である。が、彼は、その身なりから高藤が都の貴族であることを察したのだろうか、高藤と馬飼とを追い出すようなことはしない。むしろ、その家主は、高藤たちの事情を丁重に尋《たず》ねたのである。そして、馬飼から高藤の身元を聞かされた彼は、さらに丁重に、高藤を寝殿の中へと招き入れたのであった。

こうして通された寝殿の内装を、高藤は、「故々《ゆえゆえ》しく可咲《おかし》」と見る。ここに言われる「故々しく可咲」は、「雰囲気があって趣深《おもむきぶか》い」とでも訳せばいいだろうか。例えば、「浄気《きよげ》なる高麗端《こうらいべり》の畳《たたみ》」が敷かれているなど、ともかく、そこには、都の貴族たちが「賤《あや》しの下衆《げす》」と呼ぶ田舎の庶民たちの住居とは思えない様子が見られたのであった。そして、そうした様子は、嵐に見舞われて疲れていた高藤を、ようやく少しくつろがせたのである。

胤を落とした若き日の高藤

やがて、高藤のもとに食事が運ばれてくる。運ばれてきたのは、米飯・大根・鮑《あわび》・雉《きじ》・酒であったが、運んできたのは、十三歳あるいは十四歳ほどの若い女性であった。彼女は、田舎の庶民の娘とは思えないような、うつくしい女性であったという。が、鷹狩と嵐の中の彷《ほう》徨《こう》とで疲れきっていた高藤は、まずは腹を満たすことこそを欲した。そして、彼は、眼の前の食物をすっかり平らげ、なおかつ、酒も呑《の》んで、当座の満足を得たのであった。

しかし、そんな高藤も、腹も満ちて夜も更《ふ》けたということで横になってみると、気になって仕方がないのが、先ほどの女性であった。そこで、彼は、「独《ひと》り寝《ね》たるが怖《おそろ》しきに、有《あ》りつる人《ひと》、此《こ》に来《き》て有《あ》れ」と言って、例の女性を寝床《ねどこ》に喚《よ》び付《つ》ける。もちろん、このとき、高藤が望んでいたのは、その女性と男女の関係を持つことであったが、喚ばれた女性は、抵抗することなく、高藤のもとに現れるのであった。都の貴族というのは、それほどまでに権威《けんい》のある存在だったのであろう。

そして、その彼女と一夜を過ごした高藤であったが、彼は、翌朝には、当たり前のように馬飼と二人で、その家を後にする。何とも無責任な話ながら、彼には、その家に留まって例の女性の聟《むこ》になろうという気もなければ、その女性を妻として都に連れて行こうという気もなかったのである。

ただ、それでも、高藤には、例の女性との関係を一晩限りのもので終わらせるつもりもなかったらしい。彼は、出発する前、その女性に自身が帯《お》びていた太刀《たち》を渡すと、「此《これ》を形見《かたみ》に置《お》きたれ。祖《おや》、心浅《こころあさ》くして男《おとこ》など合《あ》はすとも、努々《ゆめゆめ》、人《ひと》に見《み》する事《こと》なせそ」と言い置いたのである。彼の言うところは、要するに、「いずれ迎えに来るから、親が選んだ男と結婚したりせず、私を待っていてくれ」ということであった。

ところが、それから四年あるいは五年もの間、高藤が再び雨宿りの家を訪れることはなかった。といっても、それは、必ずしも彼が不実であったからではなかった。実は、彼自身は、例の女性を恋しく想《おも》い続《つづ》けていたのである。そして、彼は、その間、妻を持とうともしなかったのであった。しかし、彼の父親の良門が、鷹狩に出た息子が一晩以上も行方不明になったことに肝《きも》を冷《ひ》やして、息子を愛するがゆえに、それ以降は高藤に遠出することを許さなかったのである。

そして、そんな高藤がようやく例の女性のもとを訪れたのは、良門が他界した後であった。父親を亡くした高藤は、しかしながら、それによって父親を悲しませる心配もなくなったために、やっと山科に赴《おもむ》くことができるようになったのである。彼は、あのときの馬飼を供人として、四年ぶりもしくは五年ぶりに、山科へと向かったのであった。

　すると、高藤が久しぶりに訪れた例の家では、さらにうつくしくなった例の女性が、例の形見の太刀とともに彼を待ち続けていたのみならず、四歳か五歳かほどと思《おぼ》しき女児までが、かわいらしい様子で彼を待ち受けていたのだという。言うまでもなく、その女児は、高藤の娘であった。高藤は、あの一夜の契《ちぎ》りで、件《くだん》の女性を身籠《みごも》らせていたのである。

高藤一家の栄華

　こうして、愛《いと》しい女性との再会を果たし、なおかつ、生まれたことさえ知らなかったわが娘とも対面した高藤は、女性の父親であり家の主人である男性に、その素性《すじょう》を問うのであった。全《まつた》く以《もつ》て、今さらという感じではあるが。

　すると、その男性は、その氏名を宮道祢益《みやじのいやます》といい、その地の郡司であった。すなわち、高藤の愛しい女性の父親は、山城国宇治郡《やましろのくにうじぐん》の大領《たいりよう》（郡司の長官）だったのであり、山城国の有力な地方豪族の一人だったのである。とすれば、彼の一家が田舎の庶民には過ぎた造りの家に住んでいたのも、実にもっともなことであろう。

そして、高藤は、この祢益の娘を、正式に妻とする。が、さすがに彼女の実家が都から離れた山科の地にあったために、彼らの結婚生活は、都の貴族層の人々には当たり前であった、夫が聟《むこ》として妻の実家に住み着くというものにはならずに、妻が嫁として夫の実家に迎えられるというものにならざるを得なかった。

とはいえ、高藤は、彼女を召人《めしうど》として扱うようなことはなかった。そして、彼は、それまで誰とも結婚せずに通してきただけあって、その後も、「他《ほか》の人《ひと》の方《かた》に目《め》も見遣《みや》らずして」という様子で、この妻だけを心から愛し続けたのである。

ちなみに、これまで全く登場しなかったが、祢益の山科の家には、彼の妻であって件《くだん》の女性の母親にあたる女性も、ともに暮らしていた。この母親は、既に四十歳を過ぎていそうであったものの、うつくしい娘を産んだ女性にふさわしく、こぎれいな様子であったという。そして、高藤が彼の妻と幼い娘とを都の自邸へと迎えるにあたっては、その母親も、娘の身を案じて、ともに都に移り住んだのであった。

光源氏が明石の君を都に喚び寄せた折にも、明石の君の母親である明石の尼君は、娘のことが心配で、一緒に上京している。こういうとき、母親というのは、一人で取り残されることになる夫よりも、離れていく娘の方が、ずっと気にかかるものなのだろうか。

それはともかく、『今昔物語集』によると、こうして娘の父親となった高藤は、その後、大納言《だいなごん》にまで出世したとき、その娘を宇多天皇のもとに入内させる。そして、女御として宇多天皇の後宮に迎えられた高藤の娘は、それからほどなく、一人の皇子を産むのであったが、この皇子こそが、やがて醍醐天皇として即位するのであった。

さらに、『今昔物語集』の伝えるところでは、醍醐天皇が即位すると、それまで大納言であった高藤は、内大臣へと昇任させられる。それは、もちろん、彼が天皇の外祖父《そとおおじ》だったからである。また、祢益の娘を母親とする高藤の二人の息子たちも、兄は、右近衛大将《うこのえのたいしょう》を兼《か》ねる大納言となり、弟は、父親を越えて右大臣《うだいじん》にまで出世する。彼らは、醍醐天皇からすれば、外叔父《そとおじ》である。

そして、醍醐天皇即位の余慶《よけい》は、宮道祢益にまで及んだ。彼は、何と、四位《しい》に叙《じょ》されたうえに、修理大夫《しゅりだいぶ》という都の花形の官職の一つに任じられさえしたというのである。それは、地方豪族には破格の出世であった。

宮道列子の幸運

さて、以上に紹介した『今昔物語集』の一話は、基本的には、史実に沿った実話であるらしい。『富家語《ふけご》』というのは、藤原道長の玄孫《やしやご》（孫の孫）の藤原忠実《ただざね》の談話集であるが、同書から、忠実が右に見てきたものとほとんど同じ話を語ったことが知られるのである。

したがって、醍醐天皇の母親は、都の生まれではなかったことになる。藤原高藤の娘にして醍醐天皇を産んだ女性は、胤子という名であったが、彼女は、山城国宇治郡の山科に生まれ、しかも、生まれてしばらくは同地で育ったのである。とすれば、王朝時代の人々にとっては、この藤原胤子こそが、明石の姫君のリアルであったろう。

また、高藤の妻となって胤子を産んだ山城国宇治郡大領宮道祢益の娘は、その名を列子といったが、この宮道列子は、王朝時代の『源氏物語』の読者たちにとっては、まさしく明石の君のリアルであったに違いない。明石の君が播磨国に生まれて育った田舎の女性でありながら、やがて国母《こくも》（天皇の母親）となる姫君を産んだように、列子もまた、都の人々からすれば田舎でしかない山城国宇治郡の山科の地で生まれ育ちながらも、やがて醍醐天皇の母親として国母となる藤原胤子を産んだのである。そして、彼女のような出自を持つ国母の母親は、王朝時代には、他には誰も実在しない。

藤原胤子が明石の姫君のリアルであることも、宮道列子が明石の君のリアルであることも、『今昔物語集』および『富家語』によれば、間違いないところであろう。

ただし、『今昔物語集』は、平安時代後期以降に成立した説話集であって、また、道長の玄孫の忠実は、当然、平安時代後期の人物であるだけに、両者の伝えるところには、幾《いく》らか不正確な部分が見受けられなくもない。

例えば、『今昔物語集』は、高藤の娘の宇多天皇への入内を、高藤が大納言になってからのこととするが、史実としては、高藤の娘の胤子が宇多天皇の妃となったのは、高藤が大納言になるよりも、ずっと以前のことなのである。しかも、胤子がその妻となったとき、宇多天皇は、いまだ宇多天皇にはなっていなかったのであった。

やがて宇多天皇となる男性が胤子と結婚した頃、玉座にあったのは、陽成《ようぜい》天皇であったろう。それゆえ、その頃には、陽成天皇の次代の天皇であって宇多天皇の父親である光孝《こうこう》天皇も、いまだ光孝天皇にはなっておらず、時康《ときやす》親王という一人の皇子に過ぎなかったはずである。とすれば、その時康親王の息子は、当時は、ただの皇孫《こうそん》（二世王《にせいおう》）でしかない。すなわ

宮道列子を中心とする人物関係図

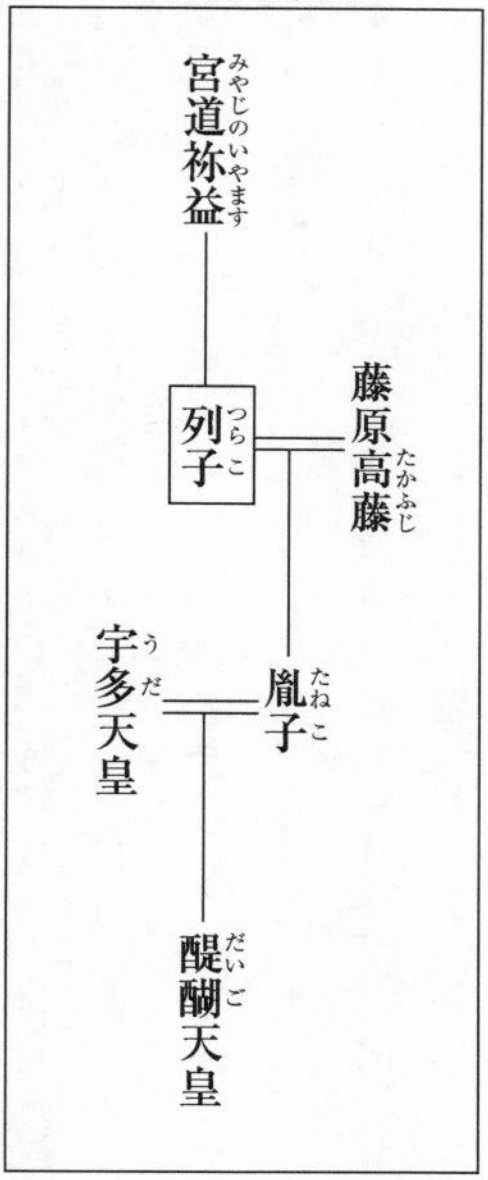

ち、その頃の宇多天皇は、定省王《さだみおう》という一人の二世王に過ぎなかったのである。

なお、そんな定省王は、都の貴族たちの慣例に従って、藤原高藤家の聟《むこ》となるかたちで胤子と結婚したものと思われるが、その折には、高藤も、まさか聟に迎えた二世王がほんの数年の後に天皇になろうなどとは、夢にも思っていなかったことだろう。そして、高藤の妻であって胤子の母親であった宮道列子も、自身が国母の母親になるという栄光に浴そうなどとは、全く予想だにしていなかったに違いあるまい。

このあたりは、かねてより大願《たいがん》を抱《いだ》いていた明石の一族とは大きく異なるのである。

コラム⑤

「待つ女」のリアル　右大将道綱母のイライラの原因

「待つ女」を産み出したもの

澪標《みおつくし》巻では、都《みやこ》の光源氏のもとに、播磨国《はりまのくに》の明石《あかし》の地からの消息《しょうそく》が届く。そして、その手紙の中で、最も光源氏の眼を惹《ひ》いたのは、次の一首であった。

「一人《ひとり》して　撫《な》づるは袖《そで》の　ほどなきに　覆《おお》ふばかりの　陰《かげ》をしぞ待《ま》つ　」

（一人きりで姫君《ひめぎみ》を育てるのは、私には手に余ることですので、私をも姫君をも庇護《ひご》してくださるあなたさまがいらっしゃるのを、心待ちにしております。）

これを詠《よ》んだのは、もちろん、明石《あかし》の君《きみ》である。彼女は、光源氏が都落《みやこお》ちして明石に逼塞《ひっそく》していた間に彼の妻になった女性であったが、それゆえに、光源氏が都に戻った後も、彼との間に生まれた娘（明石《あかし》の姫君《ひめぎみ》）とともに、明石の地に留まり続けて、彼が再び明石を訪れる日を待ち続けていたのであった。そして、遠慮がちな彼女は、その偽《いつわ》らざる気持ちを、和歌に託《たく》すかたちで、光源氏に届けようとしたのである。

そんな明石の君は、一言で評するならば、「待つ女」というところであろう。

彼女が「待つ女」であったのは、都から離れた明石などに暮らしていたためばかりではない。もちろん、明石に留まっていた間の明石の君は、右の一首に象徴されるように、間違いなく、「待つ女」であった。が、やがて、光源氏に強く促《うなが》されて、都にほど近い大堰川《おおいがわ》の畔《ほとり》へと居を移してからも、彼女は、やはり、「待つ女」であり続けたのである。

そもそも、明石の君が光源氏に幾度《いくど》も催《もよお》されながら、なかなか明石を離れて都に上ろうとしなかったのは、都で暮らすことになったところで、光源氏が自身のもとを訪《おとず》れることなど稀《まれ》でしかなく、結局は「待つ女」の身を脱することなどできないであろうことを、十分に承知していたからであった。「『偶《たまさ》かに這《は》ひ渡《わた》り給《たま》ふついでを待《ま》つことにて、人笑《ひとわら》へにはしたなきこと、いかにあらむ』と思《おも》ひ乱《みだ》れ」るのは、松風《まつかぜ》巻の明石の君である。賢明な彼女にしてみれば、どうせ「待つ女」のままであるのなら、上京して甘い夢を見ていたことを世間に嗤《わら》われるよりは、田舎に留まって静かに暮らしていたかったのであった。

それでも、明石の君は、光源氏の催促に抗しきれず、ついには明石から都の西郊へと移り住むことになる。そして、彼女の辛《つら》い予想は、みごとに的中してしまう。光源氏の訪れは稀々《まれまれ》であり、彼女の新しい生活は、薄雲《うすぐも》巻において「例《れい》は待《ま》ち聞《き》こゆる」と評されるように、常に待ち続けるばかりの侘《わび》しいものとなったのである。

しかし、明石の君のリアルとも言うべき「待つ女」は、現実の王朝時代には、ひどくありふれた存在であった。そして、当時、多くの女性たちを「待つ女」にしたものは、王朝時代においては当たり前とされていた結婚生活のあり方に他ならない。

王朝貴族の恋愛結婚

藤原倫寧《ともやす》という中級貴族の娘が、摂関家《せっかんけ》の御曹司《おんぞうし》と結婚したのは、天暦《てんりゃく》八年（九五四）の秋のことであった。その婚姻が成立する以前、倫寧女《ともやすのむすめ》が件《くだん》の御曹司から最初に求婚されたのは、同年の初夏であったから、彼女は、「中《なか》の品《しな》」の身でありながら、「上《かみ》の品《しな》」の殿方を相手に、三ヶ月も焦《じ》らし続《つづ》けて、その人柄などをじっくりと見定めたことになろう。

ちなみに、倫寧女が御曹司から初めてもらった恋文には、次のような和歌があった。

「音《おと》にのみ　聞《き》けば悲《かな》しな　ほととぎす　こと語《かた》らはむと　思《おも》ふ心《こころ》あり　」

（噂《うわさ》を聞くばかりでお逢《あ》いできないというのは、悲しいものですよ、ほととぎすさん。私には、お逢《あ》いして親しく語り合いたいという気持ちがあるのです。）

普通、最初の恋文では、相手をほととぎすに擬《なず》える場合、「声だけでも聞いてみたい（まずはお近付きになりたい）」と、控えめに訴えるものである。それにもかかわらず、初めから「逢《あ》って親しく語り合いたい（さっそく男女の仲になりたい）」などと言い寄るあたり、この御曹司は、御曹司ゆえの傲慢《ごうまん》さを隠しきれなかったのかもしれない。

これに対して、倫寧女の側からは、次のような和歌を返す。

「語《かた》らはむ　人《ひと》なき里《さと》に　ほととぎす　甲斐《かい》なかるべき　声《こえ》な古《ふる》しそ　」

（ここは、親しく語り合うに値《あたい》するほどの人もいないところですから、ほととぎすさん、無駄《むだ》に声を涸《か》らしてしまわないようになさいな。）

この時代、女性の側では、まずは、男性の恋心をはぐらかすものであった。もし、女性の側が即座に飛び付くような返歌をしたなら、男性は、その女性には二度と恋文を送らなかったことだろう。知性と品性とに欠ける女性は、妻には選ばれなかったのである。

また、倫寧女から御曹司への返歌は、実は、倫寧女自身が詠《よ》んだものではなく、その母親が代作したものであった。王朝時代においては、求婚されたからといって、初めから求婚された女性本人が返事をするのは、かなり軽率なことと見做《みな》されていたのである。それゆえ、求婚された当人ではなく、母親や乳母《めのと》や女房《にょうぼう》などが代わりに返事をするというのは、当時としては当たり前のことであった。

そして、倫寧女が御曹司からの恋文に初めて自《みずか》ら返事をしたのは、ようやく「鹿《しか》の音《ね》」が歌に詠まれる初秋になってからのことである。この段になると、倫寧女も、御曹司に対して、既に少なからず好意を抱いていたのだろう。二人が結ばれたのは、それからほどなくのことだったのである。

こんな彼らの結婚は、政略結婚などではなく、明らかに、当時なりの恋愛結婚であった。

『蜻蛉日記』の作者の結婚

ところで、おわかりの方は既におわかりであろうが、藤原倫寧の娘といえば、誰あろう、あの『蜻蛉日記《かげろうにっき》』の作者である。作品が広く知られているにもかかわらず、自身の本名が後世に伝わらなかった彼女は、多くの場合に「藤原道綱母《ふじわらのみちつなのはは》」「右大将道綱母《うだいしょうみちつなのはは》」などと呼ばれるものの、道綱が生まれる以前は、まさに倫寧の娘（倫寧女）であった。

そして、言うまでもなく、彼女の夫となった摂関家の御曹司というのは、やがて摂政《せっしょう》太政大臣《だじょうだいじん》となる藤原兼家《かねいえ》であり、右に紹介した二人の結婚までの経緯は、『蜻蛉日記』に記されたものである。

ついでながら、その『蜻蛉日記』より、兼家が道綱母（倫寧女）の寝所を初めて訪れてから三度目となる朝に二人が交わした和歌を紹介するならば、それは、こんなものであった。

「東雲《しののめ》に　おきける空《そら》は　思《おも》ほえで　あやしく露《つゆ》と　消《き》え返《かえ》りつる　」

(明け方に、露《つゆ》の置くような早くに起き出して、あなたのもとを去らなければならなかった昨日《きのう》までの私は、夜明けの空を見ると、何も考えることができず、困《こま》ったことに、露《つゆ》のように消えてしまいそうでした。)

「定《さだ》めなく　消《き》え返《かえ》りつる　露《つゆ》よりも　空頼《そらだの》めする　われは何《なに》なり　」

(ご自分のことを「儚《はかな》く消えてしまう露《つゆ》のようだ」とおっしゃるあなたよりも、いつ私に飽《あ》きてしまうかわからないようなあなたを頼《たよ》りにして生きなければならないのですから、この私は、露《つゆ》よりも儚《はかな》い、どんな存在なのでしょうか。)

王朝時代においては、男性が女性のもとに三ヶ夜の訪れをすることで結婚が成立するものであったが、右の二首は、まさに二人の婚姻が成った「三日《みか》ばかりの朝《あした》」に詠み交わされたものである。ここには、ついに結婚できたことへの新郎のよろこびが見られるとともに、とうとう結婚してしまったがゆえの新婦の不安が見られるのではないだろうか。

そして、ここで道綱母が抱《いだ》いた不安は、所謂《いわゆる》「マリッジ・ブルー」の漠然とした不安などではなく、はっきりとした根拠のある、かなり具体的な不安であった。というのも、二人の結婚は、道綱母にとっては初めての結婚であったにしても、兼家にとっては二度目の結婚であったからに他ならない。すなわち、道綱母に三ヶ月以上も求婚し続けるという情熱を見せた兼家であったが、彼には、道綱母への最初の恋文を書いた時点で、既に正式な妻がいたのであり、また、既に少なくとも一人の息子までいたのである。

兼家の最初の妻となった女性は、倫寧と同じく中級貴族層に属する藤原中正《なかまさ》の娘の時姫《ときひめ》であった。そして、彼女が兼家の第一子として産んだのは、やがて「中関白《なかのかんぱく》」と呼ばれることになる藤原道隆《みちたか》であった。

妻たちにとっての結婚生活

とはいえ、道綱母は、結婚した当初、必ずしも、われわれ現代人が「妾《めかけ》」「第二夫人《だいにふじん》」などと呼ぶような立場にあったわけではなかった。婚姻届のようなものも存在せず、各自の結婚が国家によって管理されていたわけでもなかった王朝時代においては、最初の妻こそがそのまま正妻となったわけではなかったからである。

道綱母は、結婚して最初の一ヶ月から一ヶ月半ほどの間は、むしろ、周囲からは兼家の新しい正妻と見做されていたかもしれない。というのも、その頃の兼家は、基本的に、道綱母のもとこそを、自身の生活の場と思い定めて、ほとんど毎日、夜は彼女とともに過ごしていたようだからである。確かに、新婚当初の兼家の振る舞いは、彼が道綱母こそを正妻として扱っていたことを示すものであった。

例えば、婚姻成立からほどない八月の終わり頃、道綱母は、何かしらの事情があって、数日の間、自宅を離れて誰かの家に寄宿しなければならなかったのであったが、それにもかかわらず、兼家は、夜になると道綱母のもとを訪れていたのである。しかも、その間、家主への遠慮から夜明けには去らねばならなかった兼家は、思うままに一緒にいられないことを寂しがり、道綱母に後朝《きぬぎぬ》の文《ふみ》のような手紙を送ったりもしている。

そして、この期間においては、兼家の最初の妻であった時姫こそが、「待つ女」であった。彼女は、兼家との間に子まで儲《もう》けていたにもかかわらず、その兼家が新たに持った二番目の妻に正妻の座を奪われて、「待つ女」であることを強《し》いられていたのである。

王朝時代においては、女性たちは、結婚しても両親の暮らす家で両親とともに暮らし続け、そこに夫となった男性が加わるというのが、当たり前の結婚生活のあり方であった。それゆえ、当時の妻たちは、生涯、夫の両親とは無関係に暮らすことができただろう。彼女たちには、舅《しゅうと》や姑《しゅうとめ》に煩《わずら》わされることのない結婚生活を送ることができたのであった。

ただし、このような王朝時代の結婚生活は、妻たちにとっては、より根本的なところで不安定なものにならざるを得なかった。なぜなら、彼女たちからすれば、いつまでも夫が自分のもとにいる保証が全くなかったからである。

事実、兼家の最初の妻であった時姫は、おそらくは彼女にしてみれば全く突然のこととして、兼家の訪れがない夜がはじまり、しかも、そんな夜が続きはじめたのであった。彼女には、兼家が新しい妻を持つことを、止めることができなかったどころか、事前に知ることもできなかったのではないだろうか。

王朝時代の妻たちは、ある日、突如として「待つ女」になってしまったのである。

「待つ女」の予兆

道綱母が初めて「待つ女」を経験したのは、結婚して一ヶ月もしくは一ヶ月半を経た九月の末のことであった。不意に、二ヶ夜も続けて兼家の訪れがなかったのである。その二ヶ夜、兼家から手紙を受け取ってはいたものの、それでも寂しかった彼女は、兼家に次のような和歌を返している。

「消え返《かえ》り　露《つゆ》もまだ干《ひ》ぬ　袖《そで》の上《うえ》に　今朝《けさ》は時雨《しぐ》るる　空《そら》もわりなし」

（あなたの訪れがないため、夜露《よつゆ》のように儚《はかな》く消えてしまいそうなほど、ひどく悲しい思いをしまして、その涙《なみだ》に濡《ぬ》れた袖《そで》もまだ乾《かわ》いていませんのに、今朝《けさ》は雨が降ったりやんだりする空模様《そらもよう》で、本当に辛《つら》い思いです。）

これに応えて兼家が詠んだのは、こんな一首であった。

「思《おも》ひやる　心《こころ》の空《そら》に　なりぬれば　今朝《けさ》は時雨《しぐ》ると　見《み》ゆるなるらむ」

（「逢《あ》えなくて寂《さび》しい」とあなたのことを想《おも》う私の心が空模様《そらもよう》に反映《はんえい》されたので、今朝《けさ》は雨が降ったりやんだりするように見えるのでしょう。）

ずいぶんと空とぼけたことを言う兼家であるが、彼は、道綱母を訪ねなかった二ヶ夜、どこで何をしていたのであろうか。もしかすると、最初の妻である時姫とも別れようと思っていたわけではなかった兼家は、そちらに行っていたのかもしれない。この妻のことは、一ヶ月以上も「待つ女」の境遇に置き続けていたのであり、さすがの兼家も、そろそろ埋め合わせをしなければならないように感じていたのではないだろうか。

それでも、兼家は、道綱母から明確に「寂しい」というメッセージを送られるや、ほいほいと、この新しい妻の方へと足を向けてしまう。時姫には実に気の毒な限りであるが、それだけ、この頃の兼家は、道綱母に入れ上げていたのだろう。

さて、そうこうしているうちに、道綱母はというと、初めての妊娠を経験し、初めての出産をも経験する。そして、この折に生まれたのが、やがて「右大将道綱」と呼ばれることになる道綱《みちつな》である。彼が誕生したのは、天暦《てんりやく》九年（九五五）の八月の末のことであった。

なお、このあたりのことは、『蜻蛉日記』には、次のように記されているが、ここに見る限り、道綱母の妊娠・出産をめぐって、兼家は、かなり繊細に気を配っていたらしい。

なほもあらぬことありて、春《はる》・夏《なつ》、悩《なや》み暮《く》らして、八月晦《はづきつごもり》に、とかうものしつ。そのほどの心映《こころば》へはしも、懇《ねんご》ろなるやうなりけり。

が、道綱母にとっての蜜月《みつげつ》は、この頃までであった。彼女は、道綱を産んで以降、本格的に「待つ女」になっていくのである。

誑かされる「待つ女」

天暦九年の冬、兼家は、三人目の妻を持つに至る。彼は、道綱母の眼を盗んで、町尻《まちじり》小路《こうじ》（「町《まち》の小路《こうじ》」）に住む女性と、新たな婚姻を結んだのであった。そして、兼家という男は、夕方までは道綱母のもとで過ごして、そこで食事やら衣裳《いしょう》やらの面倒を見させておきながら、夜になると町尻小路の新しい妻のもとへと出かけ、そこで新婚生活を送るという、何とも厚かましい挙に出る。また、彼は、そこまでのことをしておきながら、道綱母には三人目の妻のことは気付かれていないと思っていたらしい。

しかし、事実としては、これらの全ては、道綱母の知るところであった。だからこそ、右のような次第が『蜻蛉日記』に書き留められて今に伝わっているのである。そして、全てを知る道綱母は、めずらしく夜になってから彼女のもとを訪れた兼家を、門も開けずに締め出したりもしている。兼家は、道綱母を甘く見過ぎていたのではないだろうか。

やがて、さらに翌年の天暦十年（九五六）の晩夏にもなると、道綱母が「待つ女」として暮らすことは、すっかり定着してしまう。次の一首は、彼女が同年の六月に詠んだものである。

「わが宿《やど》の　なげきの下葉《したは》　色深《いろふか》く　移《うつ》ろひにけり　ながめふる間《ま》に　」

（わが家の植木の下葉《したは》が長雨《ながあめ》の間に色深《いろふか》く紅葉《こうよう》してしまったように、私の容貌《ようぼう》も嘆《なげ》きつつもの思いに耽《ふけ》っている間にすっかり衰《おとろ》えてしまったよ。）

そんな道綱母は、とうとう『絶《た》えぬ』と見《み》ましかば、仮《かり》に来《く》るには勝《まさ》りなまし」などとも思いはじめる。すなわち、彼女は、「『あの人はもう訪れない』と見切りを付けられたなら、あの人が義理を果たすように稀にだけ訪れる現状よりは、ずっといいのに」とも思うようになっていたのである。

だが、兼家の方では、三人目の妻を持ち、その新しい妻に夢中になっていながら、最初の妻の時姫と別れる気はなく、二番目の妻の道綱母と別れる気もなかったらしい。彼にとって、妻というのは、増やすものであって、取り替えるものではなかったのだろう。そして、それゆえに、彼は、ろくに訪れもしない道綱母に、こんな歌を詠みかけるのであった。

「折《おり》ならで　色付《いろづ》きにける　もみぢ葉《ば》は　時《とき》に合《あ》ひてぞ　色増《いろま》さりける　」

（季節を先取りして色付《いろづ》きはじめた紅葉《もみじ》は、本来の季節を迎えて、さらに色深《いろふか》くなるものだが、あなたも、今まさによりうつくしくなっているよ。）

この一首は、道綱母が「わが宿の」と詠んだのに応えたものであるが、こうして要所要所で示される愛情らしきものに誑《たぶら》かされたからこそ、道綱母という女性は、その後も、長い年月に渡って、ついつい「待つ女」の暮らしを受け容《うい》れ続けてしまったのかもしれない。

おわりに

火災に遭わない光源氏　『源氏物語』のアンリアル　その一

リアルさのゆえに王朝時代の読者たちを夢中にさせた『源氏物語』であるが、この物語にも、当時の人々にはリアルさに欠けるように見えたであろう側面がないわけではない。

そうした『源氏物語』におけるアンリアル（非現実）の最たるものは、やはり、火災が描かれないことであろうか。

現実の王朝時代の平安京においては、頻繁《ひんぱん》に火災が起きていた。しかも、それらの火災には、「大火災」と呼ばれるべき規模のものさえ、少なからず見受けられるのである。

例えば、寛弘《かんこう》八年（一〇一一）十一月四日に起きたのは、七百以上もの家宅を焼く火災であった。史書の『日本紀略《にほんきりやく》』によると、この火災があったのは、左京《さきょう》（東京）の土御門大《つちみかどおお》路《じ》・近衛大路《このえおおじ》・帯刀町《たちはきまち》・東洞院大路《ひがしのとういんおおじ》に囲まれた一帯であるが、ここを含む左京北部は、当時としては高級住宅街とされた地域である。そんなところにおいてさえ、たいへんな火災が起きるのが、現実の王朝時代であった。

また、万寿《まんじゅ》四年（一〇二七）の正月三日の火災ともなると、さらに規模が大きく、これまた『日本紀略』によれば、一千以上の家宅を灰にしている。しかも、その火元は、中御門大路《なかみかどおおじ》と富小路《とみこうじ》とが交差するあたりであったというから、この大火災で焼けたのも、左京北部の高級住宅街の一角であったことになる。

そして、現実の王朝時代に平安京で暮らした人々にとって、火災が身近なものであったことは、『日本紀略』のような史書のみならず、貴族女性たちの日記までもが、火災について記していることから、十分に窺《うかが》い知《し》られよう。『蜻蛉日記《かげろうにっき》』には、作者の自宅の近隣で火災が起き、その折に作者の息子が大活躍したことが見え、また、『更級日記《さらしなにっき》』には、作者の自宅が焼け、作者がかわいがっていた迷い猫が焼死したことが見えるのである。火災は、当時の都《みやこ》の住人たちには、関わりを持たずに済ませることのできない出来事であった。

さて、こうした現実からすると、光源氏の居宅も、一度や二度は、火災に見舞われていてもおかしくあるまい。特に、彼の若き日の本宅であった二条院《にじょういん》第などは、主人が須磨《すま》や明石《あかし》に謫居《たっきょ》していた期間に、いつの間にか焼亡していそうなものである。左大臣《さだいじん》源高明《たかあきら》の

平安京図(左京北部のみ)

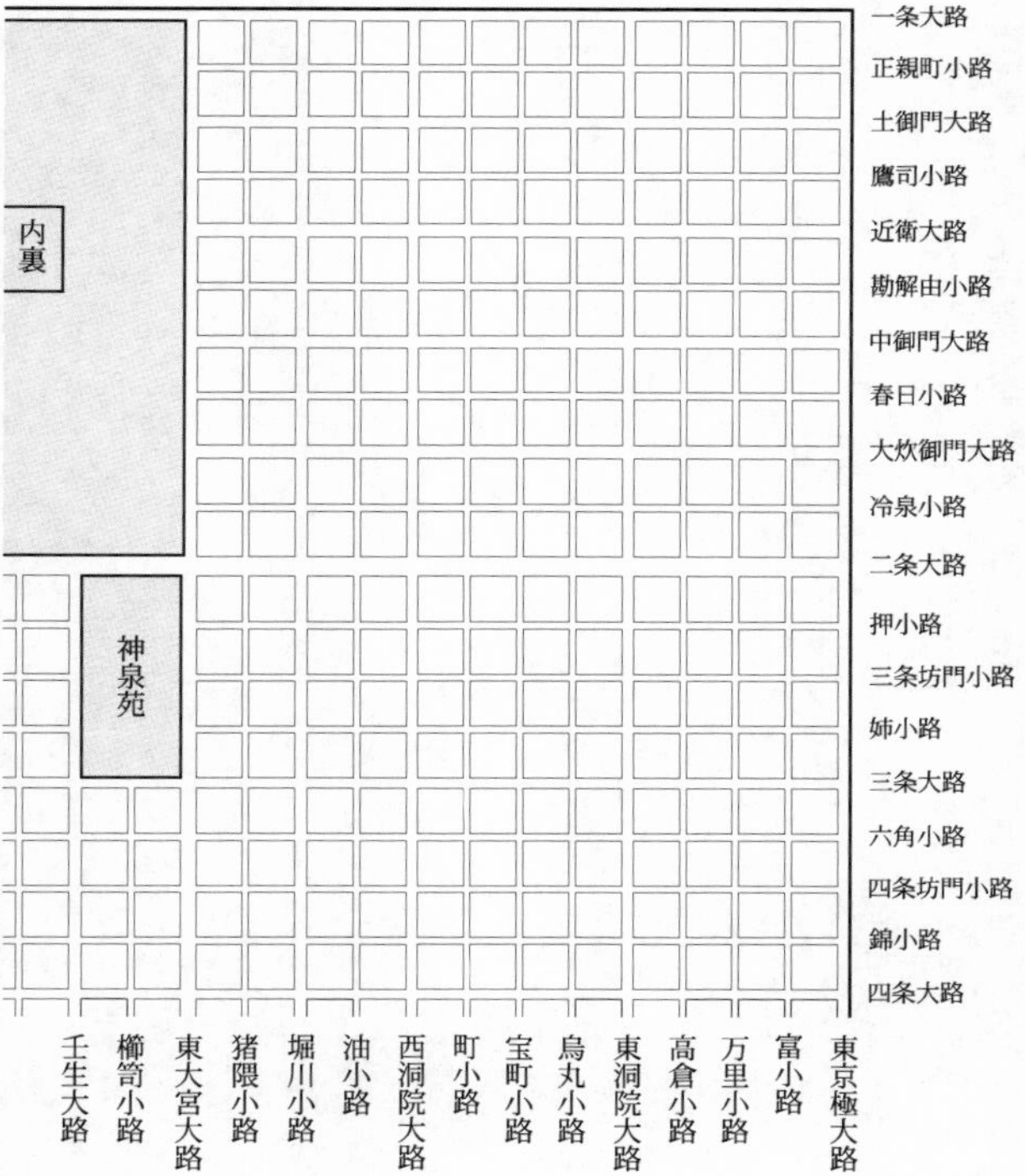
一条大路
正親町小路
土御門大路
鷹司小路
近衛大路
勘解由小路
中御門大路
春日小路
大炊御門大路
冷泉小路
二条大路
押小路
三条坊門小路
姉小路
三条大路
六角小路
四条坊門小路
錦小路
四条大路
内裏
神泉苑
壬生大路
櫛笥小路
東大宮大路
猪隈小路
堀川小路
油小路
西洞院大路
町小路
宝町小路
烏丸小路
東洞院大路
高倉小路
万里小路
富小路
東京極大路

西宮《にしのみや》第が、主人の高明が大宰権帥《だざいごんのそち》に左遷《させん》されて都を離れていた間に、どうしたわけか、火災に遭《あ》って失われてしまったように。ちなみに、この高明は、醍醐《だいご》天皇の皇子《おうじ》でありながら臣籍《しんせき》に下った一世源氏《いっせいげんじ》であり、光源氏のモデルに比定される貴公子《きこうし》たちの一人である。

また、光源氏が後年に営んだ大邸宅の六条院《ろくじょういん》第にしても、やはり、火事の一つも起きていない方が不自然というものであろう。巨大な邸宅では、そこに暮らしたりそこで働いたりする人々の数が増える分、火災が起きる危険性が高くなるはずなのである。事実、天皇の暮らす大邸宅である内裏《だいり》など、村上《むらかみ》天皇の天徳《てんとく》四年（九六〇）の九月二十三日に焼亡して以来、幾度《いくど》も火に呑《の》まれていたのであった。

とはいえ、王朝時代の人々にしてみれば、娯楽を求めて読む物語の中でくらい、火災のような恐ろしい災害とは無縁でいたかったのかもしれない。

強盗に襲われない光源氏　『源氏物語』のアンリアル　その二

王朝時代の都で頻々《ひんぴん》と起きた火災には、強盗による放火を原因とするものも見られる。例えば、天延《てんえん》元年（九七三）の四月二十四日に三百余りの家々を焼いた大火などは、『日本紀略』によると、強盗たちが前越前守《さきのえちぜんのかみ》源満仲《みつなか》の居宅に放った火が燃え広がったものであった。

なお、この時代の強盗というのは、ひどく凶悪な連中である。その凶悪さのほどは、右の強盗たちによって放火されたのが源満仲の住む家であったことからでも、十分に窺い知られないだろうか。源満仲というと、鎌倉幕府《かまくらばくふ》を開いた源頼朝《よりとも》の先祖であって、当時を代表する武者《むしゃ》たちの一人なのである。『日本紀略』が「今《こ》の夜《よる》、前越前守《さきのえちぜんのかみ》源満仲《みつなか》の宅《いえ》に、強盗《ごうとう》の繞《めぐ》り囲《かこ》みて火《ひ》を放《はな》つ」と伝えるところからすると、この強盗たちは、そこが満仲の家であることを承知したうえで火を放ったに違いあるまい。

また、そんな王朝時代の強盗たちは、しばしば弓矢をも携《たずさ》えた本格的な武装集団であった。それは、右の満仲宅を襲った一団にも当てはまることであって、『日本紀略』には、「時《とき》に、越後守宮道弘氏《えちごのかみみやじのひろうじ》の、相《あ》ひ闘《たたか》ふの間《あいだ》、盗人《ぬすびと》の矢《や》に中《あた》りて卒去《そつきよ》す」とも見えるのである。ここに登場する宮道弘氏は、満仲の隣人だったのだろうか、彼もまた、同じ強盗団に居宅を襲われるところとなり、右のような不幸な結末を迎えたものと思われる。

そして、このように強盗によって貴族層の人々が生命《いのち》を奪われることは、王朝時代において、けっして稀有《けう》なことではなかった。例えば、長徳《ちょうとく》二年（九九六）の六月十四日には、橘内成《うちなり》という中級貴族の息子が、また、寛仁《かんにん》四年（一〇二〇）の閏《うるう》十二月二十六日には、これも中級貴族の前加賀守《さきのかがのかみ》源政職《まさもと》が、いずれも、強盗団によって殺されているのである。ちなみに、藤原実資《さねすけ》の『小右記《しょうゆうき》』によれば、内成の息子も、政職も、鉾《ほこ》で貫かれて絶命していたらしく、これによって、当時の強盗団が弓矢ばかりか鉾までも携えていたことが知られる。

また、政職殺害の現場は、彼自身の居宅であったが、内成の息子が殺された現場は、権《ごんの》大納言《だいなごん》藤原顕光《あきみつ》の私邸であった。すなわち、内成の息子を鉾で突き殺したのは、上級貴族である顕光の私邸に押し入った強盗団だったのであり、ここからは、当時の強盗団が上級貴族の邸宅をも襲ったことが知られるのである。『小右記』には「群盗《ぐんとう》の上卿《しょうけい》の家《いえ》に入《い》るは、驚《おどろ》き奇《あや》しむに足《た》る」という実資の所感が見えるものの、上級貴族たちでさえ、強盗団に自邸を襲撃されることを警戒しなければならないのが、王朝時代の現実であった。

しかも、これに驚いていられないのが、王朝時代という時代である。というのも、当時は、天皇の暮らす内裏《だいり》にさえ、強盗が押し入っていたからに他ならない。これは、『紫式部日記《むらさきしきぶにっき》』の伝えるところであるが、寛弘五年（一〇〇八）の十二月晦日《つごもり》、中宮《ちゅうぐう》藤原彰子《あきこ》に仕《つか》える二人の女房《にょうぼう》たちが、一条院仮内裏《いちじょういんかりだいり》において、強盗に身ぐるみを剝《は》がれたのである。あくまでも現場は仮内裏であって、強盗も単独犯であったらしいものの、ひどい事実であろう。

ただ、こうした現実があったにもかかわらず、強盗事件など全く発生しないのが、『源氏物語』の世界であった。そして、それもまた、過酷な現実など、娯楽作品には不要であったためであろうが、ここにも、アンリアルな『源氏物語』を見ることができるだろう。

疫病に脅かされない光源氏　『源氏物語』のアンリアル　その三

また、これも、いかにも娯楽作品には不必要そうなものであるが、疫病《えきびょう》の流行なども、『源氏物語』において明確に描かれることはない。すなわち、疫病が流行する最中《さなか》、光源氏や彼の周辺の人々が病《やまい》の床《とこ》に臥《ふ》せるなどということは、全くないのである。

しかし、現実の王朝時代においては、誰もが、疫病流行とは無関係ではいられなかった。当時の人々は、疫病が流行するたび、幸いにして自身は罹患《りかん》を免《まぬが》れたとしても、必ず家族や友人の誰かが病臥《びょうが》することになったのである。しかも、そうした疫病流行は、王朝時代には、かなり頻繁に起きていたのであった。

例えば、『枕草子《まくらのそうし》』や『紫式部日記』でお馴染《なじ》みの一条《いちじょう》天皇の時代だけを見ても、正《しょう》暦《りゃく》四年（九九三）の夏から咳《せき》を特徴とする疫病が広まりはじめ、同年の秋からは疱瘡《ほうそう》を特徴とする疫病が広まりはじめると、これらの疫病の流行は、翌年の正暦五年・翌々年の長《ちょう》徳《とく》元年（九九五）にも持ち越されたのであり、さらに、長徳四年（九九八）および長保《ちようほ》二年（一〇〇〇）から同三年にかけても、新たな疫病の流行が見られたのである。

しかも、これらの疫病の流行は、たいへんな被害をもたらしていた。まず、正暦四年にはじまったものの場合、『日本紀略』によると、正暦五年の四月から七月までの間だけでも、都の住人の過半数を死なせたらしい。しかも、この折には、恵まれた境遇にあったはずの従五位下《じゆごいげ》以上の位階《いかい》を持つ貴族たちからさえ、六十七人もの死者が出たのだという。また、これも『日本紀略』の伝えるところであるが、長徳元年の四月から七月までの間にも、「勝《あ》げて数《かぞ》ふべからず」と言われるほどの膨大な数の死者が出ており、その中には、従五位下以上の位階を持つ貴族たちが六十三人も含まれていたのであった。これには、藤原道長《みちなが》の兄で他界する直前に関白《かんぱく》を拝命した道兼《みちかね》も加わっている。

次いで、長徳四年に流行した疫病であるが、これは、疱瘡《ほうそう》を特徴とするものであり、『日本紀略』に「主上《しゆじよう》より始《はじ》めて庶人《しよにん》に至《いた》るまで、上下老少《じようげろうしよう》の此《こ》の瘡《かさ》を免《まぬが》るる無《な》し」と見えるように、すさまじい感染力を発揮した。そして、これも『日本紀略』が「六七月の間《あいだ》、京師《けいし》の男女《だんじよ》に死《し》ぬる者《もの》は甚《はなは》だ多《おお》し」と伝える如く、多くの死者を出したのであった。

さらに、長保年間に流行した疫病も、同二年の冬から同三年の初秋までの間に数多《あまた》の人命を奪ったのであったが、これについては、下手な説明をするよりも、『日本紀略』の報告を見てもらった方がいいかもしれない。

去《さん》る冬《ふゆ》より始《はじ》めて今年《ことし》の七月に至《いた》るまで、天下《てんげ》の疫死《えきし》は大《おお》きに盛《さか》ん也《なり》。道路《どうろ》の死骸《しがい》は其《そ》の数《かず》を知《し》らず。況《いわん》や、収斂《しゅうれん》の輩《やから》に於《お》いては幾万人《いくまんにん》たるを知《し》らず。

一条天皇の時代には、「寛和《かんな》」「永延《えいえん》」「永祚《えいそ》」「正暦」「長徳」「長保」「寛弘」と、次々に年号が改められたが、これらの改元《かいげん》の多くは、疫病の流行を契機としていた。王朝時代の改元には、禊祓《みそぎはらえ》のような意味合いもあったのである。したがって、改元が頻繁に行われた一条朝は、それだけ頻繁に疫病流行に見舞われたことになろう。そして、これもまた、王朝時代の確かな現実であった。

陰陽師を喚ばない光源氏　『源氏物語』のアンリアル　その四

ここで、少しばかり目先を変えるとして、陰陽師《おんみようじ》の存在の希薄さというのも、『源氏物語』のアンリアルな側面に数えられるべきだろう。

本来、王朝時代の貴族層の人々というのは、その日常生活において、かなり頻繁に陰陽師を必要としていた。しかも、彼らが陰陽師を必要としたのは、嗜好品《しこうひん》を欲するような意味合いにおいてではなく、必需品を欲するような意味合いにおいてであった。陰陽師は、王朝貴族たちの日常生活に不可欠な存在だったのである。

例えば、王朝貴族たちは、日々の生活の中で少しばかり奇妙な事象に出遭っただけでも、陰陽師に卜占《ぼくせん》を依頼しなければならなかった。

詳細は『陰陽師』『安倍晴明』といった前著に譲るが、ここに言う「奇妙な事象」というのは、軽めのものであれば、鼠《ねずみ》に夜具《やぐ》を齧《かじ》られたとか、犬が屋内で排泄《はいせつ》をしたとか、烏が屋内に舞い込んだとか、蛇《へび》が屋内に侵入したとか、その程度のものである。しかし、王朝貴族たちは、これらの事象を怪異《かいい》と見做したのであり、なおかつ、その怪異を何らかの予兆と見做した。が、彼らには、眼の前の怪異が何を予告するのかまではわからない。そして、そこで必要になるのが、陰陽師の卜占であった。要するに、王朝貴族たちは、怪異が起きるたびに、その怪異が何を予告するのかを、陰陽師に占《うらな》わせたのである。

このような事情で陰陽師に卜占を依頼したことは、藤原実資の『小右記』であれ、藤原道長の『御堂関白記《みどうかんぱくき》』であれ、藤原行成《ゆきなり》の『権記《ごんき》』であれ、王朝時代の貴族男性たちの日記には、数多く記されている。怪異と見做す事象の範囲が広かったため、彼らは、かなり頻繁に怪異に遭遇していたのであり、それゆえに、かなり頻繁に陰陽師の卜占を必要としたのであった。

ただ、そうした怪異をめぐる陰陽師の卜占は、『蜻蛉日記』『和泉式部日記《いずみしきぶにっき》』『紫式部日記』『更級日記』といった女性たちの手記には、全く登場しない。あるいは、『枕草子』のうちの「日記的章段」と呼ばれる諸段にも、怪異や卜占についての記述は見られない。

が、男性たちが敏感に反応した怪異に、女性たちが少しも動じなかったということは、まずあり得なそうなものであろう。また、私宅で起きた怪異であれば、それによる予兆は、その家の全ての住人に関係があったから、女性たちにしても、自宅で起きた怪異についての卜占には、無関心ではいられなかったはずである。

とすれば、王朝時代の貴族層の人々は、怪異や怪異についての卜占をめぐって、女性が表立って関わるものではない、と考えていたのかもしれない。そして、そうした考えは、暗黙《あんもく》裡《り》に了解された社会通念にもなっていたのではないだろうか。

また、そうした社会通念は、女性は表立って陰陽師に関わるものではない、というところにまで及んでいたのかもしれない。陰陽師への言及は、『枕草子』『紫式部日記』では稀有《けう》であり、『蜻蛉日記』『和泉式部日記』『更級日記』では皆無なのである。そして、『源氏物語』には陰陽師がほとんど登場しないのも、同様の事情があってのことなのだろう。

禁忌に縛られない光源氏　『源氏物語』のアンリアル　その五

なお、怪異について占った陰陽師は、多くの場合、その卜占の依頼人に対して、先々の火事か病気か揉《も》めごとかに気を付けるように助言した。つまり、怪異によって予告されることというのは、概《おおむ》ね、火事か病気か揉めごとかだったのである。

そして、怪異の予告する火事なり病気なり揉めごとなりに注意を払うべきは、その怪異が私宅で起きたものであった場合には、その家の住人の全てであり、あるいは、その怪異が朝廷の官司《かんし》で起きたものであった場合には、その官司の職員の全てであった。ただし、より厳密に言うならば、陰陽師は、特に気を付けるべき人というのを、卜占によって割り出して、それも依頼人に伝えていたから、予告される火事や病気や揉めごとを強く気にしたのは、この「特に気を付けるべき人」に該当する人々だけであったらしい。ちなみに、陰陽師は、ここに言う「特に気を付けるべき人」を、「丑年生《うしどし》まれの人」「午年生《うまどし》まれの人」「未年生《ひつじどし》まれの人」というように、干支《えと》によって割り出したのであった。

また、そうして「特に気を付けるべき人」となってしまった人々も、毎日のように予告された災難に注意していなければならなかったわけではない。陰陽師は、その怪異が予告する病気や火事や揉めごとが起きるであろう月日をも、卜占によって明確にしたからである。したがって、「特に気を付けるべき人」も、陰陽師が指摘した特定の幾日《いくにち》かだけ、予告された災難に遭わないように気を付けていればよかったことになる。

そして、陰陽師の卜占が指摘した特定の幾日かの間、「特に気を付けるべき人」によって、予告された災難を避けるために行われたのが、物忌《ものいみ》であった。そう、家に引《ひ》き籠《こも》って外に出ないようにするという、あの物忌である。

残念ながら、王朝貴族たちの物忌をめぐっては、さまざまなところで、ずいぶんとデタラメに説明されているように見受けられる。が、これも詳細は『陰陽師』『安倍晴明』などの前著に譲るとして、ここで簡略ながらも誤りのない説明をするならば、王朝貴族たちの物忌は、怪異を端緒として、陰陽師の卜占によって設定されたのである。それは、怪異の予告する災難から身を護《まも》るため、陰陽師の関与のもとに行われた、自己防衛行動であった。

そうしたものであったから、王朝貴族たちは、この物忌を、かなり頻繁に行っていた。『小右記』『御堂関白記』『権記』のいずれからも、「物忌」という表記は、容易に幾つも見付けられるが、それは、実資や道長や行成が頻りに物忌を行っていたからである。怪異が頻繁に起きていた以上、物忌が頻繁に行われたというのは、実にもっともなことであろう。

ところが、『源氏物語』の世界では、物忌が頻繁であったりはしない。それどころか、光源氏も、彼以外の登場人物たちも、物忌など、ほとんど行いはしないのである。

さらに、物語の中の人々は、方違《かたたがえ》なども、滅多に行うことがなく、また、凶日《きょうじつ》を避けて吉日を選ぶなどということも、まず行いはしない。それらは、現実の王朝貴族たちの間では、実に頻繁に行われていたというのに。『源氏物語』の世界の人々は、現実の王朝時代の人々を縛《しば》り付《つ》けていた多くの禁忌《きんき》から、ほとんど自由だったのである。

呪詛に煩わされない光源氏　『源氏物語』のアンリアル　その六

また、『源氏物語』の登場人物たちは、本格的な呪詛《じゅそ》に煩《わずら》わされることもなかった。そもそも、主人公の光源氏からして、誰もがうらやむような境遇にあったにもかかわらず、本格的な呪詛の標的にされたことなど、一度もないのである。

確かに、光源氏も、彼を嫌う弘徽殿女御《こきでんのにょうご》から「神《かみ》など、空《そら》に愛《め》でつべき容貌《かたち》かな（神さまなどが気に入って天に召し上げてしまうに違いないほどの容姿だわ）」と、呪《のろ》いの言葉を投げ付けられたことはある。そして、これもまた、間違いなく、呪詛の一種ではあるだろう。

しかし、王朝時代に見られた本格的な呪詛というのは、ずっと手の込んだものであった。

次に続けて紹介するのは、『小右記』の長和《ちょうわ》元年（一〇一二）四月十日の記事および『御堂関白記』の同十一日の記事であるが、これによれば、その頃、藤原道長の娘で三条《さんじょう》天皇の中宮であった妍子《きよこ》は、本格的な呪詛の標的とされていたらしい。

光栄朝臣《みつよしあそん》の云《い》ふやう、「今朝《けさ》、召《め》しに依《よ》りて左府《さふ》に参《まい》るに、命《おお》せて云《い》ふやう、『東三条《ひがしさんじょう》院《いん》の井《い》の底《そこ》に餅数枚《もちすうまい》・人髪等《ひとのかみなど》の沈《しず》めり』てへり。吉平朝臣《よしひらあそん》と相《あ》ひ並《なら》びて占推《せんすい》するに、頗《すこぶ》る呪詛《じゅそ》の気《け》の見《み》ゆ」と。正月より中宮《ちゅうぐう》は此《こ》の院《いん》に座《ざ》す。

（陰陽師《おんみょうじ》の賀茂光栄《かものみつよし》殿が言うには、「今朝《けさ》、喚《よ》び出《だ》されまして左大臣《さだいじん》藤原道長さまのもとに参上しましたところ、道長さまがおっしゃったのは、『東三条殿第《ひがしさんじょうどの》の井戸の底に、数枚の餅《もち》と人の頭髪とが沈んでいた』とのことでした。そこで、陰陽師の安倍《あべの》吉平《よしひら》殿とともに占《うらな》ってみますと、強く呪詛《じゅそ》の気配がしたのです」とのことであった。この正月から、中宮藤原妍子《きよこ》さまは、東三条殿第を御所《ごしょ》としていらっしゃる。）

惟風朝臣《これかぜあそん》の来《き》たりて云《い》ふやう、「昨日《きのう》の厭物《おぶつ》の有《あ》りし御井《みい》を汲《く》むに、其《そ》の具物《ぐぶつ》の侍《はべ》り」てへり。又陰陽師等《おんみょうじら》を召《め》して解除《げじょ》せしむ。

（藤原惟風《ふじわらのこれかぜ》殿がやって来て言うには、「昨日の呪物《じゅぶつ》が見付かった井戸の底をさらったところ、呪物《じゅぶつ》の付属物がありました」とのことであった。そこで、再び陰陽師《おんみょうじ》たちを喚《よ》んで禊祓《みそぎはらえ》をさせた。）

ここに見える呪詛は、複雑な作りの呪物を標的の住む家の井戸の底に沈めることで成立する、というものである。また、この呪詛に用いられた呪物は、数枚の餅《もち》や人間の頭髪などを構成要素としており、しかも、それが全てではないらしい。ここまで手の込んだ本格的な呪詛を行ったのは、おそらくは、例えば陰陽師のような、専門知識を持つ呪術の専門家であったろう。

そして、現実の王朝時代には、こうした本格的な呪詛が横行していた。詳細は前著『呪いの都　平安京』に譲るが、特に、朝廷の事実上の支配者であった道長や次々に中宮になった彼の娘たちなどは、実に頻繁に、そういった本格的な呪詛の標的にされたのであった。

ところが、光源氏はというと、このような呪詛とは無縁であったわけだが、それは、物語の作者が道長の娘たちに配慮した結果であったかもしれない。『紫式部日記』に明らかなように、『源氏物語』が書き継がれたのは、道長の娘たちのためだったのである。

台風に見舞われる光源氏　『源氏物語』の意外なリアル　その一

こうして見てくると、リアルさによって多くの読者たちを夢中にさせた『源氏物語』も、どうやら、リアルさを追求することに重きを置いていたわけではなさそうである。そして、それは、娯楽作品には当たり前のことなのだろう。『源氏物語』は、歴史書でもなければ、記録文学でもないのである。

王朝時代においても、娯楽作品の読者たちは、その作品に接している間くらいは、火災だの強盗だの疫病流行だのといった現実の災害を忘れていたかったことだろう。また、王朝時代であっても、娯楽作品ならば、その読者たちに、しばしの間、怪異だの禁忌だの呪詛だのといった現実の厄介《やっかい》ごとを忘れさせるべきであったろう。

ただ、そこを敢《あ》えて徹底しないのが、『源氏物語』という作品の興味深いところなのかもしれない。というのも、『源氏物語』は、火災や強盗や疫病流行を描くことは忌避《きひ》したにもかかわらず、それらにも負けず劣らずの災害であるはずの「野分《のわき》」を、かなりリアルに描き出しているからである。その「野分」とは、野分巻において都を襲った未曾有《みぞう》の猛烈な台風に他ならない。王朝時代の人々は、台風を「野分」と呼んだのである。

それは、野分巻の時点では登場人物たちの中で最長老ともなりそうな大宮《おおみや》（頭中将《とうのちゅうじょう》や葵《あおい》の上《うえ》の母親）が、「ここらの齢《よわい》に、まだ、かく騒《さわ》がしき野分《のわき》にこそ遭《あ》はざりつれ」と、それまでに経験がないことを強調するほどに強烈な台風であった。

それでも、最初のうちは、さほどの風でも雨でもなかった。その日も、日中には、紫《むらさき》の上《うえ》や秋好中宮《あきこのむちゆうぐう》は、寝殿の庭が見渡せるところにまで身を乗り出して、やがて襲来するであろう台風から前栽《せんざい》の草花を護ろうと、あれこれと指示を出して人々に作業をさせていたのである。そんな中で、光源氏の息子の夕霧《ゆうぎり》が継母《ままはは》の紫の上の姿を初めて垣間見《かいまみ》てしまうという、やや艶《えん》のあるハプニングが起きたりもしている。

ところが、その夜から翌朝にかけて、都の人々は、吹き荒れる台風に怯《おび》え続《つづ》けることになる。年老いた大宮などは、「ただ戦慄《わなな》きに戦慄《わなな》き給《たま》ふ」という様子で、孫の夕霧が駆け付けると、こんなことを言い出すのであった。

「大《おお》きなる木《き》の枝《えだ》などの折《お》るる音《おと》も、いとうたてあり。御殿《おとど》の瓦《かわら》さへ残《のこ》るまじく吹《ふ》き散《ち》らすに、かくてものし給《たま》へること」

（大きな木の枝が折れる音も、たいへん恐ろしかった。この屋敷の瓦《かわら》までもが残らず吹き飛ばされている中、こうして駆《か》け付《つ》けてくださって、本当に心強いわ。）

瓦《かわら》が全て飛ばされるとは、大袈裟《おおげさ》な言いようではあるが、その折の台風は、確かに、それほどに強力なものだったのである。実際、「六条院《ろくじょういん》には、離《はな》れたる屋《や》ども倒《たお》れたり」と、光源氏の暮らす六条院第においても、寝殿や対屋《たいのや》といった主だった建物の他は、あちらこちらで倒壊していたのであった。台風が本格的に吹き荒れはじめる前から「馬場殿《うまばのおとど》・南《みなみ》の釣《つり》殿《どの》などは、危《あや》ふげになむ」と懸念されていた馬場殿《うまばどの》や釣殿《つりどの》などは、さぞや悲惨なことになっていたことだろう。

野分巻のリアル　『源氏物語』の意外なリアル　その二

そして、こうして野分巻で吹き荒れた未曾有の台風にも、確かなリアルがあった。すなわち、紫式部《むらさきしきぶ》と同年代の『源氏物語』の読者たちであれば、野分巻を読んだとき、必ずや永《えい》祚《そ》元年（九八九）の八月に平安京を襲った、当時としては空前絶後の規模であった強烈な台風を思い出したはずなのである。

この台風をめぐっては、同月十三日の『小右記』に、次のような記述が見られる。これによると、野分巻におけると同じく、その日は、昼間は穏やかであったにもかかわらず、夕方から大きな恐怖に見舞われたのであった。

酉時許《とりのときばかり》より大風《おおかぜ》のあり。子《ね》に及《およ》びて終《つい》に止《や》む。此《こ》の間《あいだ》、雨脚《あまあし》の更《さら》に飛《と》びて、万人《ばんにん》は神《かみ》を失《うしな》ふ。

どうやら、その折、強烈な風があったのは、夕方から深夜にかけてだけであり、それ以降には、豪雨があったらしい。それは、人々を失神させるほどであったというから、とんでもない土砂降《どしゃぶ》りだったのだろう。「神を失ふ」とは、「失神する」ということである。

しかし、当時の人々にしてみれば、本当にたいへんだったのは、台風一過の翌日であった。風も雨も収まった翌朝、彼らが確認した被害状況は、まさに未曾有のものだったのである。藤原実資は、それを、次の如くに『小右記』に記している。

建礼《けんらい》・承明等《じょうみょうなど》の門《もん》の東西《ひがしにし》の廊《ろう》・日花門《にっかもん》・御輿宿《みこしやどり》・左近陣《さこんのじん》の南《みなみ》の軒廊《こんろう》、美福《びふく》・朱雀《すざく》・皇嘉《こうか》・儀鸞等《ぎらんなど》の門《もん》、朝集堂《ちょうしゅうどう》・豊楽《ぶらく》・会昌《かいしょう》・応天《おうてん》の門《もん》、門々《かどかど》の具《そな》ふる廊《ろう》、安嘉《あんか》・偉鑒《いかん》・達智等《たっちなど》の門《もん》の悉《ことごと》く倒《たお》る。

これによると、朝廷の権威の象徴である内裏《だいり》の諸門や大内裏《だいだいり》の諸門の多くに、かなり大きな破損が見られ、また、政務や儀式の場である内裏の軒廊《こんろう》や八省院《はっしょういん》（朝堂院《ちょうどういん》）の中の朝《ちょう》集堂《しゅうどう》などにも、ずいぶんな損害が見られたらしい。いずれも、朝廷としてはただちに対処しなければならないような被害である。

また、同日の『小右記』には、次のような被害報告も見える。

諸司《しょし》・諸衛《しょえい》の所々《ところどころ》、東西《ひがしにし》の京《きょう》の上下《かみしも》の人《ひと》の家《いえ》、仏神寺《ほとけかみてら》の転《まろ》び倒《たお》る。破《やぶ》れ損《こぼ》るるは、勝《あ》げて計《かぞ》ふべからず。

大内裏図（永祚元年八月の台風の被害）

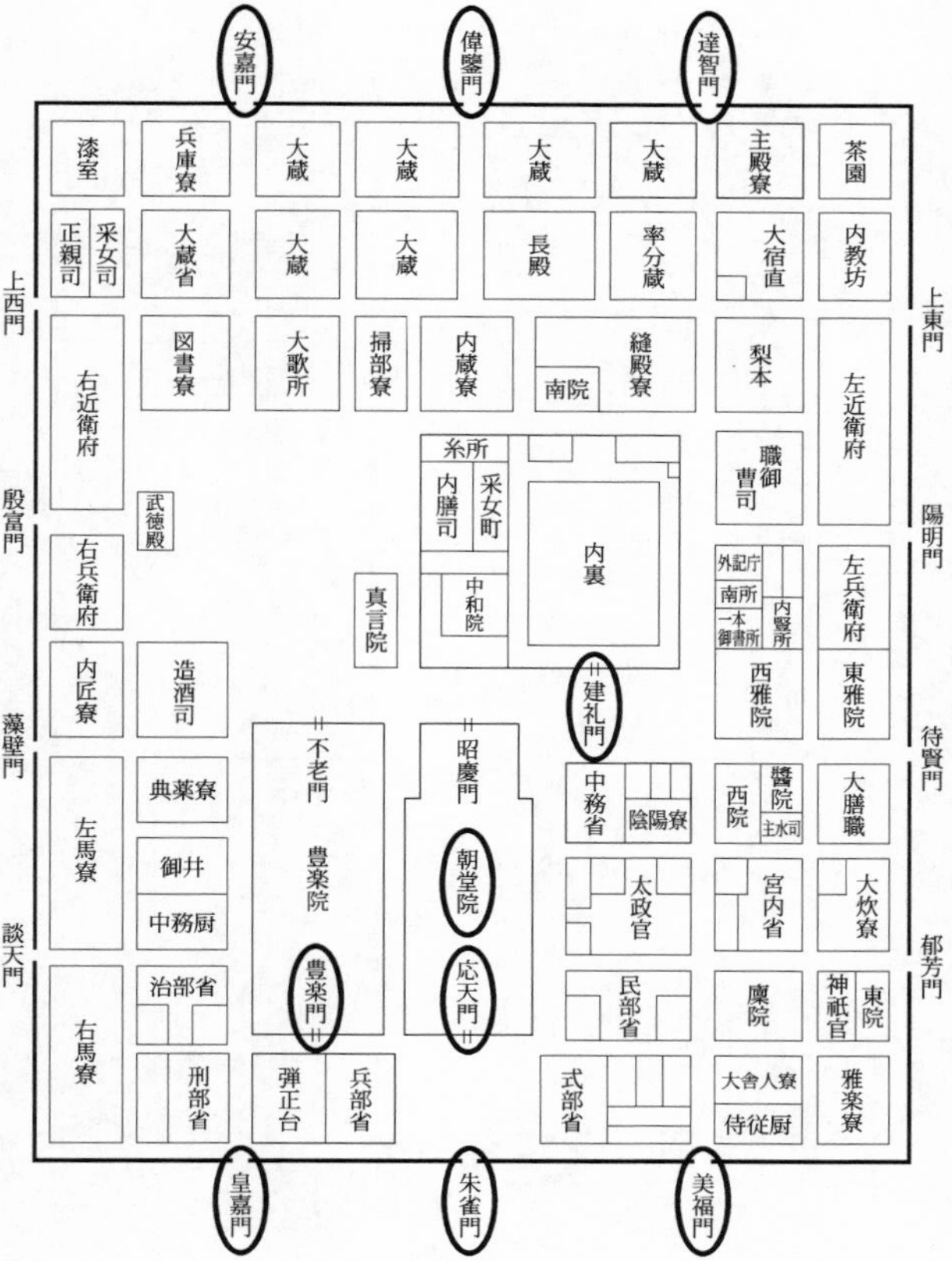

内裏図（永祚元年八月の台風の被害）

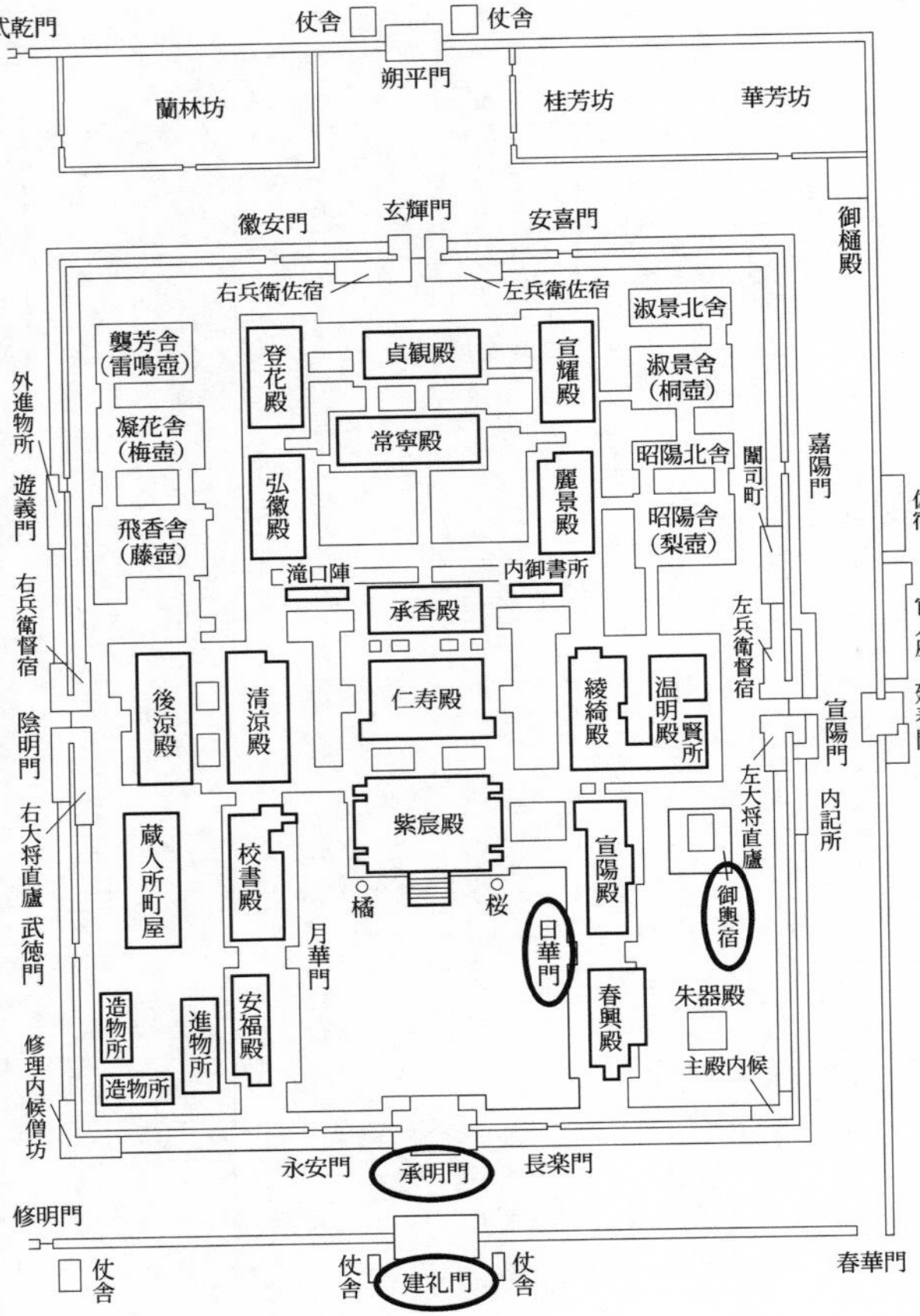

去《さんぬ》る夜《よる》の風《かぜ》の間《あいだ》、普門寺《ふもんじ》の焼《や》け亡《う》す。右馬寮《うまりよう》の転《まろ》び倒《たお》るるの間《あいだ》、御馬《みうま》の屋《や》の為《ため》に打《う》ち壓《おそ》はる。其《そ》の両疋《りようひき》は偶《たまさ》かに生《い》くるを得《う》るも、自余《じよ》は皆《みな》も悉《ことごと》く斃《たお》れ畢《お》はんぬと云々《うんぬん》。

自余《じよ》の奇異《きい》の事《こと》は計《かぞ》へ尽《つ》くすべからず。

永祚《えいそ》元年というと、紫式部は、既に二十歳《はたち》ほどにもなっていた。したがって、彼女が激しい台風を描くとすれば、やはり、同年八月の台風こそをモデルにしたことだろう。また、『源氏物語』が初めて世に出たのは、この台風から十数年の後のことであったが、紫式部の同年輩の読者たちならば、野分巻を読みながら、当然、永祚元年八月の台風を思い出したことだろう。その台風こそが、間違いなく、野分巻のリアルなのである。

図版作成：G-RAM 齋藤 稔、齋藤維吹

章扉の画像：第一章「源氏物語絵色紙帖 末摘花 詞西洞院時直」、第二章「源氏物語絵色紙帖 賢木 詞近江信尹息女」、第三章「源氏物語絵色紙帖 花宴 詞大覚寺空性」、第四章「源氏物語絵色紙帖 繪合 詞曼殊院良恕」、第五章「源氏物語絵色紙帖 初音」以上、出典：ColBase（https://colbase.nich.go.jp/）を加工して作成。

PHP新書
PHP INTERFACE
https://www.php.co.jp/

繁田信一［しげた・しんいち］

1968年、東京都生まれ。東北大学・神奈川大学の大学院を経て、現在、神奈川大学日本常民文化研究所特別研究員、同大学国際日本学部非常勤講師、博士(歴史民俗資料学)。主な著書に『殴り合う貴族たち』(文春学藝ライブラリー)、『陰陽師』(中公新書)、『源氏物語を楽しむための王朝貴族入門』(吉川弘文館)、『下級貴族たちの王朝時代』(新典社)、『知るほど不思議な平安時代 上・下』(教育評論社)などがある。

『源氏物語』のリアル
紫式部を取り巻く貴族たちの実像
PHP新書 1370

二〇二三年十月二十七日 第一版第一刷
二〇二四年三月二十一日 第一版第五刷

著者――繁田信一
発行者――永田貴之
発行所――株式会社PHP研究所
東京本部――〒135-8137 江東区豊洲5-6-52
ビジネス・教養出版部 ☎03-3520-9615(編集)
普及部 ☎03-3520-9630(販売)
京都本部――〒601-8411 京都市南区西九条北ノ内町11
組版――有限会社メディアネット
装幀者――芦澤泰偉＋明石すみれ
印刷所
製本所――大日本印刷株式会社

ISBN978-4-569-85572-1

ＰＨＰ新書刊行にあたって

「繁栄を通じて平和と幸福を」(PEACE and HAPPINESS through PROSPERITY)の願いのもと、ＰＨＰ研究所が創設されて今年で五十周年を迎えます。その歩みは、日本人が先の戦争を乗り越え、並々ならぬ努力を続けて、今日の繁栄を築き上げてきた軌跡に重なります。

しかし、平和で豊かな生活を手にした現在、多くの日本人は、自分が何のために生きているのか、どのように生きていきたいのかを、見失いつつあるように思われます。そして、その間にも、日本国内や世界のみならず地球規模での大きな変化が日々生起し、解決すべき問題となって私たちのもとに押し寄せてきます。

このような時代に人生の確かな価値を見出し、生きる喜びに満ちあふれた社会を実現するために、いま何が求められているのでしょうか。それは、先達が培ってきた知恵を紡ぎ直すこと、その上で自分たち一人一人がおかれた現実と進むべき未来について丹念に考えていくこと以外にはありません。

その営みは、単なる知識に終わらない深い思索へ、そしてよく生きるための哲学への旅でもあります。弊所が創設五十周年を迎えましたのを機に、ＰＨＰ新書を創刊し、この新たな旅を読者と共に歩んでいきたいと思っています。多くの読者の共感と支援を心よりお願いいたします。

一九九六年十月

ＰＨＰ研究所